Dante | La Commedia

Fremdsprachentexte | Italienisch

Dante Alighieri

La Commedia

Inferno – Purgatorio – Paradiso

Testi scelti

Herausgegeben von Ludger Scherer

Reclam

RECLAMS UNIVERSAL-BIBLIOTHEK Nr. 19988
2021 Philipp Reclam jun. Verlag GmbH,
Siemensstraße 32, 71254 Ditzingen
Gestaltung: Cornelia Feyll, Friedrich Forssman
Druck und Bindung: Eberl & Koesel GmbH & Co. KG,
Am Buchweg 1, 87452 Altusried-Krugzell
Printed in Germany 2021

ISBN 978-3-15-019988-6
www.reclam.de

Vorbemerkung

Dantes *Commedia* hat auch 700 Jahre nach dem Tod des Autors nichts von ihrer Faszination eingebüßt und stellt ein vielgelesenes Meisterwerk der Weltliteratur dar. Ihre altitalienische sprachliche Form ist für heutige Leser*innen jedoch womöglich nicht immer unmittelbar verständlich. Um die Schönheit des Originals trotzdem genießen zu können, bietet sich eine kommentierte Auswahlausgabe an, wie sie hier präsentiert wird. Die wichtigsten Stellen der *Göttlichen Komödie* werden in einführenden und verbindenden Texten vorgestellt, im Originalwortlaut abgedruckt und im Glossar erläutert, wobei nicht nur schwierige Wörter, sondern auch mythologische, philosophisch-theologische und intertextuelle Bezüge erklärt werden. Die Kommentierung setzt in jedem Canto neu an, so dass eine selektive Lektüre möglich ist. Im Anhang findet sich, neben graphischen Darstellungen der Jenseitsreiche, Literaturhinweisen und einem Nachwort, auch die editorische Notiz mit einigen grundlegenden Hinweisen zum Altitalienischen. Diese können für das Verständnis von Dantes Sprache nützlich sein und sollen das Glossar entlasten – auf sie seien also alle interessierten Leser*innen verwiesen, die sich damit dann hoffentlich gut in Dantes *Commedia* zurechtfinden und Freude bei der Arbeit am Text haben werden.

Buona lettura!

Inferno

Canto I

Am symbolträchtigen Karfreitag des Jahres 1300 wird sich Dante in einem finsteren Wald einer tiefen Lebenskrise bewusst. Der menschlichen Sündhaftigkeit kann er aus eigenen Kräften nicht entkommen, drei allegorische Raubtiere versperren den direkten Weg zum Berg des Heils. In dieser aussichtslosen Lage bietet sich ihm Vergil, der bewunderte weise Dichter der Antike, als Führer an.

Nel mezzo del cammin di nostra vita
  mi ritrovai per una selva oscura
  chè la diritta via era smarrita.
Ah quanto a dir qual era è cosa dura
  esta selva selvaggia e aspra e forte
  che nel pensier rinova la paura!
Tant' è amara che poco è più morte;
  ma per trattar del ben ch' io vi trovai,
  dirò dell'altre cose ch' i' v' ho scorte.
Io non so ben ridir com' io v'entrai,
  tant'era pieno di sonno a quel punto
  che la verace via abbandonai.

1 **mezzo:** Mitte (des Lebens, das nach biblischen Vorstellungen 70 Jahre dauert; daraus erschloss man Dantes Geburtsjahr 1265). | **cammin(o):** Weg. | 2 **selva:** Wald. | 3 **diritta/o:** gerade, recht. | **smarrita:** *smarrire:* verlieren. | 5 **aspra/o:** herb, rau. | **forte:** hier *folto* (dicht). | 9 **scorte:** *scorgere:* erblicken. | 12 **verace:** wahr.

Ma poi ch' i' fui al piè d'un colle giunto,
  là dove terminava quella valle
  che m'avea di paura il cor compunto,
guardai in alto, e vidi le sue spalle
  vestite già de' raggi del pianeta
  che mena dritto altrui per ogni calle.
Allor fu la paura un poco queta
  che nel lago del cor m'era durata
  la notte ch' i' passai con tanta pièta.
E come quei che con lena affannata
  uscito fuor del pelago alla riva
  si volge all'acqua perigliosa e guata,
così l'animo mio, ch'ancor fuggiva,
  si volse a retro a rimirar lo passo
  che non lasciò già mai persona viva.
Poi ch' èi posato un poco il corpo lasso,
  ripresi via per la piaggia diserta,
  sì che 'l piè fermo sempre era 'l più basso.
Ed ecco, quasi al cominciar dell'erta,
  una lonza leggiera e presta molto,
  che di pel maculato era coverta;

13 **colle:** Hügel (wohl der Berg Zion des biblischen Heils). | **giunto:** *giụngere:* ankommen, erreichen. | 15 **compunto:** *compụngere:* quälen, betrüben. | 17 **pianeta** (m): hier die Sonne, Zeichen Gottes. | 18 **mena:** *menare:* führen (den rechten Weg). | **calle** (m): Straße, Weg. | 19 **queto:** *quieto/a:* ruhig, beruhigt. | 21 **pièta:** Angst, Qual. | 22 **lena:** Atem. | **affanata/o:** atemlos, keuchend. | 23 **pẹlago:** Meer. | 24 **volge:** *vọlgersi:* s. (zurück)wenden. | **perigliosa:** *pericoloso/a.* | **guata:** *guatare:* (intensiv) schauen. | 26 **rimirar(e):** noch einmal / wieder sehen. | **passo:** hier: Engpass (der finstere Wald im Tal). | 28 ***èi:*** *ebbi* (Perfekt). | 29 **piaggia:** Hang. | 30 **fermo/a:** fest (allegorisch nach christlicher Lesart der linke Fuß der Seele, der dem Affekt verbunden ist). | 31 **erta:** Steigung. | 32 **lonza:** Panther (f.) (das erste allegorische Tier repäsentiert *luxuria,* Wollust). | 33 **maculato/a:** *macchiato/a* (gefleckt).

e non mi si partìa d 'innanzi al volto,
anzi impediva tanto il mio cammino,
ch' i' fui per ritornar più volte volto.
Temp'era dal principio del mattino,
e 'l sol montava 'n su con quelle stelle
ch'eran con lui quando l'amor divino
mosse di prima quelle cose belle;
sì ch'a bene sperar m'era cagione
di quella fera alla gaetta pelle
l'ora del tempo e la dolce stagione;
ma non sì che paura non mi desse
la vista che m'apparve d'un leone.
Questi parea che contra me venesse
con la test'alta e con rabbiosa fame,
sì che parea che l'aere ne tremesse.
Ed una lupa, che di tutte brame
sembiava carca nella sua magrezza,
e molte genti fè già viver grame,
questa mi porse tanto di gravezza
con la paura ch'uscìa di sua vista,
ch' io perdei la speranza dell'altezza.

34 **d'innanzi:** *davanti.* | 37 **principio:** Beginn (des Frühjahrsmorgens im Sternbild des Widders, wie im Folgenden umschrieben wird, Zeit der Schöpfung und der Hoffnung auf Erlösung durch Christus). | 38 **montava:** *montare:* (auf)steigen (Sonne). | 41 **cagione** (f.): *ragione:* Grund. | 42 **fera:** *fiera:* Raubtier. | **gaetta:** *gaietto/a:* gefleckt, gesprenkelt. | 45 **vista:** Anblick. | **leone:** Löwe (als Allegorie der *superbia*, des Hochmuts). | 46 **parea:** *parere: sembrare.* | 47 **rabbiosa/o:** wütend. | 48 **ạere:** *aria.* | 49 **lupa:** Wölfin (in ihrer Magerkeit Allegorie der *avaritia*, der Habsucht). | **brame:** *brama:* Begierde. | 50 **carca:** *cạrica.* | 51 **grame:** *gramo/a:* elend. | 52 **gravezza:** Schwere, Last.

E qual è quei che volontieri acquista,
e giugne 'l tempo che perder lo face,
che 'n tutt' i suoi pensier piange e s'attrista;
tal mi fece la bestia sanza pace,
che, venendomi incontro, a poco a poco
mi ripigneva là dove 'l sol tace.
Mentre ch' i' ruvinava in basso loco,
dinanzi alli occhi mi si fu offerto
chi per lungo silenzio parea fioco.
Quando vidi costui nel gran diserto,
«Miserere di me» gridai a lui,
«qual che tu sii, od ombra od omo certo!»
Rispuosemi: «Non omo, omo già fui,
e li parenti miei furon lombardi,
mantovani per patrïa ambedui.
Nacqui sub Julio, ancor che fosse tardi,
e vissi a Roma sotto 'l buono Augusto
al tempo delli dei falsi e bugiardi.
Poeta fui, e cantai di quel giusto
figliuol d'Anchise che venne da Troia,
poi che 'l superbo Iliòn fu combusto.

56 **giugne:** *giụngere:* kommen. | 57 **s'attrista:** *attristarsi:* traurig werden, s. grämen. | 60 **ripigneva:** *ripịgnere: respịngere:* zurückdrängen. | 61 **ruvinava:** *rovinare:* herabstürzen, zugrunde gehen. | 63 **fioco/a:** schwach, matt. | 65 **Miserere:** (lat.) erbarme dich. | 66 **certo/a:** hier: lebendig (also kein toter Schatten). | 68 **parenti:** hier: Eltern. | **lombardi:** anachronistisch, *Langobardịa: Lombardịa* meinte im MA ganz Norditalien. | 69 **mantovani:** aus Mạntova/Mantua stammend. | **ambedui:** *ambedue:* beide. | 70 **Julio:** Julius Caesar. | **falsi e bugiardi:** falsch und lügnerisch, da heidnisch. | 74 **figliuol(o) d'Anchise:** Sohn des Anchises, also Aeneas, der aus dem brennenden Troia (Ilion) floh und in Vergils *Aeneis* zum mythischen Begründer des römischen Reiches wurde. | 75 **combusto:** *combụrere:* verbrennen.

Ma tu perchè ritorni a tanta noia?
perchè non sali il dilettoso monte
ch' è principio e cagion di tutta gioia?»
«Or se' tu quel Virgilio e quella fonte
che spandi di parlar sì largo fiume?»
rispuos' io lui con vergognosa fronte.
«O delli altri poeti onore e lume,
vagliami 'l lungo studio e 'l grande amore
che m' ha fatto cercar lo tuo volume.
Tu se' lo mio maestro e 'l mio autore;
tu se' solo colui da cu' io tolsi
lo bello stilo che m' ha fatto onore.
Vedi la bestia per cu' io mi volsi:
aiutami da lei, famoso saggio,
ch'ella mi fa tremar le vene e i polsi.»
«A te convien tenere altro vïaggio»
rispuose poi che lagrimar mi vide,
«se vuo' campar d'esto loco selvaggio:
chè questa bestia, per la qual tu gride,
non lascia altrui passar per la sua via,
ma tanto lo 'mpedisce che l'uccide;

76 **noia:** Ungemach, Verdruss. | 77 **dilettoso/a:** erfreulich, angenehm. | 79 **Virgilio:** Publius Vergilius Maro (70–19 v. Chr.), berühmter Autor der *Bucolica*, der *Georgica* und vor allem der *Aeneis*, der sich zuvor selbst vorgestellt hat, wird nun von Dante voller Verehrung angesprochen. | 80 **spandi:** *spandere:* verbreiten, vergießen. | 82 **lume** (m.): Licht. | 86 **tolsi:** *togliere:* (über)nehmen. | 87 **stilo:** *stile* (Dante lobt Vergil als seine höchste poetische Autorität und stellt sich gleichzeitig in seine Nachfolge). | 89 **saggio:** Weiser. | 91 **tenere altro vïaggio:** einen anderen Weg einschlagen (Vergilianische Wendung). | 92 **lagrimar:** *lacrimare:* weinen. | 93 **campar:** *scampare:* entkommen. | 94 **gride:** *gridi* (für das Altflorentinische typische Verb-Endung der 2. Ps. Sg.). | 96 **'mpedisce:** *impedisce.*

e ha natura sì malvagia e ria,
   che mai non empie la bramosa voglia,
   e dopo 'l pasto ha più fame che pria.
Molti son li animali a cui s'ammoglia,
   e più saranno ancora, infin che 'l Veltro
   verrà, che la farà morir con doglia.
Questi non ciberà terra nè peltro,
   ma sapïenza, amore e virtute,
   e sua nazion sarà tra feltro e feltro.
Di quella umile Italia fia salute
   per cui morì la vergine Cammilla,
   Eurialo e Turno e Niso di ferute.
Questi la caccerà per ogni villa,
   fin che l'avrà rimessa nello 'nferno,
   là onde invidia prima dipartilla.
Ond' io per lo tuo me' penso e discerno
   che tu mi segui, e io sarò tua guida,
   e trarrotti di qui per luogo etterno,

97 **malvagia/o:** bösartig. | **ria/o:** böse. | 98 **empie:** *empiere/empire:* füllen, sättigen. | **bramosa/o:** gierig. | 100 **s'ammoglia:** *ammogliarsi:* (heiraten), s. begatten. | 101 **Veltro:** Jagdhund (übertragen als rettender Abgesandter der Vorsehung gedeutet, wahrscheinlich Kaiser Heinrich VII. oder auch Cangrande della Scala). | 102 **doglia:** Schmerz. | 103 **ciberà:** *cibare:* s. ernähren. | **peltro:** (Hartzinn), Geld. | 105 **nazion:** *nąscita.* | **feltro:** wörtlich Filz; obskure Stelle aus Dantes bewusst dunkler prophetischer Rede, vielfach gedeutet und doch unklar, vielleicht die Dioskuren oder *tra cielo e cielo*? | 106 **ụmile:** (demütig), hier: gedemütigt, unglücklich. | 106 **salute** (f.): Heil. | 107–108 **Camilla, Euryalus, Turnus, Nisus:** Gestalten aus Vergils *Aeneis.* | 108 **ferute:** *ferite* (Wunden). | 110 **'nferno:** *inferno.* | 111 **onde:** von wo. | **invidia:** hier der vom Teufel empfundene Neid auf die Menschen, der dadurch zum ersten Mal (*prima*) auf die Welt gelangte. | **dipartilla:** *la dipartì* (der Neid sandte das Untier aus der Hölle in die Welt). | 112 **Ond':** weswegen. | **discerno:** *discẹrnere:* erkennen, beurteilen, (unterschieden). | 114 **trarrotti:** *ti trarrò* (ziehen, führen, fortbringen).

ove udirai le disperate strida,
vedrai li antichi spiriti dolenti,
che la seconda morte ciascun grida;
e vederai color che son contenti
nel foco, perchè speran di venire
quando che sia alle beate genti.
Alle qua' poi se tu vorrai salire,
anima fia a ciò più di me degna:
con lei ti lascerò nel mio partire;
chè quello imperador che là su regna,
perch' io fu' ribellante alla sua legge,
non vuol che 'n sua città per me si vegna.
In tutte parti impera e quivi regge;
quivi è la sua città e l'alto seggio:
oh felice colui cu' ivi elegge!»
E io a lui: «Poeta, io ti richeggio
per quello Dio che tu non conoscesti,
acciò ch' io fugga questo male e peggio,

115 **strida** (Pl.): *grida.* | 116 **antichi:** alten (da die Hölle so alt wie die Menschheit ist). | **dolenti:** *dolente:* schmerzend, leidend, betrübt. | 117 **la seconda morte:** der Tod der Seele nach dem leiblichen Tod. | **contenti nel foco:** die Insassen des Fegefeuers, die auf Erlösung hoffen. | 120 **beate:** *beato/a:* selig (die Seligen des Paradieses). | 122 **degna/o:** würdig (Vorausdeutung auf Beatrice, die Dante durch das Paradies, die letzte Cantica führen wird). | 124 **regna:** *regnare:* herrschen (Gott). | 125 **ribellante:** rebellisch, widerspenstig (die strikte göttliche Ordnung schließt bei Dante grundsätzlich auch diejenigen vom Paradies aus, die – wie Vergil – vor Christi Geburt lebten, also sein Gesetz noch nicht kennen konnten). | 126 **vegna:** *venga.* | 127 **quivi:** *lì* (dort) wie *ivi* (129). | **regge:** *reggere:* regieren. | 128 **seggio:** Sitz, Thron. | 130 **richeggio:** *richiedo* (bitten). | 132 **acciò ch':** damit.

che tu mi meni là dove or dicesti,
sì ch' io veggia la porta di san Pietro
e color cui tu fai cotanto mesti».
Allor si mosse, e io li tenni retro.

Canto II

Im zweiten Canto des *Inferno*, der als zweiter Prolog fungiert, erfährt der zunächst verzagte Wanderer Dante von Beatrices Auftrag an Vergil, ihn durch Hölle und Fegefeuer zu führen – seine unerhörte Jenseitsreise als lebendiger Mensch ist demnach Teil des göttlichen Heilsplans. Der Erzähler Dante ruft zuvor die Musen an und beteuert in dieser Funktion die Authentizität des Gesehenen und Erzählten.

Lo giorno se n'andava, e l'aere bruno
toglieva li animai che sono in terra
dalle fatiche loro; e io sol uno
m'apparecchiava a sostener la guerra
sì del cammino e sì della pietate,
che ritrarrà la mente che non erra.

133 **meni:** *menare:* führen. | **or:** *ora* (eben). | 134 **veggia:** *veda.* | **porta di san Pietro:** gemeint ist der Eingang zum Purgatorium. | 135 **fai:** *fare* hier im Sinne von schildern. | **cotanto:** so sehr. | **mesti:** *mesto/a:* traurig. | 136 **retro:** *dietro* (Dante geht hinter Vergil her – diese Konstellation wird die gesamte Wanderung durch das Inferno bestimmen). | 1 **bruno/a:** dunkel. | 2 **toglieva:** *togliere:* (nehmen), befreien, entziehen. | **animai:** *animale:* Lebewesen. | 4 **m'apparecchiava:** *apparecchiarsi:* s. vorbereiten, s. rüsten. | **guerra:** Krieg, Kampf – gegen den beschwerlichen Weg (*cammino*) durch die Hölle und gegen das Mitleid (*pietate*), das den Wanderer ebenso anficht, aber in der Hölle unangemessen ist. | 6 **ritrarrà:** *ritrarre:* wiedergeben, darstellen, schildern. | **mente** (f.): Geist, Erinnerung – Dante beteuert also, aus der unfehlbaren *memoria* das Gesehene (*vidi*, 8) wahrhaftig wiederzugeben. | **erra:** *errare:* irren.

O muse, o alto ingegno, or m'aiutate;
o mente che scrivesti ciò ch' io vidi,
qui si parrà la tua nobilitate.
Io cominciai: «Poeta che mi guidi,
guarda la mia virtù s'ell' è possente,
prima ch'all'alto passo tu mi fidi.
Tu dici che di Silvïo il parente,
corruttibile ancora, ad immortale
secolo andò, e fu sensibilmente.
Però, se l'avversario d'ogni male
cortese i fu, pensando l'alto effetto
ch'uscir dovea di lui e 'l chi e 'l quale,

7 **muse:** die Musen, die neun göttlichen Töchter des Zeus und der Mnemosyne, der Göttin des Gedächtnisses, anzurufen, ist auch in christlicher Zeit Bestandteil epischer Dichtung. | **ingegno:** *ingenium*, Geist, Begabung – die zweite Anrufung, ebenfalls Teil der klassischen Exordialtopik, gilt der poetischen Erfindungsgabe, dem dichterischen Genie. | 9 **si parrà:** *apparirà.* | **nobilitate:** *perfezione, eccellenza:* gemeint ist die *Memoria* (*mente*, 8) der dritten Anrufung, deren zentrale, ausgezeichnete Stellung in Dantes Poem dadurch betont wird. | 11 **virtù:** lat. *virtus*, also im Sinne von *capacità*, Fähigkeit; Dantes Zweifel, ob er in der Lage ist (*possente*), die Unterweltreise zu meistern, beziehen sich auf seine persönliche Stärke. | 12 **passo:** hier schwieriger Weg (durch die Hölle). | **mi fidi:** *mi affidi*, mir zutraust. | 13 **di Silvïo il parente:** Aeneas, der Vater des Silvius. | 14 **corruttibile:** vergänglich, sterblich. | 15 **secolo:** *mondo*; hier das Jenseits, die unsterbliche Welt, im Gegensatz zum Diesseits. | **sensibilmente:** körperlich; Dante zitiert hier das erste Vorbild seiner Unterweltreise, die Katabasis des Aeneas im VI. Buch von Vergils *Aeneis.* | 16 **l'avversario d'ogni male:** der Widersacher alles Bösen: Gott. | 17 **cortese:** hier: großzügig. | **i:** *gli* (Aeneas).

non pare indegno ad omo d' intelletto;
ch'e' fu dell'alma Roma e di suo impero
nell'empireo ciel per padre eletto:
la quale e 'l quale, a voler dir lo vero,
fu stabilita per lo loco santo
u' siede il successor del maggior Piero.
Per questa andata onde li dai tu vanto,
intese cose che furon cagione
di sua vittoria e del papale ammanto.
Andovvi poi lo Vas d'elezïone,
per recarne conforto a quella fede
ch' è principio alla via di salvazione.

19 **indegno:** unwürdig, unverdient; Aeneas wurde also der Abstieg in die Unterwelt von Gott gestattet, angesichts seines Wesens und seiner Qualitäten und im Hinblick auf die zukünftige Wirkung, die der Vater (*padre*, 21) des römischen Reiches im Gründungsmythos Vergils und nach Gottes Plan entfalten sollte. | 20 **alma/o:** ehrwürdig. | 21 **empịreo ciel(o):** Feuerhimmel, Sitz Gottes. | 22 **la quale e 'l quale:** gemeint sind Rom und das römische Reich. | 24 **successor(e) del maggior Piero:** der Nachfolger des ältesten Petrus, also das Papsttum, das Dante hier ausdrücklich als legitimen Erben des römischen Imperiums sieht. | 25 **andata:** Gang – durch die Unterwelt (*per:* auf). | **vanto:** Ruhm. | 26 **intese:** *intẹndere:* erfahren, verstehen. | 27 **papale ammanto:** päpstlicher Mantel. | 28 **Vas d'elezïone:** das auserwählte Gefäß, *vas electionis*, biblische Bezeichnung für den Apostel Paulus, der in den Himmel entrückt wurde (ob leiblich oder ekstatisch, lässt er offen, vgl. 2 Kor 12.3), in der apokryphen spätantiken *Visio Pauli*, einem weiteren wichtigen Vorbildtext Dantes, stieg er in die Unterwelt hinab; Dante wählt unter den bekannten Jenseitswanderern exemplarisch Aeneas und Paulus aus, verschweigt also beispielsweise Herakles, Theseus und Orpheus. | 29 **recarne:** mitbringen, spenden. | **conforto:** Trost, Bestätigung. | 30 **principio:** Anfang, Ursprung, Voraussetzung. | **salvazione:** Heil.

Ma io perchè venirvi? o chi 'l concede?
  Io non Enëa, io non Paulo sono:
  me degno a ciò nè io nè altri crede.
Per che, se del venire io m'abbandono,
  temo che la venuta non sia folle:
  se' savio; intendi me' ch' i' non ragiono.»
E qual è quei che disvuol ciò che volle
  e per novi pensier cangia proposta,
  sì che dal cominciar tutto si tolle,
tal mi fec' io in quella oscura costa,
  perchè, pensando, consumai la 'mpresa
  che fu nel cominciar cotanto tosta.
«S' i' ho ben la parola tua intesa»
  rispuose del magnanimo quell'ombra,
  «l'anima tua è da viltate offesa;
la qual molte fïate l'omo ingombra
  sì che d'onrata impresa lo rivolve,
  come falso veder bestia quand'ombra.

32 **Enëa … Paolo:** die beiden zuvor umschriebenen exemplarischen Vorbilder von Dantes providenzieller Jenseitsreise werden nun ehrfurchtsvoll und in bescheidener Abgrenzung beim Namen genannt. | 33 **degno/a:** würdig. | 34 **m'abbandono:** *abbandonarsi:* s. hingeben, s. einlassen. | 35 **temo che … non:** *temo che* (lat. Konstruktion, auch in Vers 64 und öfter). | **folle:** tollkühn, verrückt. | 37 **disvuol:** *non vuole più.* | 38 **cangia proposta:** *cambia propọsito* (seinen Vorsatz ändern). | 39 **tolle:** (*dis*)*tọgliersi:* abkommen, ablassen. | 40 **costa:** Abhang. | 41 **consumai:** *consumare* (hier latinisierend): *annullare, distrụggere.* | 42 **tosta/o:** rasch, bald. | 44 **magnạnimo/a:** großmütig, edel (gemeint ist der Schatten Vergils). | 45 **viltate:** *viltà:* Kleinmut, Feigheit. | **offesa/o:** betroffen, befallen. | 46 **fïate:** *fiata:* Mal. | **ingombra:** *ingombrare:* hindern, hemmen. | 47 **onrata:** *onorato/a:* ehrenvoll. | **rivolve:** *rivọlvere, rivọlgere:* abbringen, umkehren. | 48 **ombra:** *ombrare:* scheuen (Kleinmut lässt den Menschen wie ein Tier vor eingebildeten Hindernissen zurückscheuen).

Da questa tema acciò che tu ti solve,
dirotti perch' io venni e quel ch' io 'ntesi
nel primo punto che di te mi dolve.
Io era tra color che son sospesi,
e donna mi chiamò beata e bella,
tal che di comandare io la richiesi.
Lucevan li occhi suoi più che la stella;
e cominciommi a dir soave e piana,
con angelica voce, in sua favella:
'O anima cortese mantovana,
di cui la fama ancor nel mondo dura,
e durerà quanto 'l mondo lontana,
l'amico mio, e non della ventura,
nella diserta piaggia è impedito
sì nel cammin, che volt' è per paura;
e temo che non sia già sì smarrito,
ch' io mi sia tardi al soccorso levata,
per quel ch' i' ho di lui nel cielo udito.
Or movi, e con la tua parola ornata
e con ciò c' ha mestieri al suo campare
l'aiuta, sì ch' i' ne sia consolata.

49 **tema** (f.): Furcht. | **acciò che:** damit. | **solve** (2. Ps. Sg.): *sọlvere:* lösen, befreien. | 50 **dirotti:** *ti dirò.* | 51 **punto:** *momento.* | **dolve:** *dolsi*, archaisches Perfekt von *dolere:* schmerzen, betrübt sein. | 52 **sospesi:** in der Schwebe, bezogen auf Vergils Aufenthaltsort, den Limbus, vgl. Canto IV. | 55 **Lucevan** (3. Ps. Pl.): *lụcere:* leuchten (Dante greift in diesen Versen die Bildsprache seiner stilnovistischen Liebeslyrik auf). | 56 **soave:** sanft. | 57 **favella:** Sprache, Redeweise. | 60 **lontana/o:** hier: lange (prädikativ). | 61 **ventura:** *fortuna*, Glück (meint hier einen unbeständigen, wechselhaften Liebenden – im Gegensatz zu Dante, der von Beatrice indirekt als beständig gelobt wird). | 65 **levata:** *levarsi:* s. erheben. | 67 **ornata/o:** geschmückt (Vergils poetische Sprache). | 68 **c' ha mestieri:** nötig ist (zu Dantes Rettung). | **campare:** *scampare:* entkommen. | 69 **consolata/o:** getröstet, beruhigt, zufrieden.

I' son Beatrice che ti faccio andare;
vegno del loco ove tornar disio;
amor mi mosse, che mi fa parlare.
Quando sarò dinanzi al signor mio,
di te mi loderò sovente a lui.'
[…]

Vergils Bericht vom Engagement der drei himmlischen Fürsprecherinnen (v.124), der Gottesmutter Maria, der Heiligen Lucia und Beatrice, endet mit den folgenden aufmunternden Fragen an Dante:

Dunque che è? perchè, perchè restai?
perchè tanta viltà nel cuore allette?
perchè ardire e franchezza non hai?
poscia che tai tre donne benedette
curan di te ne la corte del cielo,
e 'l mio parlar tanto ben t' impromette?»
Quali i fioretti, dal notturno gelo
chinati e chiusi, poi che 'l sol li 'mbianca
si drizzan tutti aperti in loro stelo,

70 **Beatrice:** Dantes früh verstorbene Geliebte, Adressatin seiner Liebeslyrik in der *Vita Nova*, nennt sich erst am Schluss ihrer Rede beim Namen. | 71 **loco:** gemeint ist der Himmel der Seligen. | **disio:** *disiare: desiderare.* | 72 **amor:** Beatrices Liebe zu Dante und die göttliche Liebe. | 74 **sovente:** oft. | 121 **restai:** *ristai*, von *ristare* (*stare*): stehenbleiben. | 122 **allette:** *alletti: allettare:* locken, ködern. | 123 **ardire** (m.): Mut. | **franchezza:** Mut (Synonymendopplung zur Intensivierung). | 124 **pọscia che:** da. | **tai:** *tali.* | 126 **impromette:** *promette.* | 127 **Quali:** wie – der folgende Vergleich der Blumen, die sich nach dem Nachtfrost im Sonnenlicht wieder aufrichten, resümiert Dantes Entwicklung von Furcht zu Mut. | 128 **chinati:** gebeugt. | **'mbianca:** *imbiancare:* hier: beleuchten (mit dem weißen Sonnenlicht der Morgendämmerung). | 129 **drizzan:** *drizzarsi:* s. aufrichten. | **stelo:** Stengel.

tal mi fec' io di mia virtute stanca,
  e tanto buono ardire al cor mi corse,
  ch' i' cominciai come persona franca:
«Oh pietosa colei che mi soccorse!
  e te cortese ch'ubidisti tosto
  alle vere parole che ti porse!
Tu m' hai con disiderio il cor disposto
  sì al venir con le parole tue,
  ch' i' son tornato nel primo proposto.
Or va, ch'un sol volere è d'ambedue:
  tu duca, tu segnore, e tu maestro.»
  Così li dissi; e poi che mosso fue,
intrai per lo cammino alto e silvestro.

Canto III

Am Eingang der Unterwelt steht das Höllentor, dessen Inschrift den Canto und die Charakteristika des *Inferno* eröffnet: Schmerz und Hoffnungslosigkeit.

PER ME SI VA NELLA CITTÀ DOLENTE,
  PER ME SI VA NELL' ETTERNO DOLORE,
  PER ME SI VA TRA LA PERDUTA GENTE.

136 **disiderio:** *desiderio:* Wunsch, Begehren (Vergil zu folgen, den Weg durch die Hölle zu wagen, also zum ersten Vorsatz [] (*primo proposto*, 138) [|] zurückzukehren). | 139 **sol:** *solo/a* (ein einziger Wille bewegt Dante und Vergil). | 140 **maestro:** Meister (natürlich nicht Grundschullehrer) – die drei ehrenden Anreden Vergils werden sich durch die gesamte *Commedia* ziehen. | 142 **alto:** *profondo, difficile.* | **silvestro:** *selvaggio, difficile.* | 1 **dolente:** (schmerzend,) schmerzvoll. | 3 **perduta/o:** verloren, verdammt.

GIUSTIZIA MOSSE IL MIO ALTO FATTORE:
FECEMI LA DIVINA POTESTATE,
LA SOMMA SAPÏENZA E 'L PRIMO AMORE.
DINANZI A ME NON FUOR COSE CREATE
SE NON ETTERNE, E IO ETTERNA DURO.
LASCIATE OGNI SPERANZA, VOI CH' ENTRATE.
[...]

Beim Betreten der Hölle vernimmt Dante die Klagelaute, *sospiri, pianti e alti guai* (22), der Verdammten und bittet seinen Führer um Erklärung:

E io ch'avea d'orror la testa cinta,
dissi: «Maestro, che è quel ch' i' odo?
e che gent' è che par nel duol sì vinta?»
Ed elli a me: «Questo misero modo
tengon l'anime triste di coloro
che visser sanza infamia e sanza lodo.

4 **Giustizia:** Gerechtigkeit. | **fattore:** Schöpfer (Gott). | 5 **potestate:** Macht (steht in der Trinität für Gott Vater, wie die Weisheit für den Sohn und die Liebe für den Heiligen Geist – in der Hölle ist Gottes Liebe demnach ebenso präsent wie in der übrigen Schöpfung). | 6 **somma/o:** höchste/r. | 7 **Dinanzi:** *prima di* (vor der Hölle wurde nur (*se non*) Ewiges geschaffen, also Himmel, Engel und die Ursubstanz, die Hölle selbst als Reaktion auf die Rebellion Luzifers). | 8 **etterna/o:** Bezug: *porta*, die diese ersten neun Verse spricht (prädikativ mit adverbialer Bedeutung). | 31 **cinta/o:** *circondato/a.* | 33 **vinta/o:** überwältigt (vom Schmerz). | 34 **mịsero/a:** elend. | **modo:** Art (der Strafe), Gelegenheit (zu klagen), Benehmen. | 35 **triste:** *tristo/a:* schlecht, böse. | 36 **infạmia:** Schande (in der Vorhölle leiden, von Dante besonders verachtet, die Lauen, Unentschlossenen, die weder gut noch schlecht waren, im Leben also von ihrem freien Willen, der Entscheidungsfreiheit des Menschen, keinen Gebrauch gemacht haben und deshalb nicht wirklich gelebt haben (v. 64).

Mischiate sono a quel cattivo coro
delli angeli che non furon ribelli
nè fur fedeli a Dio, ma per sè foro.
Caccianli i ciel per non esser men belli,
nè lo profondo inferno li riceve,
ch'alcuna gloria i rei avrebber d'elli.»
E io: «Maestro, che è tanto greve
a lor, che lamentar li fa sì forte?»
Rispuose: «Dicerolti molto breve.
Questi non hanno speranza di morte,
e la lor cieca vita è tanto bassa,
che 'nvidïosi son d'ogni altra sorte.
Fama di loro il mondo esser non lassa;
misericordia e giustizia li sdegna:
non ragioniam di lor, ma guarda e passa.»
E io, che riguardai, vidi una insegna
che girando correva tanto ratta,
che d'ogni posa mi parea indegna;

37 **Mischiate:** *mischiare:* vermischen. | 39 **foro:** *furono* – die ebenso verachtenswerten neutralen Engel, die zu feige (*cattivo*) waren, sich für oder gegen Gott zu entscheiden, und deshalb von Himmel und Hölle verstoßen werden, sind eine populäre, aber apokryphe Überlieferung, die Dante aufgreift. | 42 **rei:** *reo/a:* böse, schuldig. | 43 **greve:** schwer, schmerzlich. | 45 **Dicerolti:** *te lo dirò.* | 49 **Fama:** Ruf, Ruhm. | **esser non lassa:** *non lascia che sia.* | 50 **sdegna:** *sdegnare:* verachten – von den Menschen (*mondo*) und auch von Gott, der hier in seinen Attributen umschrieben wird. | 52 **insegna:** Zeichen, Fahne. | 53 **ratta/o:** schnell. | 54 **posa:** Pause, Ruhe. | **indegna/o:** hier: ablehnend – diejenigen, die im Leben eine Entscheidung für eine Partei vermieden haben, müssen als Höllenstrafe unablässig hinter einer Fahne herlaufen, die ihre Richtung ständig wechselt.

e dietro le venìa sì lunga tratta
  di gente, ch' io non averei creduto
  che morte tanta n'avesse disfatta.
Poscia ch' io v'ebbi alcun riconosciuto,
  vidi e conobbi l'ombra di colui
  che fece per viltà il gran rifiuto.
Incontanente intesi e certo fui
  che questa era la setta de' cattivi,
  a Dio spiacenti ed a' nemici sui.
Questi sciaurati, che mai non fur vivi,
  erano ignudi, stimolati molto
  da mosconi e da vespe ch'eran ivi.
Elle rigavan lor di sangue il volto,
  che, mischiato di lagrime, ai lor piedi
  da fastidiosi vermi era ricolto.
E poi ch'a riguardare oltre mi diedi,
  vidi genti alla riva d'un gran fiume;
  per ch' io dissi: «Maestro, or mi concedi
ch' i' sappia quali sono, e qual costume
  le fa di trapassar parer sì pronte,
  com' io discerno per lo fioco lume».

55 **tratta:** Zug, Menge. | 57 **disfatta:** *disfare:* zerstören. | 59 **colui:** gemeint ist wahrscheinlich Papst Cœlestin v., der 1294 nach wenigen Monaten im Amt abdankte (*rifiuto*) und dem Dante verhassten Bonifaz viii. Platz machte. | 61 **Incontanente:** sofort. | 62 **setta:** (Sekte,) Partei, Gefolgschaft; *cattivo* meint auch hier feige. | 63 **spiacenti:** *spiacente:* widerwärtig, verhasst. | 64 **sciaurati:** *scia(g)urato/a:* unglücklich, ruchlos. | 65 **ignudi:** *ignudo/a: nudo/a.* | 66 **mosconi:** *moscone:* Schmeißfliege. | 67 **rigavan:** *rigare:* furchen, strömen (lassen). | 69 **ricolto:** *raccolto.* | 74 **trapassare:** überschreiten, hier: überqueren (den Fluss). | 75 **discerno:** *discẹrnere:* erkennen, beurteilen(,unterscheiden). | **fioco/a:** schwach, matt.

Ed elli a me: «Le cose ti fier conte
quando noi fermerem li nostri passi
su la trista riviera d'Acheronte».
Allor con li occhi vergognosi e bassi,
tẹmendo no 'l mio dir li fosse grave,
infino al fiume del parlar mi trassi.
Ed ecco verso noi venir per nave
un vecchio, bianco per antico pelo,
gridando: «Guai a voi, anime prave!
Non isperate mai veder lo cielo:
i' vegno per menarvi all'altra riva
nelle tenebre etterne, in caldo e 'n gelo.
E tu che se' costì, anima viva,
pàrtiti da cotesti che son morti.»
Ma poi che vide ch' io non mi partiva,
disse: «Per altra via, per altri porti
verrai a piaggia, non qui, per passare:
più lieve legno convien che ti porti».

76 **fier(o):** *fieno, saranno* (archaisches Futur). | **conte:** *note.* | 78 **Acheronte:** der griechische Fluss Acheron wurde bereits in der antiken Mythologie zum Grenzfluss der Unterwelt. | 80 **grave:** (schwer,) beschwerlich, lästig. | 81 **mi trassi:** *mi trattenni* – das Motiv des beschämten Schweigens aus Demut wird sich durch die gesamte *Commedia* ziehen. | 84 **prave:** *pravo/a:* böse, frevelhaft. | 85 **isperate:** *sperate* (prothetisches *i* vor *s* ist im Altitalienischen verbreitet). | 86 **menarvi:** *menare:* führen, bringen. | 87 **tẹnebre** (Pl.): Finsternis. | 88 **costì:** dort. | 89 **pàrtiti:** *partirsi:* s. entfernen, s. trennen. | 92 **piaggia:** *spiaggia* (Ufer). | 93 **lieve:** leicht. | **legno:** metonymisch für Schiff.

E 'l duca lui: «Caron, non ti crucciare:
vuolsi così colà dove si puote
ciò che si vuole, e più non dimandare».
Quinci fuor quete le lanose gote
al nocchier della livida palude,
che 'ntorno alli occhi avea di fiamme rote.
[...]

Das Verschiffen der Verdammten über den Acheron wird als unablässige Bewegung geschildert und Vergil erklärt Dante, dass nur Sünder hier landen, weshalb Charon ihn zurückgewiesen hat – als plötzlich ein Erdbeben den Boden erschüttert:

Finito questo, la buia campagna
tremò sì forte, che dello spavento
la mente di sudore ancor mi bagna.
La terra lagrimosa diede vento,
che balenò una luce vermiglia
la qual mi vinse ciascun sentimento;
e caddi come l'uom che 'l sonno piglia.

94 **Caron(te):** Charon, bei Vergil und in der antiken Mythologie der Fährmann, der die Seelen der Verstorbenen über den Acheron setzt; wie alle mythologischen Figuren in der christlichen Hölle zum „dimonio" (109) degradiert; Dante als Lebenden versucht er abzuweisen, woraufhin Vergil ihn eindringlich an die Allmacht Gottes erinnert. | **crucciare:** s. grämen, erzürnen. | 95 **colà:** dort. | **puote:** *può*. | 97 **quete:** *qu(i)eto/a:* ruhig. | **lanose:** *lanoso/a:* wollig. | **gote:** *gota:* Wange, Backe. | 98 **nocchier(e):** Steuermann. | **lịvida/o:** fahl, bläulich. | **palude** (f.): Sumpf. | 99 **rote:** *ruote.* | 133 **lagrimosa:** *lacrimoso/a:* tränenvoll. | 134 **balenò:** *balenare:* (auf)blitzen. | **vermiglia/o:** rot. | 136 **piglia:** *pigliare:* nehmen, fassen, ergreifen – Dante verliert vor Schrecken das Bewusstsein und fällt in Ohnmacht; wie er den Acheron überquert hat, bleibt also, wie bei anderen Jenseitsreisen auch, im Dunkeln, wird aber als außergewöhnliches, von überwältigenden Naturphänomenen begleitetes göttliches Wirken gezeichnet.

Canto IV

Als Dante aus seiner Ohnmacht erwacht, findet er sich am Rand des dunklen Höllentrichters wieder. Im ersten Kreis, dem Limbus, wird er den Ungetauften und insbesondere den ›edlen Heiden‹, Geistesgrößen der Antike, begegnen, die vor der christlichen Ära gelebt haben.

«Or discendiam qua giù nel cieco mondo»
  cominciò il poeta tutto smorto:
  «io sarò primo, e tu sarai secondo.»
E io, che del color mi fui accorto,
  dissi: «Come verrò, se tu paventi
  che suoli al mio dubbiare esser conforto?»
Ed elli a me: «L'angoscia delle genti
  che son qua giù, nel viso mi dipigne
  quella pietà che tu per tema senti.
Andiam, chè la via lunga ne sospigne.»
  Così si mise e così mi fè intrare
  nel primo cerchio che l'abisso cigne.
Quivi, secondo che per ascoltare,
  non avea pianto mai che di sospiri,
  che l'aura etterna facevan tremare.
Ciò avvenìa di duol sanza martìri
  ch'avean le turbe, ch'eran molto grandi,
  d' infanti e di femmine e di viri.

14 **smorto/a:** blass. | 17 **paventi:** *temi.* | 18 **suoli:** *solere:* pflegen, gewöhnlich tun. | **dubbiare:** *dubitare.* | 19 **angoscia:** (Angst), Qual. | 21 **tema** (f.): Furcht. | 22 **ne sospigne:** *ci spinge.* | 24 **abisso:** Abgrund (des Höllentrichters). | **cigne:** *cingere:* umschließen. | 25 **secondo che:** nach dem, was (in der Dunkelheit zu hören ist). | 26 **mai:** *altro.* | 27 **aura:** Luft. | 28 **martìri:** *martirio:* Marter, Qual. | 29 **turbe:** *turba:* Menge, Haufen. | 30 **viri:** *uomini* – Kinder, Frauen und Männer bevölkern also den Limbus.

Lo buon maestro a me: «Tu non dimandi
che spiriti son questi che tu vedi?
Or vo' che sappi, innanzi che più andi,
ch'ei non peccaro; e s'elli hanno mercedi,
non basta, perchè non ebber battesmo,
ch' è porta della fede che tu credi.
E se furon dinanzi al cristianesmo,
non adorar debitamente a Dio:
e di questi cotai son io medesmo.
Per tai difetti, non per altro rio,
semo perduti, e sol di tanto offesi,
che sanza speme vivemo in disio.»
Gran duol mi prese al cor quando lo 'ntesi,
però che gente di molto valore
conobbi che 'n quel limbo eran sospesi.
[...]

Vergil berichtet Dante von der apokryphen Höllenfahrt Christi, bei der er alttestamentarische Patriarchen wie Adam und Moses befreit habe. Dann gelangen sie zu einem Feuer, einem Lichtblick in der Hölle demnach, um das sich illustre Gestalten versammelt haben:

33 **vo' che sappi:** *voglio che tu sappia.* | **innanzi che:** bevor. | 34 **mercedi:** *mẹriti.* | 35 **battesmo:** *battẹsimo.* | 37 **dinanzi a:** *prima di.* | 38 **adorar:** *adorarono.* | **debitamente:** gebührend. | 39 **cotai:** *cotale:* solch einer. | **medẹs(i)mo:** selbst. | 40 **tai:** *tali.* | **rio:** Schuld. | 41 **semo:** *siamo* (florentinisch, wie auch die analoge Form *vivemo*, 42). | **offesi:** hier: bestraft. | 42 **speme** (f.): *speranza.* | **disịo:** *desiderio* – ohne Schuld leben die vorchristlichen Seelen also zwar ohne Höllenstrafe, aber in der hoffnungslosen Sehnsucht nach Gott. | 44 **però che:** da. | 45 **limbo:** Limbus, lat. eigentlich Saum/Rand, in der mittelalterlichen Theologie Aufenthaltsort der vorchristlichen Menschen und der ungetauften, nur durch die Erbsünde belasteten Kinder, die jedoch vor Gott gleichwohl keine Gnade gefunden haben und am Rand der Hölle in der Schwebe, *sospesi*, weilen.

Lo buon maestro cominciò a dire:
«Mira colui con quella spada in mano,
che vien dinanzi ai tre sì come sire.
Quelli è Omero poeta sovrano;
l'altro è Orazio satiro che vène;
Ovidio è il terzo, e l'ultimo Lucano.
Però che ciascun meco si convene
nel nome che sonò la voce sola,
fannomi onore, e di ciò fanno bene.»
Così vidi adunar la bella scola
di quel signor dell'altissimo canto
che sovra li altri com'aquila vola.
Da ch'ebber ragionato insieme alquanto,
volsersi a me con salutevol cenno;
e 'l mio maestro sorrise di tanto:

86 **spada:** Schwert. | 87 **sire:** Majestät, Herr. | 88 **Omero:** Homer (8. Jh. v. Chr.), im europäischen MA nur indirekt bekannter, aber berühmter griechischer Autor der *Ilias* und der *Odyssee*, mit dem Schwert der Heldendichtung beschrieben. | 89 **Orazio:** Horaz (65–8 v. Chr.), lat. Dichter, im MA für seine Satiren und seine *Ars poetica* bekannt. | 90 **Ovidio:** Ovid (43 v. – 17 n. Chr.), lat. Autor der berühmten *Metamorphosen* und erotischer Werke (*Amores*, *Ars amatoria*), die im MA stark, aber kontrovers rezipiert wurden. | **Lucano:** Lukan (39–65 n. Chr.), lat. Epiker (*Pharsalia / Bellum civile*), im MA verbreiteter Schulbuchautor. | 91 **convene:** *conviene* (aus Reimgründen), hier: übereinstimmen – im Namen *poeta*, den eine einzelne Stimme zuvor (v. 80) zur Begrüßung Vergils hat erklingen lassen (*sonare*, 92), ehren die Dichter diesen hohen Namen, weniger seine Person, weshalb gesagt wird, dass sie gut daran tun. 94 **adunar(e):** versammeln, vereinigen – die eben benannte schöne Schule Homers, der hier als Adler und Fürst der epischen Poesie umschrieben wird. | 97 **alquanto:** etwas, einige Zeit. | 98 **salutevole:** grüßend, Gruß-. | **cenno:** Zeichen, Wink, Andeutung.

e più d'onore ancora assai mi fenno,
ch'e' sì mi fecer della loro schiera,
sì ch' io fui sesto tra cotanto senno. 102

Nach dieser Selbstkanonisierung trifft Dante auf der weiteren Wanderung durch den Limbus in einem allegorischen *nobile castello* (106) auf Gestalten der römischen Geschichte, die nach der *Aeneis* ja bis auf Troja zurückgeht (zu denen Dante ebenfalls Sultan Saladin gesellt, der auch im Christentum als exemplarisch guter Herrscher galt); weiterhin auf die *filosofica famiglia* (132) um Aristoteles, die antike Philosophen und Gelehrte umfasst – und die späteren arabischen Philosophen Avicenna und Averroes. Damit endet das melancholisch friedvolle Intermezzo des Limbus und Dante setzt mit Vergil seinen Weg ins Dunkel der Hölle fort.

100 **fenno:** *fẹcero* (*fare*), wie in v. 101. | 101 **schiera:** Schar, Gruppe. | 102 **sì ch(e):** so dass (vom *sì* in v. 101 verstärkend antizipiert). | **cotanto** so viel. | **senno:** Verstand, Geist – nach dem Vorbild Ovids nimmt sich Dante an dieser berühmten Stelle als Sechster selbst in die illustre Schar antiker Dichter auf, die für sein poetisches Selbstverständnis enorm wichtig waren: Ausdruck einer behaupteten Kontinuität zwischen Antike und Mittelalter, die kurze Zeit später im Zuge des Humanismus infrage gestellt und neu definiert werden wird.

Canto V

Im zweiten Kreis werden die triebhaften Sünder der *luxuria*, der Wollust, im ewigen Höllensturm bestraft, unter ihnen das bekannte Liebespaar Francesca da Rimini und Paolo Malatesta.

Così discesi del cerchio primaio
  giù nel secondo, che men luogo cinghia,
  e tanto più dolor, che punge a guaio.
Stavvi Minòs orribilmente, e ringhia:
  essamina le colpe nell'entrata;
  giudica e manda secondo ch'avvinghia.
Dico che quando l'anima mal nata
  li vien dinanzi, tutta si confessa;
  e quel conoscitor delle peccata
vede qual luogo d' inferno è da essa;
  cignesi con la coda tante volte
  quantunque gradi vuol che giù sia messa.

1 **primaio:** *primo.* | 2 **cinghia:** *cinghiare:* umfassen. | 3 **punge:** *pụngere:* hier: anstacheln. | **guaio:** Wehklage, Wehgeschrei. | 4 **Minòs:** Minos, König von Kreta, im Mythos ein gerechter Richter, schon in der Antike als Unterweltrichter vorgestellt, hier nach Vergil am Eingang der Unterwelt platziert, aber deutlich dämonisiert. | **ringhia:** *ringhiare:* knurren. | 6 **avvinghia:** *avvinghiare:* umschlingen, umklammern – wie in v. 11/12 ausgeführt wird, richtet Minos die Seelen nach ihrer Schuld und weist ihnen mittels der Anzahl der Umklammerungen mit seinem Schweif ihren Höllenkreis zu; aus dem weisen Richter der Antike ist in der christlichen Hölle also ein tierischer Dämon geworden. | 9 **conoscitor(e):** Kenner, Richter (juristische Fachsprache). | 11 **cignesi:** *cịngere:* umschlingen. | 12 **quantunque:** wie viel. | **gradi:** *grado:* Stufe.

Sempre dinanzi a lui ne stanno molte:
vanno a vicenda ciascuna al giudizio;
dicono e odono, e poi son giù volte.
«O tu che vieni al doloroso ospizio,»
disse Minòs a me quando mi vide,
lasciando l'atto di cotanto offizio,
«guarda com'entri e di cui tu ti fide:
non t' inganni l'ampiezza dell'entrare!...»
E 'l duca mio a lui: «Perchè pur gride?
Non impedir lo suo fatale andare:
vuolsi così colà dove si puote
ciò che si vuole, e più non dimandare.»
Ora incomincian le dolenti note
a farmisi sentire; or son venuto
là dove molto pianto mi percuote.
Io venni in luogo d'ogni luce muto,
che mugghia come fa mar per tempesta,
se da contrari venti è combattuto.

14 **a vicenda:** (gegenseitig), abwechselnd. | 15 **volte:** *vọlgere:* wenden, hier: hinabstoßen. | 16 **ospizio:** Heim, Hospiz (Gasthaus). | 18 **cotanto:** hier: so hoch/bedeutend. | **offizio:** *uffizio:* Amt, Dienst, Aufgabe. | 19 **fide:** *fidi* (2. Ps. Sg. im Florentinischen, wie *gride*, 21). | 20 **ampiezza:** Breite – die Vorstellung, dass der Eingang zur Unterwelt – im Gegensatz zum Ausgang – von trügerischer Breite sei, ist bereits antik und biblisch. | 22 **fatale:** schicksalhaft, hier: vom Schicksal, also von Gott gewollt; vgl. die Umschreibung göttlicher Allmacht in den beiden folgenden Versen, die wörtlich Vergils Ermahnung Charons (III.95–96) zitiert. | 25 **note:** *nota:* hier: Ton, Laut. | 27 **percuote:** *percuọtere:* treffen. | 28 **d'ogni luce muto:** synästhetische Metapher für die Dunkelheit, analog I.60. | 29 **mugghia:** *mugghiare, muggire:* (muhen,) brüllen, brausen.

La bufera infernal, che mai non resta,
  mena li spirti con la sua rapina:
  voltando e percotendo li molesta.
Quando giungon davanti alla ruina,
  quivi le strida, il compianto, il lamento;
  bestemmian quivi la virtù divina.
Intesi ch'a così fatto tormento
  enno dannati i peccator carnali,
  che la ragion sommettono al talento.
E come li stornei ne portan l'ali
  nel freddo tempo a schiera larga e piena,
  così quel fiato li spiriti mali
di qua, di là, di giù, di su lì mena;
  nulla speranza li conforta mai,
  non che di posa, ma di minor pena.
E come i gru van cantando lor lai,
  faccendo in aere di sè lunga riga,
  così vidi venir, traendo guai,

31 **bufera:** Sturm. | **resta:** *restare:* hier: aufhören. | 32 **mena:** *menare:* (führen), mitreißen. | **rapina:** hier: Gewalt, Wut. | 33 **molesta:** *molestare:* quälen. | 34 **giụngon(o):** *giụngere:* kommen, treffen, gelangen. | **ruina:** *rovina:* Verderben, Gewalt, hier wohl der Höllensturm. | 35 **strida** (Pl.): *strido:* Schrei. | **compianto:** gemeinsame Klage. | 36 **virtù:** hier: Macht. | 38 **enno:** *sono.* | **carnali:** fleischlich – die Sünde der Wollüstigen besteht nach Dante, wie er auch in seinem *Convivio* (IV. VII.11) ausführt, darin, die Vernunft, die den Menschen vom Tier unterscheidet, dem Instinkt/Trieb untergeordnet zu haben. | 39 **sommẹttono:** *sottopọngono.* | **talento:** hier: Lust. | 40 **stornei:** *storni:* Stare. | 42 **fiato:** hier: Luft, Wind. | 44 **conforta:** *confortare:* trösten. | 45 **non che … ma:** geschweige denn (auf Unterbrechung) noch nicht einmal (auf Linderung der Strafe). | 46 **gru** (invar.): Kranich. | **lai:** Lai, altfranzösische unregelmäßige Liedform der höfischen Liebe(s-Klage). | 47 **riga:** *fila.* | 48 **traendo guai:** *facendo lamenti.*

ombre portate dalla detta briga:
per ch' i' dissi: «Maestro, chi son quelle
genti che l'aura nera sì gastiga?»
«La prima di color di cui novelle
tu vuo' saper» mi disse quelli allotta,
«fu imperadrice di molte favelle.
A vizio di lussuria fu sì rotta,
che libito fè licito in sua legge
per tòrre il biasmo in che era condotta.
Ell' è Semiramìs, di cui si legge
che succedette a Nino e fu sua sposa:
tenne la terra che 'l Soldan corregge.
L'altra è colei che s'ancise amorosa,
e ruppe fede al cener di Sicheo;
poi è Cleopatràs lussurïosa.

49 **briga:** (Streit), Gewalt. | 51 **gastiga:** *gastigare, castigare:* strafen, züchtigen. | 52 **novelle:** hier: Nachricht, Auskunft. | 53 **allotta:** *allora.* | 54 **favelle:** *lingue, linguaggi.* | 55 **rotta/o:** hier: ergeben. | 56 **ḷibito:** Lust, Vergnügen, Laune. | **ḷicito:** *lẹcito:* erlaubt. | 57 **tòrre:** *tọgliere.* | **biasmo:** Tadel. | 58 **Semiramìs:** legendäre assyrische Königin, die nach dem Tod ihres Gatten Minos allein regierte und der die Hängenden Gärten von Babylon zugeschrieben wurden; ihren ›wollüstigen‹ schlechten Ruf (mit mörderischer Polyandrie und Inzest) hat Dante der einflussreichen christlichen Schrift *Historiae adversum paganos* (417) des Augustinus-Schülers Paulus Orosius entnommen. | 59 **succedette:** *succẹdere:* hier: nachfolgen. | 60 **Soldan(o):** Sultan (historisch-geographisch ungenau). | **corregge:** *governa.* | 61 **s'ancise amorosa:** *si uccise per amore.* | 62 **ruppe:** *rọmpere:* brechen. | **fede** (f.): Treue. | **Sicheo:** Sychaeus, der verstorbene Gatte der karthargischen Königin Dido, die hier umschrieben wird und deren tragische Liebe zu Aeneas aus dem IV. Buch von Vergils *Aeneis* bekannt ist. | 63 **Cleopatràs:** die ägyptische Königin Kleopatra, Geliebte von Caesar und Antonius. | **lussurïosa/o:** unzüchtig, wollüstig.

Elena vedi, per cui tanto reo
tempo si volse, e vedi il grande Achille,
che con amore al fine combattèo.
Vedi Parìs, Tristano»; e più di mille
ombre mostrommi, e nominommi, a dito
ch'amor di nostra vita dipartille.
Poscia ch' io ebbi il mio dottore udito
nomar le donne antiche e' cavalieri,
pietà mi giunse, e fui quasi smarrito.
I' cominciai: «Poeta, volontieri
parlerei a quei due che 'nsieme vanno,
e paion sì al vento esser leggieri».

64 **Elena:** Helena, die emblematisch schöne Gattin des Menelaos, deren Raub durch Paris (v. 67), wie Homers *Ilias* erzählt, den Trojanischen Krieg, die im nächsten Vers beschriebene ›lange schlimme Zeit‹, auslöste, an der Dante ihr offensichtlich die alleinige Schuld zuschreibt. | **reo:** böse, schlimm. | 65 **volse:** *vọlgere:* hier: vergehen. | **Achille:** Achilles, der griechische Held der *Ilias*, der sich, nach der späteren Überlieferung des Servius, in die trojanische Prinzessin Polyxena verliebte (und von ihrem Bruder Paris getötet wurde). | 66 **combatteo:** *combatté* (archaische Endung). | 67 **Tristano:** Tristan, berühmter Ritter von König Artus' Tafelrunde, der einzige mittelalterliche Liebessünder, verliebte sich in Isolde, die Frau seines Onkels Marke. | 68 **mostrommi:** *mi mostrò* (analog: *nominommi*). | 69 **dipartille:** *dipartì* (mit pleonastischem *le*): (*fece*) *dipartire:* scheiden, sterben – die Sünder dieses Canto sind demnach durch ihre wollüstige Liebe zu Tode gekommen. | 70 **Pọscia che:** nachdem, da. | 71 **nomar:** *nominare.* | 72 **giunse:** *giụngere:* erreichen, ergreifen. | **smarrito:** *smarrire:* (die Sinne) verlieren, verwirren. | 75 **paion(o):** *parere: sembrare.*

Ed elli a me: «Vedrai quando saranno
più presso a noi; e tu allor li priega
per quello amor che i mena, ed ei verranno».
Sì tosto come il vento a noi li piega,
mossi la voce: «O anime affannate,
venite a noi parlar, s'altri nol niega!»
Quali colombe, dal disio chiamate,
con l'ali alzate e ferme al dolce nido
vegnon per l'aere dal voler portate;
cotali uscir della schiera ov' è Dido,
a noi venendo per l'aere maligno,
sì forte fu l'affettüoso grido.
«O animal grazïoso e benigno
che visitando vai per l'aere perso
noi che tignemmo il mondo di sanguigno,
se fosse amico il re dell'universo,
noi pregheremmo lui della tua pace,
poi c' hai pietà del nostro mal perverso.

78 **i:** *li* – gemeint, aber erst in Vers 116 genannt, ist Francesca da Polenta aus Ravenna, die 1275 aus politischen Gründen mit Gianciotto Malatesta aus Rimini verheiratet wurde; sie verliebte sich jedoch in dessen Bruder Paolo und wurde zusammen mit diesem vom eifersüchtigen Gatten umgebracht; das um die Jahre 1283–85 datierbare, wohl historische Ereignis ist allerdings nur bei Dante überliefert, hat davon ausgehend indes anhaltende Bekanntheit erlangt. | 79 **Sì tosto come:** sobald. | **piega:** *piegare:* (biegen), bewegen. | 80 **affanate:** *affanato/a:* hier: gepeinigt, gequält. | 81 **altri:** gemeint ist Gott, dessen Namen in der Hölle nicht genannt wird. | **nol:** non lo. | **niega:** *negare:* hier: verweigern. | 82 **colombe:** *colomba:* Taube. | **disịo:** *desiderio.* | 83 **ferme:** *fermo/a:* unbeweglich. | 84 **ạere:** *aria.* | 85 **cotali:** *cotale:* hier: so – nach *quali* (wie) die zweite Partikel des Vergleichs. | **schiera:** Schar – die eben beschriebene Gruppe der Liebessünder um die erst an dieser Stelle genannte Dido. | 88 **animal(e):** Lebewesen. | **grazïoso/a:** anmutig, höflich, freundlich. | 89 **perso/a:** schwarzrot, dunkel. | 90 **tignemmo:** *tịngere:* färben. | **sanguigno/a:** blutrot.

Di quel che udire e che parlar vi piace,
noi udiremo e parleremo a vui,
mentre che 'l vento, come fa, ci tace.
Siede la terra dove nata fui
su la marina dove 'l Po discende
per aver pace co' seguaci sui.
Amor, ch'al cor gentil ratto s'apprende,
prese costui della bella persona
che mi fu tolta; e 'l modo ancor m'offende.
Amor, ch'a nullo amato amar perdona,
mi prese del costui piacer sì forte,
che, come vedi, ancor non m'abbandona.
Amor condusse noi ad una morte:
Caina attende chi a vita ci spense.»
Queste parole da lor ci fur porte.
Quand' io intesi quell'anime offense,
china' il viso, e tanto il tenni basso,
fin che 'l poeta mi disse: «Che pense?»

96 **mentre che:** solange. | **ci:** *qui.* | 97 **Siede:** *sedere:* hier: liegen. | **terra:** hier: Stadt. | 98 **marina:** Küste – hier der Adria, zu der der Fluss Po hinabfließt (*discende*). | 99 **seguaci:** *seguace:* (Anhänger*in), hier die Nebenflüsse des Po. | 100 **gentil(e):** edel. | **ratto/a:** rasch, schnell. | **s'apprende:** *apprẹndersi:* übergreifen (Feuer) – der Vers zitiert zentrale Inhalte und Texte der höfischen Amor-Lehre des *dolce stil novo,* in dem auch Dante dichtete, konkret die Identität von edlem Herzen und Liebe, die als fatale Macht in drei Anaphern angesprochen wird. | 101 **costui:** gemeint ist Paolo Malatesta, der bei Dante nicht zu Wort kommt, Francesca erzählt in beider Namen ihre tragische Liebesgeschichte, die sie auf ewig aneinander bindet. | **persona:** hier: Gestalt, Körper der Francesca durch den Mord genommen wurde, was sie noch immer kränkt. | 103 **perdona:** *perdonare:* hier: ersparen, verschonen. | 107 **Caina:** der ›Kainsort‹ im neunten Höllenkreis, an dem die Verräter an Verwandten büßen (Canto XXXII). | 108 **porte:** *pọrgere:* hier: richten, sagen. | 109 **offense:** *offese:* gekränkt, verletzt. | 110 **china':** *chinai: chinare:* senken, neigen. | 111 **pense:** *pensi.*

Quando rispuosi, cominciai: «Oh lasso,
quanti dolci pensier, quanto disio
menò costoro al doloroso passo!»
Poi mi rivolsi a loro e parla' io,
e cominciai: «Francesca, i tuoi martiri
a lacrimar mi fanno tristo e pio.
Ma dimmi: al tempo de' dolci sospiri,
a che e come concedette amore
che conosceste i dubbiosi disiri?»
E quella a me: «Nessun maggior dolore
che ricordarsi del tempo felice
nella miseria; e ciò sa 'l tuo dottore.
Ma s' a conoscer la prima radice
del nostro amor tu hai cotanto affetto,
dirò come colui che piange e dice.
Noi leggiavamo un giorno per diletto
di Lancialotto come amor lo strinse:
soli eravamo e sanza alcun sospetto.

112 **lasso:** unglücklich, weh (interj.). | 114 **passo:** hier: Schwierigkeit, Tod. | 115 **parla':** *parlai.* | 116 **martiri:** *martirio:* Qual. | 117 **lacrimar(e):** weinen. | 117 **tristo e pio:** *triste e pietoso.* | 119 **a che:** woran. | **amore:** hier personifiziert als göttliche Macht: Amor. | 120 **dubbiosi:** *dubbioso:* unsicher, unentdeckt, uneingestanden. | **disiri:** *desideri.* | 121 **Nessun…:** die bekannte Sentenz zitiert die spätantike Schrift *De consolatione philosophiae* des Boethius. | 123 **miseria:** Elend. | **'l tuo dottore:** gemeint ist Vergil. | 124 **s'a:** *se a.* | 125 **cotanto:** so viel. | 126 **piange e dice:** d. h. unter Tränen sprechen. | 127 **leggiavamo:** *leggevamo.* | **diletto:** Vergnügen. | 128 **Lancialotto:** Lancelot (Francesca und ihr Schwager Paolo Malatesta lesen, wie es zur höfischen Unterhaltung verbreitet war, einen Ritterroman über den bekannten Tafelrundenritter Lancelot, der in ehebrecherischer Liebe zu Guenièvre, der Gattin von König Artus, entbrannt war; sie verfallen dem gefährlichen literarischen Vorbild und werden von Francescas Gatten Gianciotto überrascht und umgebracht).

Per più fïate li occhi ci sospinse
quella lettura, e scolorocci il viso;
ma solo un punto fu quel che ci vinse. 132
Quando leggemmo il disïato riso
esser baciato da cotanto amante,
questi, che mai da me non fia diviso, 135
la bocca mi baciò tutto tremante.
Galeotto fu il libro e chi lo scrisse:
quel giorno più non vi leggemmo avante.» 138
Mentre che l'uno spirto questo disse,
l'altro piangea, sì che di pietade
io venni men così com' io morisse;
e caddi come corpo morto cade. 142

130 **fïate:** *fiata:* Mal → mehrmals. | 130 **sospinse:** *sospingere:* treiben (die Lektüre zwingt ihre Blicke dazu, sich zu begegnen). | 131 **scolorocci:** *scolorare:* (Gesicht) erbleichen. | 132 **vinse:** *vincere:* besiegen. | 133 **disïato riso:** *desiderata bocca.* | 134 **cotanto:** hier: so edel. | 137 **Galeotto:** Galehaut, die Vermittlerfigur aus dem Lancelotzyklus, wird im Italienischen zur Bezeichnung für einen Kuppler. | 138 **avante:** *avanti* – elegante Ellipse, das Ende der Lektüre bedeutet den Beginn der fatalen Liebesbeziehung. | 140 **piangea:** *piangeva.* | **pietade:** *pietà.* | 141 **venni men(o):** *venire meno:* ohnmächtig werden – Dantes außergewöhnlich heftige Reaktion nach der ersten Begegnung mit Sündern in der Hölle ist einerseits als Zeichen für die allgemein-menschliche, ethische Dimension des Erzählten und andererseits für seine persönliche Nähe zur unglücklichen Francesca zu lesen, weniger im romantisch identifikatorischen Sinne denn als Reflex auf eigene (stilisierte) literarische Entwicklungsstufen (höfischer Roman und *dolce stil novo*), die er mit der *Commedia* als überwunden darstellt.

Canto VI

Dante, der nach der erschütternden Erfahrung mit der Liebessünderin Francesca im vorherigen Canto mühsam das Bewusstsein wiedererlangt, sieht sich nun neuen und schlimmeren Leiden gegenüber: Der dritte Höllenkreis, in dem ein ewiger Eisregen die Sünder der Völlerei (*gula*) als Strafe für ihre Unmäßigkeit in den Schlamm drückt, wird von Cerberus bewacht, der die Seelen der Gefräßigen zudem häutet und zerstückelt.

Al tornar della mente, che si chiuse
dinanzi alla pietà de' due cognati,
che di trestizia tutto mi confuse,
novi tormenti e novi tormentati
mi veggio intorno, come ch' io mi mova
e ch' io mi volga, e come che io guati.
Io sono al terzo cerchio, della piova
etterna, maladetta, fredda e greve;
regola e qualità mai non l' è nova.
Grandine grossa, acqua tinta e neve
per l'aere tenebroso si riversa;
pute la terra che questo riceve.

3 **trestizia:** stärker als *tristezza*, schmerzhafte Trauer, Bestürzung. | 5 **veggio:** *vedo.* | 6 **volga:** *volgersi:* s. wenden. | **guati:** *guatare:* (intensiv) schauen. | 7 **piova:** *pioggia.* | 8 **maladetta:** *maledetto/a:* verdammt, furchtbar. | **greve:** schwer. | 9 **nova:** *nuova, diversa* – der quälende Eisregen fällt monoton ohne Abweichungen. | 10 **tinta/o:** dunkel, schmutzig. | 11 **tenebroso/a:** finster. | **riversa:** *riversarsi:* s. ergießen, fließen. | 12 **pute:** *putire, puzzare:* stinken.

Cerbero, fiera crudele e diversa,
con tre gole caninamente latra
sopra la gente che quivi è sommersa.
Li occhi ha vermigli, la barba unta e atra,
e 'l ventre largo, e unghiate le mani;
graffia li spiriti, scuoia e disquatra.
Urlar li fa la pioggia come cani:
dell'un de' lati fanno all'altro schermo;
volgonsi spesso i miseri profani.
Quando ci scorse Cerbero, il gran vermo,
le bocche aperse e mostrocci le sanne;
non avea membro che tenesse fermo.
Lo duca mio distese le sue spanne,
prese la terra, e con piene le pugna
la gittò dentro alle bramose canne.

13 **Cẹrbero:** Cerberus, antikes Unterweltmonster in Gestalt eines dreiköpfigen Hundes, von Herakles besiegt; Vergil und Ovid machen ihn zum Torwächter des Orkus, was Dante übernimmt und ihn dämonisiert. | **fiera:** (Raub-)Tier. | **diversa/o:** hier: missgestaltet. | 14 **latra:** *latrare:* bellen. | 16 **vermigli:** *vermiglio/a:* rot. | **unta/o:** fettig. | **atra/o:** schwarz, dunkel. | 17 **unghiate:** *unghiato/a:* mit Nägeln/Krallen versehen. | 18 **graffia:** *graffiare:* kratzen. | **scuoia:** *sc(u)oiare:* häuten, schinden. | **disquatra:** *squartare:* zerreißen, vierteilen – dass Seelen (*spiriti*) körperliche Qualen zugefügt werden, ist zwar unrealistisch, aber mit Dantes Prinzip der Höllenstrafe, dem *contrappasso*, zu erklären: Die Sünder erleiden die gleiche Behandlung, die sie in ihrem maßlosen Leben den Speisen zuteil werden ließen. | 20 **schermo:** Schirm, Schutz. | 21 **profani:** Frevler, Sünder. | 22 **scorse:** *scọrgere:* erblicken. | **vermo:** *verme.* | 23 **mostrocci:** *ci mostrò.* | **sanne:** *zanna:* Hauer, Zahn. | 24 **membro:** Glied. | 25 **spanne:** *spanna:* Hand, Spanne. | 27 **bramose:** *bramoso/a:* gierig. | **canne:** *canna:* (Rohr), hier: Maul.

Qual è quel cane ch'abbaiando agugna,
e si racqueta poi che 'l pasto morde,
chè solo a divorarlo intende e pugna,
cotai si fecer quelle facce lorde
dello demonio Cerbero, che 'ntrona
l'anime sì, ch'esser vorrebber sorde.
Noi passavam su per l'ombre che adona
la greve pioggia, e ponavam le piante
sopra lor vanità che par persona.

Im weiteren Verlauf legt Dante dem Florentiner Ciacco, der sich kurz aus dem Schlamm erhebt, die erste der zahlreichen Invektiven gegen das sündige Florenz in den Mund: Ciacco prophezeit die – zur Zeit der Abfassung des Textes natürlich bereits erfolgte – Auseinandersetzung zwischen schwarzen und weißen Guelfen, in deren Zuge Dante 1302 als Anhänger der schließlich unterlegenen Weißen aus Florenz verbannt wurde. Auch Dantes Polemik gegen Papst Bonifaz VIII., dem er einen maßgeblichen Anteil am Sieg der schwarzen Guelfen zuschrieb, beginnt in diesem Canto mit einer kurzen Bemerkung, ohne den Erzfeind namentlich zu nennen. Schließlich erläutert Vergil die christliche Lehre vom Jüngsten Gericht mit der leiblichen Auferstehung der Toten, bei dem die bereits in der Hölle leidenden Seelen noch schlimmere Qualen zu erwarten haben werden.

28 **abbaiando:** *abbaiare:* bellen. | **agugna:** *agognare:* ersehnen, gieren. | 29 **racqueta:** *racchetarsi:* s. beruhigen. | 30 **divorarlo:** *divorare:* verschlingen. | **pugna:** *pugnare:* kämpfen, s. mühen. | 31 **cotai:** *cotale:* hier: so – nach *qual* (wie) die zweite Vergleichspartikel. | **lorde:** *lordo/a:* schmutzig, roh. | 32 **'ntrona:** *intronare:* betäuben. | 34 **adona:** *adonare:* niederwerfen. | 35 **piante:** *pianta:* hier: Fußsohle. | 36 **vanità** (invar.): (Eitelkeit), hier: leere, hohle Gestalten, die nur wirkliche Körper zu sein scheinen (*parere*) und als verdammte Seelen doch körperlich leiden.

Canto VII

Im vierten Kreis, den Pluto bewacht, werden die beiden komplementären Laster der Habgier und der Verschwendung bestraft (*avaritia*), beide Ausdruck menschlicher Maßlosigkeit.

«Papè Satàn, papè Satàn aleppe!»
  cominciò Pluto con la voce chioccia;
  e quel savio gentil, che tutto seppe,
disse per confortarmi: «Non ti noccia
  la tua paura; chè, poder ch'elli abbia,
  non ci torrà lo scender questa roccia».
Poi si rivolse a quella infiata labbia,
  e disse: «Taci, maladetto lupo:
  consuma dentro te con la tua rabbia.
Non è sanza cagion l'andare al cupo:
  vuolsi nell'alto, là dove Michele
  fè la vendetta del superbo strupo.»

1 **Papè Satan, papè Satàn aleppe:** Plutos Geschrei ist unübersetzbar, das erste Wort könnte ein Ausruf der Verwunderung (lat. *papae*) über die Ankunft Dantes sein, das letzte ein Ausruf von Schmerz und Klage (eine Verdrehung des hebräischen Buchstabens *aleph*). | 2 **Pluto:** griechischer Gott des Reichtums (*plutos*), kontaminiert mit Pluto(n) (Hades), dem Herrn der Unterwelt, von Dante als Dämon dargestellt. | **chioccia/o:** rau, heiser. | 3 **savio:** *saggio:* Weiser. | **gentil(e):** edel. | 4 **confortar(e):** trösten. | **noccia** (imp.): *nuọcere:* schaden. | 5 **poder:** *potere.* | 6 **torrà:** *toglierà:* hier: hindern. | 7 **infiata/o:** geschwollen (vor Wut). | **labbia:** (Lippen) Gesicht. | 8 **maladetto:** *maledetto/a:* verdammt. | 9 **consuma:** *consumare:* hier: fressen (also: richte deine Wut gegen dich selbst). | 10 **cagion:** *ragione* (f.): Grund. | **cupo:** Dunkel (der Hölle). | 11 **Michele:** der Erzengel Michael. | 12 **superbo/a:** hochmütig, überheblich. | **strupo:** *stupro:* hier: Luzifers gewalttätiger Aufstand gegen Gott, den Michael bestrafte.

Quali dal vento le gonfiate vele
caggiono avvolte, poi che l'alber fiacca,
tal cadde a terra la fiera crudele.
Così scendemmo nella quarta lacca,
pigliando più della dolente ripa
che 'l mal dell'universo tutto insacca.
Ahi giustizia di Dio! tante chi stipa
nove travaglie e pene quant' io viddi?
e perchè nostra colpa sì ne scipa?
[…]

Die Sünder, unter ihnen zahlreiche Geistliche, müssen schwere Felsbrocken vor sich her wälzen und stoßen wie in einem grotesken schnellen Rundtanz (*ridda*) unter Flüchen ständig gegeneinander. Vergil erklärt daraufhin das Wirken der Fortuna.

Or puoi veder, figliuol, la corta buffa
de' ben che son commessi alla Fortuna,
per che l'umana gente si rabuffa;
chè tutto l'oro ch' è sotto la luna
e che già fu, di quest'anime stanche
non poterebbe farne posare una.»

14 **caggiono:** *cadono.* | **alber(o):** hier: Mastbaum. | **fiacca:** *fiaccare:* brechen. | 15 **fiera:** Raubtier. | 16 **lacca:** tiefes Tal (der Hölle). | 17 **pigliando:** *pigliare: prẹndere:* hier: durchlaufen. | **ripa:** Steilhang (des Höllentrichters). | 18 **insacca:** *insaccare:* einsacken. | 19 **stipa:** *stipare:* zusammenpressen, -drängen. | 20 **travaglie:** *travaglia:* Qual. | **viddi:** *vidi.* | 21 **ne:** *ci.* | **scipa:** *sciupa: sciupare:* verderben, zugrunde richten – der Ausruf greift in Satzstellung und Wortwahl das Thema des Canto auf: Anhäufen und Verschwenden von Reichtum durch menschliche Schuld. | 61 **buffa:** *beffa, inganno.* | 62 **ben(i):** Güter (auch v. 69, 79). | **commessi:** *affidati.* | 63 **rabuffa:** *rabbuffarsi:* sich in die Haare geraten. | 66 **posare:** ruhen lassen, beruhigen.

«Maestro,» diss' io lui, «or mi dì anche:
questa Fortuna di che tu mi tocche,
che è, che i ben del mondo ha sì tra branche?»
Ed elli a me: «Oh creature sciocche,
quanta ignoranza è quella che v'offende!
Or vo' che tu mia sentenza ne 'mbocche.
Colui lo cui saver tutto trascende,
fece li cieli e diè lor chi conduce
sì, ch'ogni parte ad ogni parte splende,
distribuendo igualmente la luce:
similemente alli splendor mondani
ordinò general ministra e duce
che permutasse a tempo li ben vani
di gente in gente e d'uno in altro sangue,
oltre la difension di senni umani;

67 **mi dì:** *dimmi.* | 68 **tocche:** *tocchi: toccare:* erwähnen, streifen. | 69 **branche:** *branca:* Kralle, Klaue. | 71 **offende:** *offẹndere:* schaden. | 72 **vo':** *voglio.* | **'mbocche:** *imboccare:* in den Mund stecken, (Kind) füttern. | 73 **saver:** *sapere.* | **trascende:** *trascẹndere:* übersteigen, übertreffen – gemeint ist Gott. | 74 **diè:** *diede* (*dare*). | **conduce:** *condurre:* hier: bewegen – gemeint sind die Intelligenzen, die die Himmel bewegen, christlich als Engel verstanden, die Gottes Licht auf diese Weise gleichmäßig verbreiten. | 77 **mondani:** *mondano/a:* weltlich, Welt-. | 78 **ministra e duce:** Verwalterin und Führerin – Fortuna, die römische Göttin des Schicksals (gr. Tyche), ist in christlicher Vorstellung Gottes Willen unterworfen und für den wechselvollen Lauf der Welt zuständig. | 79 **permutasse:** *permutare:* vertauschen, übertragen. | **a tempo:** zu gegebener, vorbestimmter Zeit. | **vani:** *vano/a:* eitel, vergänglich, da weltlich. | 80 **gente:** *pọpolo.* | **sangue:** *famiglia.* | 81 **difension:** *difesa.* | **senni:** *senno:* Verstand.

per ch'una gente impera ed altra langue,
seguendo lo giudicio di costei,
che è occulto come in erba l'angue.
Vostro saver non ha contasto a lei:
questa provede, giudica, e persegue
suo regno come il loro li altri dei.
Le sue permutazion non hanno triegue:
necessità la fa esser veloce;
sì spesso vien chi vicenda consegue.
Quest' è colei ch' è tanto posta in croce
pur da color che le dovrìen dar lode,
dandole biasmo a torto e mala voce;
ma ella s' è beata e ciò non ode:
con l'altre prime creature lieta
volve sua spera e beata si gode.

82 **impera:** *imperare:* herrschen. | **langue:** *languire:* schwach sein, danieder liegen. | 83 **costei:** Fortuna. | 84 **occulto/a:** verborgen. | **angue:** Schlange (Vergilianischer Vergleich). | 85 **contasto:** *contrasto:* Widerstand, Streit – gegen Fortunas Macht sind die Menschen machtlos, ihre Willensfreiheit bezieht sich nur auf die eigenen moralischen Entscheidungen, nicht auf weltliche Güter und Macht. | 86 **provede:** *prov(v)edere:* (*prevedere*) voraussehen. | **persegue:** *perseguire:* verfolgen, durchsetzen. | 88 **permutazion(i):** *cambiamenti.* | **triegue:** *tręgua:* Stillstand, Pause. | 90 **vien(e):** (*sopravvenire*) plötzlich erscheinen. | **vicenda:** Wechselfall. | **consegue:** *conseguire:* (*ricęvere*) erlangen, erfahren. | 91 **posta in croce:** angeprangert, gekreuzigt. | 92 **dovrìen:** *dovrebbero.* | 93 **biasmo:** Tadel. | **a torto:** zu Unrecht. | 94 **s'è:** *è* – der ungewöhnliche reflexive Gebrauch des Verbs (wie auch *si gode*, 96) verstärkt den Eindruck selbstgenügsamer Unabhängigkeit der Fortuna. | **beata/o:** selig. | 95 **prime creature:** die Engel, wie Fortuna zuerst von Gott erschaffen. | 96 **volve:** *vǫlvere: vǫlgere:* drehen. | **spera:** *sfera:* Sphäre – wie die Intelligenzen die übrigen Himmelssphären, so bewegt Fortuna die sublunare Welt, also die Erde und das Schicksal der Menschen.

Vergil drängt Dante zum Weitergehen und sie gelangen entlang eines schwarzen Wasserlaufs an den Styx im fünften Höllenkreis, in dem die Sünden des Zorns (*ira*) und der *acedia* (Traurigkeit, Trägheit, Melancholie) gebüßt werden. In diesem trüben Sumpf zerfleischen sich die Zornigen gegenseitig, während die passiven Melancholiker unter dem Schlamm verborgen ihr Schicksal betrauern.

Canto VIII

Der fünfte Kreis, den die Unterweltwanderer bereits am Ende des vorherigen Canto erreicht haben, ist vom gewaltsamen Feuer des Zorns geprägt. Durch den sumpfigen Styx gelangen Dante und Vergil zunächst zu einem Turm.

Io dico, seguitando, ch'assai prima
  che noi fossimo al piè dell'alta tórre,
  li occhi nostri n'andar suso alla cima
per due fiammette che i' vedemmo porre,
  e un'altra da lungi render cenno
  tanto, ch'a pena il potea l'occhio tòrre.
E io mi volsi al mar di tutto 'l senno:
  dissi: «Questo che dice? e che risponde
  quell'altro foco? e chi son quei che 'l fenno?»

1 **seguitando:** *seguitare:* fortfahren. | 3 **suso:** *su.* | **cima:** Spitze. | 4 **i':** *vi.* | 5 **cenno:** Zeichen, Signal – die beiden Flammen, die die Ankunft der beiden Wanderer melden, werden weit entfernt erwidert. | 6 **tanto:** hier: so weit entfernt. | **a pena:** kaum. | **tòrre:** *tọgliere:* hier: erblicken. | 7 **volsi:** *vọlgersi:* s. wenden. | **senno:** Verstand, Weisheit – gemeint ist Vergil. | 9 **fenno:** *fẹcero.*

Ed elli a me: «Su per le sucide onde
già scorgere puoi quello che s'aspetta,
se 'l fummo del pantan nol ti nasconde».
Corda non pinse mai da sè saetta
che sì corresse via per l'aere snella,
com' io vidi una nave piccioletta
venir per l'acqua verso noi in quella,
sotto il governo d'un sol galeoto,
che gridava: «Or se' giunta, anima fella!»
«Flegïàs, Flegïàs, tu gridi a voto»
disse lo mio signore «a questa volta:
più non ci avrai che sol passando il loto.»
Qual è colui che grande inganno ascolta
che li sia fatto, e poi se ne rammarca,
fecesi Flegïàs nell' ira accolta.
Lo duca mio discese nella barca,
e poi mi fece intrare appresso lui;
e sol quand' io fui dentro parve carca.

10 **sụcide** (*sụdice*): *sụdicio:* schmutzig. | 11 **scọrgere:** erblicken. | 12 **fummo:** *fumo:* (Rauch), Dunst. | **pantan(o):** Sumpf. | **nol ti:** *non te lo.* | **nasconde:** *nascọndere:* verbergen. | 13 **corda:** hier: Bogensehne. | **pinse:** *pịngere:* stoßen, schießen. | **saetta:** Pfeil. | 14 **ạere:** *aria.* | **snella/o:** schnell. | 15 **piccioletta:** *pịccola* (dim.). | 16 **in quella:** *in quel momento.* | 17 **governo:** Leitung, Steuerruder. | **galeoto:** Seemann (Galeere), Schiffer. | 18 **giunta:** *giụngere:* ankommen, erreichen – im Sinne von ›in meiner Macht‹. | **fella/o:** böse, verrucht, zornig. | 19 **Flegïas:** Phlegyas, im gr. Mythos der zornige Brandstifter des Apollotempels in Delphi, deshalb in den Hades verbannt, so auch in Vergils *Aeneis*, von Dante als Wächter des fünften Höllenkreises und Fährmann über den Styx eingesetzt. | **a voto:** (*vuoto*): *invano.* | 21 **loto:** Sumpf, Schlamm. | 23 **rammarca:** *rammar(i)carsi:* betrübt sein. | 24 **accolta:** *accọgliere:* aufnehmen, hier: einschließen – Phlegyas muss seine Wut für sich behalten. | 26 **appresso:** (neben), nach. | 27 **parve:** *parere: sembrare.* | **car(i)ca/o:** beladen – nur Dante als Lebender hat Gewicht, wie auch die folgende Terzine erläutert.

Tosto che 'l duca e io nel legno fui,
  segando se ne va l'antica prora
  dell'acqua più che non suol con altrui.
Mentre noi corravam la morta gora,
  dinanzi mi si fece un pien di fango,
  e disse: «Chi se' tu che vieni anzi ora?»
E io a lui: «S' i' vegno, non rimango;
  ma tu chi se', che sì se' fatto brutto?»
  Rispuose: «Vedi che son un che piango».
E io a lui: «Con piangere e con lutto,
  spirito maladetto, ti rimani;
  ch' i' ti conosco, ancor sie lordo tutto».
Allora stese al legno ambo le mani;
  per che 'l maestro accorto lo sospinse,
  dicendo: «Via costà con li altri cani!»
Lo collo poi con le braccia mi cinse;
  baciommi il volto, e disse: «Alma sdegnosa,
  benedetta colei che in te s' incinse!
Quei fu al mondo persona orgogliosa;
  bontà non è che sua memoria fregi:
  così s' è l'ombra sua qui furïosa.

28 **tosto che:** sobald. | **legno:** Boot (Metonymie). | 29 **segando:** *segare:* hier: schneiden. | **prora:** (*prua*) Bug. | **suol:** *solere:* pflegen, gewöhnlich tun. | 31 **corravam(o):** *cọrrere:* hier: fahren (über Wasser). | **gora:** Tümpel. | 32 **fango:** Schlamm. | 33 **anzi:** vor (der Zeit, da Dante noch nicht tot ist). | 35 **brutto/a:** hier: schmutzig. | 36 **piango:** *pịangere:* hier: büßen. | 38 **maladetto:** *maledetto/a:* verdammt. | 39 **ancor:** *ancorché, benché, anche se.* | **sie:** *sia.* | **lordo/a:** schmutzig. | 40 **ambo:** beide. | 41 **accorto/a:** aufmerksam, klug, vorsichtig. | **sospinse:** *sospịngere:* vertreiben, zurückstoßen. | 42 **costà:** dorthin. | 43 **cinse:** *cịngere:* umschlingen. | 44 **sdegnosa/o:** stolz. | 45 **che in te s'incinse:** *che fu incinta di te.* | 46 **orgogliosa/o:** hochmütig, überheblich. | 47 **bontà:** Güte, gute Tat. | **fregi:** *fregiare:* schmücken.

Quanti si tengon or là su gran regi
  che qui staranno come porci in brago,
  di sè lasciando orribili dispregi!»

Der bislang ungenannte wütende und anmaßende Büßer ist Filippo Argenti aus der Familie Adimari, der Dante offensichtlich besonders verhasst war. Seine Gewalttätigkeit wird schon in seinem brüsken Auftritt sichtbar; aus Wut darüber, dass Dante seinen Namen erraten hat, den er aus Scham zu verschweigen trachtete, versucht er schließlich gar, das Boot der Reisenden anzugreifen, was von Vergil umsichtig abgewehrt wird. Dessen ungewöhnlich herzliches Lob für Dantes energisches Wortgefecht mit dem Verdammten verstärkt den Eindruck, dass hier eine Person verurteilt wird, deren unbeherrschtes Wüten für Florenz besonders schädlich war. Mit der Sünde des Zorns scheint sich Dante jedoch auch ein Stück weit zu identifizieren, wie der dynamische Spiegeldialog nahelegt, in dem die Kontrahenten nahezu dieselben Worte gebrauchen. Die Seele Filippos wird im Anschluss – sehr zu Dantes unchristlicher Schadenfreude – von anderen Wütenden misshandelt.
Im weiteren Verlauf ihrer Überfahrt gelangen Dante und Vergil an die eisernen Mauern der inneren Höllenstadt Dis (benannt nach dem römischen Pendant des Pluto), die vom Höllenfeuer rot glühen. Tausend Teufel halten die Wanderer auf, versuchen sie zu trennen und schlagen Vergil respektlos das Tor vor der Nase zu – zum ersten Mal benötigt der weise Führer direkten göttlichen Beistand, der sich bereits naht.

49 **tengon(o):** *tenersi:* hier: s. halten für. | **regi:** *rege/regio:* (König), großer ehrwürdiger Mensch. | 50 **brago:** Schlamm. | 51 **dispregi:** *dispregio: disprezzo:* Verachtung, Schande.

In Erwartung eines von Gott gesandten Helfers, der den Wanderern den Eintritt in die Höllenstadt Dis mit Gewalt gegen den Widerstand der Teufel ermöglichen soll, erzählt Vergil seinem verschreckten Schützling von seinem ersten Ausflug in die Tiefen der Hölle. Auf dem Turm von Dis erscheinen die drei Furien und drohen den Eindringlingen mit Medusa, die sie versteinern werde, weshalb Vergil aus Vorsicht Dante die Augen zuhält.

O voi ch'avete li 'ntelletti sani,
  mirate la dottrina che s'asconde
  sotto 'l velame de li versi strani.
E già venìa su per le torbid'onde
  un fracasso d'un suon, pien di spavento,
  per che tremavano amendue le sponde,
non altrimenti fatto che d'un vento
  impetüoso per li avversi ardori,
  che fier la selva e sanz'alcun rattento

61 **'ntelletti:** *intelletto:* Verstand. | 62 **mirate:** *mirare:* betrachten. | **s'asconde:** *(n)ascọndersi:* s. verbergen – mit demselben Ausdruck erklärt Dante in seinem *Convivio* den allegorischen Schriftsinn. | 63 **velame:** Schleier. | **strani:** *strano:* sonderbar, rätselhaft – die Leserapostrophe weist deutlich auf den verborgenen allegorischen Sinn der Worte hin und bezieht sich damit sowohl auf die teuflischen Furien als auf den Engel Gottes, dessen Ankunft im Folgenden erzählt wird. | 64 **tọrbid(e):** *tọrbido/a:* trüb. | 65 **fracasso:** Lärm, Getöse. | 66 **amendue:** *ambedue:* beide. | **sponde:** *sponda:* Ufer. | 68 **impetüoso/a:** heftig. | **avversi:** *avverso/a:* widrig. | **ardori:** *ardore:* Hitze – die Erklärung des Windes mit dem Aufeinandertreffen warmer und kalter Luftmassen greift auf Aristoteles zurück. | 69 **fier:** *ferisce.* | **rattento:** Hindernis.

li rami schianta, abbatte e porta fori;
dinanzi polveroso va superbo,
e fa fuggir le fiere e li pastori.
Li occhi mi sciolse e disse: «Or drizza il nerbo
del viso su per quella schiuma antica
per indi ove quel fummo è più acerbo».
Come le rane innanzi alla nemica
biscia per l'acqua si dileguan tutte,
fin ch'alla terra ciascuna s'abbica,
vid' io più di mille anime distrutte
fuggir così dinanzi ad un ch'al passo
passava Stige con le piante asciutte.
Dal volto rimovea quell'aere grasso,
menando la sinistra innanzi spesso;
e sol di quell'angoscia parea lasso.
Ben m'accorsi ch'elli era da ciel messo,
e volsimi al maestro; e quei fè segno
ch' i' stessi queto ed inchinassi ad esso.

70 **schianta:** *schiantare:* abbrechen. | **abbatte:** *abbạttere:* niederreißen. | 71 **dinanzi:** vorwärts. | **superbo/a:** hochmütig, ungestüm – der Wind wird am Ende des Vergleichs quasi personifiziert. | 72 **fiere:** *fiera:* Tier. | **pastori:** *pastore:* Hirte. | 73 **sciolse:** *sciọgliere:* lösen, befreien. | **drizza:** *drizzare:* wenden, (auf)richten. | **nerbo:** Kraft, Nerv. | 74 **schiuma:** Schaum. | 75 **fummo:** *fumo:* (Rauch), Dunst. | **acerbo/a:** hier: scharf, beißend. | 77 **biscia:** Natter. | **dileguan:** *dileguarsi:* verschwinden. | 78 **s'abbica:** *abbicarsi:* hier: s. zu Boden ducken. | 81 **piante:** *pianta:* hier: Fußsohle. | 83 **menando:** *menare:* (führen), bewegen. | 84 **angoscia:** (Angst,) Belästigung. | **parea:** *parere: sembrare.* | **lasso/a:** (müde,) unglücklich – beeindruckendes Bild göttlicher Macht, die inmitten der Höllenqualen nur leicht vom Dunst belästigt wird. | 85 **messo:** Bote – ein Engel mithin. | **volsimi:** *vọlgersi:* s. wenden. | 87 **queto:** *quieto/a:* ruhig. | **inchinassi:** *inchinare:* s. verneigen.

Ahi quanto mi parea pien di disdegno!
Venne alla porta, e con una verghetta
l'aperse, che non v'ebbe alcun ritegno.
«O cacciati del ciel, gente dispetta,»
cominciò elli in su l'orribil soglia,
«ond'esta oltracotanza in voi s'alletta?
Perchè recalcitrate a quella voglia
a cui non può il fin mai esser mozzo,
e che più volte v' ha cresciuta doglia?
Che giova nelle fata dar di cozzo?
Cerbero vostro, se ben vi ricorda,
ne porta ancor pelato il mento e 'l gozzo.»
Poi si rivolse per la strada lorda,
e non fè motto a noi, ma fè sembiante
d'omo cui altra cura stringa e morda
che quella di colui che li è davante;
e noi movemmo i piedi inver la terra,
sicuri appresso le parole sante.

88 **disdegno:** Verachtung (für die aufsässigen Teufel). | 89 **verghetta** (dim.): Stäbchen. | 90 **ritegno:** Widerstand. | 91 **dispetta/o:** verachtet. | 93 **oltracotanza:** Überheblichkeit. | **s'alletta:** *allettare:* locken, reizen, hier: kommen. | 94 **recalcitrate:** *recalcitrare* (bibl.): s. widersetzen, aufbegehren. | 95 **fin(e)** (m.): Ende, Ausgang, Ergebnis. | **mozzo/a:** (abgeschnitten), verhindert. | 96 **cresciuta:** *cręscere:* steigern. | **doglia:** Schmerz. | 97 **giova:** *giovare:* nützen. | **fata** (Pl.): *fato:* Schicksal. | **dar(e) di cozzo:** mit den Hörnern stoßen, anrennen. | 99 **pelato/a:** kahl. | **gozzo:** Kehle, Hals – Anspielung auf das Anketten des Cerberus durch Herakles/Herkules, der in christlicher Deutung, wie auch Theseus, zum Vorläufer Christi wird, der die Dämonen bezwingt. | 100 **rivolse:** *rivǫlgersi:* umkehren. | **lorda/o:** schmutzig. | 101 **motto:** Wort (*fare:* sagen). | **sembiante** (m): Ausdruck, Miene. | 102 **cura:** Sorge. | 104 **inver:** nach, gen – die Stadt (*terra*) Dis. | 105 **appresso:** nach.

Nachdem sie nun ungehindert die Höllenstadt Dis betreten haben, erblickt Dante zahlreiche brennende Sarkophage, aus denen Schmerzenslaute tönen. Vergil erklärt ihm, dass hier die *eresïarche* (127, Häresiarchen: Anführer ketzerischer Bewegungen) bestraft werden.

Canto X

Im sechsten Kreis brennen die Seelen der Ketzer in offenen Särgen, die, wie Vergil erläutert, erst nach dem Jüngsten Gericht geschlossen werden, wenn Körper und Seelen wieder vereint sind. Dante äußert den Wunsch, die Sünder zu sehen, doch zunächst benennt Vergil ihm einen exemplarischen Ketzer:

Suo cimitero da questa parte hanno
  con Epicuro tutt'i suoi seguaci,
  che l'anima col corpo morta fanno.
[…]

Vergil kündigt nun an, dass sich Dantes Wunsch erfüllen werde, als ihn eine Stimme anspricht:

«O Tosco che per la città del foco
  vivo ten vai così parlando onesto,
  piacciati di restare in questo loco.

13 **cimitero:** (Friedhof), Grabstätte. | 14 **Epicuro:** der griechische Philosoph Epikur (341–271 v. Chr.), dessen im MA kaum bekannte Lehre auf Materialismus und Hedonismus reduziert wurde; Grund der Verdammung als Ketzer ist hier, dass die Epikureer das christliche Dogma der Unsterblichkeit der Seele leugneten, wie Vers 15 beschreibt. | **seguaci:** *seguace:* Anhänger*in. | 22 **Tosco:** *toscano.* | 23 **ten:** *te ne* – impliziert: so frei. | **onesto/a:** edel, ehrenwert, vornehm.

La tua loquela ti fa manifesto
di quella nobil patrïa natio
alla qual forse fui troppo molesto.»
Subitamente questo suono uscìo
d'una dell'arche; però m'accostai,
temendo, un poco più al duca mio.
Ed el mi disse: «Volgiti: che fai?
Vedi là Farinata che s' è dritto:
dalla cintola in su tutto 'l vedrai.»
Io avea già il mio viso nel suo fitto;
ed el s'ergea col petto e con la fronte
com'avesse l'inferno in gran dispitto.
E l'animose man del duca e pronte
mi pinser tra le sepulture à lui,
dicendo: «Le parole tue sien conte».
Com' io al piè della sua tomba fui,
guardommi un poco, e poi, quasi sdegnoso,
mi dimandò: «Chi fuor li maggior tui?»

25 **loquela:** Sprechweise (bibl. Ausdruck). | 26 **natịo:** *nativo:* Geburts- (gemeint ist Florenz). | 27 **molesto/a:** (lästig), schädlich, gefährlich. | 28 **Subitamente:** plötzlich, unversehens. | **uscìo:** *uscì.* | 29 **arche:** *arca:* Sarg, Sarkophag. | **accostai:** *accostarsi:* s. nähern, s. anlehnen. | 31 **Vọlgiti:** *vọlgersi:* s. umdrehen. | 32 **Farinata:** Farinata degli Uberti († 1264), als Florentiner Ghibellinenführer Dantes politischer Gegner, als Exilierter sein Leidensgenosse. | **dritto:** *drizzato:* aufgerichtet. | 33 **cịntola:** *cintura:* Gürtel; Taille, Hüfte. | 34 **fitto:** eingeprägt – intensiver Blickkontakt. | 35 **s'ergẹ(v)a:** *ẹrgersi:* s. aufrichten, s. erheben. | 36 **dispitto:** *disprezzo.* | 37 **animose:** *animoso/a:* (mutig), aufmunternd. | 38 **pinser:** *spịnsero.* | 39 **conte:** *conto:* hier: gewählt, angemessen. | 41 **sdegnoso/a:** hochmütig, verächtlich. | 42 **maggior(i):** *antenati:* Vorfahren – die Frage nach der Familie zielt auch auf die politische Partei, der diese angehört.

Io ch'era d'ubidir disideroso,
non lil celai, ma tutto lil'apersi;
ond'ei levò le ciglia un poco in soso, 45
poi disse: «Fieramente furo avversi
a me e a miei primi e a mia parte,
sì che per due fïate li dispersi». 48
«S'ei fur cacciati, ei tornar d'ogni parte»
rispuosi lui «l'una e l'altra fïata;
ma i vostri non appreser ben quell'arte.» 51
Allor surse alla vista scoperchiata
un'ombra lungo questa infino al mento:
credo che s'era in ginocchie levata. 54
Dintorno mi guardò, come talento
avesse di veder s'altri era meco;
e poi che il sospecciar fu tutto spento, 57
piangendo disse: «Se per questo cieco
carcere vai per altezza d'ingegno,
mio figlio ov' è? perchè non è ei teco?» 60

43 **disideroso/a:** willens, wünschend. | 44 **lil:** *glielo/a.* | **celai:** *celare:* verbergen. | 45 **levò:** *levare:* heben, hochziehen (Augenbrauen). | **in soso:** nach oben, hinauf. | 46 **Fieramente:** heftig, erbittert. | **avversi:** *avverso/a:* feindlich, gegnerisch. | 48 **fïate:** *fiata:* Mal. | **dispersi:** *disperdere:* zerstreuen, vertreiben – Farinata bezieht sich auf die beiden Niederlagen der Guelfen 1248 und 1260 gegen die Ghibellinen unter seiner Führung. | 52 **surse:** *surgere:* s. erheben, auftauchen – der zweite Epikureer ist Cavalcante dei Cavalcanti, der Vater von Dantes Freund Guido (in v. 63 erwähnt), einem bedeutenden Dichter des *dolce stil novo.* | **vista:** hier: Öffnung. | **scoperchiata/o:** geöffnet. | 53 **lungo:** entlang, neben. | 55 **Dintorno:** ringsum. | **talento:** *desiderio, voglia.* | 57 **sospecciar(e):** (verdächtigen), vermuten, hoffen. | 59 **ingegno:** *ingenium,* Geist, Begabung.

E io a lui: «Da me stesso non vegno:
colui ch'attende là, per qui mi mena,
forse cui Guido vostro ebbe a disdegno».
Le sue parole e 'l modo della pena
m'avean di costui già letto il nome;
però fu la risposta così piena.
Di subito drizzato gridò: «Come
dicesti? elli ebbe? non viv'elli ancora?
non fiere li occhi suoi il dolce lome?»
Quando s'accorse d'alcuna dimora
ch'io facea dinanzi alla risposta,
supin ricadde e più non parve fora.
Ma quell'altro magnanimo a cui posta
restato m'era, non mutò aspetto,
nè mosse collo, nè piegò sua costa;
e sè continuando al primo detto,
«S'elli han quell'arte» disse «male appresa,
ciò mi tormenta più che questo letto.

62 **mena:** *menare:* führen. | 63 **disdegno:** Geringschätzung – die Bedeutung dieses Verses ist nicht einfach: *forse* bezieht sich wohl auf die Verbform *ebbe*, nicht auf *mena*, *cui* aus inhaltlichen Gründen nicht auf den anwesenden Vergil, sondern auf Beatrice, die für die christliche Religion steht, der Guido Cavalcanti als hochmütiger Intellektueller nicht genügend Achtung gezollt habe. | 65 **letto:** hier: *dichiarato.* | 67 **drizzato:** aufgerichtet. | 69 **fiere:** *ferisce* (*ferire:* hier: treffen). | **lome:** *lume:* Licht. | 70 **dimora:** Zögern. | 72 **supin(o):** rücklings. | **parve:** *parere:* hier: erscheinen, s. zeigen. | 73 **magnanimo/a:** großherzig, edelmütig – Farinata, der den Wortwechsel mit Dante fortsetzt, wird als unbeugsam dem Schicksal gegenüber gelobt, was seine Arroganz und Häresie allerdings nicht vergessen macht. | **a cui posta:** *al cui desiderio.* | 75 **piegò:** *piegare:* biegen. | **costa:** (Rippe), Oberkörper.

Ma non cinquanta volte fia raccesa
la faccia della donna che qui regge,
che tu saprai quanto quell'arte pesa.
E se tu mai nel dolce mondo regge,
dimmi: perchè quel popolo è sì empio
incontr'a' miei in ciascuna sua legge?»
Ond' io a lui: «Lo strazio e 'l grande scempio
che fece l'Arbia colorata in rosso,
tali orazion fa far nel nostro tempio».
Poi ch'ebbe sospirato e 'l capo scosso,
«A ciò non fu'io sol» disse, «nè certo
sanza cagion con li altri sarei mosso.
Ma fu' io solo, là dove sofferto
fu per ciascun di torre via Fiorenza,
colui che la difesi a viso aperto.»

79 **raccesa:** *raccęndere:* wieder (anzünden), erhellen – gemeint ist die Mondgöttin Luna/Selene, die mit Diana/Artemis und Proserpina/Persephone identifiziert wird und als Hekate in der Hölle herrscht (*qui regge*); die Prophezeiung Farinatas meint die 50 Monate vom April 1300, der Jenseitsreise Dantes, bis zum endgültigen Scheitern der Weißen Guelfen, mit denen Dante im Juni 1304 bricht. | 82 **regge:** Konj. von *redire:* zurückkehren; der optative Satz drückt den entsprechenden Wunsch aus, Farinatas Ton Dante gegenüber hat sich also verändert. | 83 **ẹmpio/a:** mitleidslos – *popolo* meint die Florentiner. | 85 **strazio:** *strage:* Blutbad, Gemetzel. | **scẹmpio:** Massaker. | 86 **Arbia:** Fluss südöstlich von Siena, dessen Wasser nach der Schlacht bei Montaperti 1260 vom Blut der unterlegenen Florentiner Guelfen rot gefärbt wurde; Dante erklärt Farinata mit diesem traumatischen Ereignis den anhaltenden Hass der Florentiner auf die Familie Uberti, wie er in den Beschlüssen der Ratsversammlung oder in Gebeten in den Kirchen der Stadt Ausdruck fand. | 91 **sofferto:** *accettato* – gemeint ist die Versammlung der siegreichen Ghibellinen in Empoli (*là*), bei der Farinata die Zerstörung der Stadt im Alleingang verhinderte. | 92 **torre via:** *distrụggere.* | 93 **a viso aperto:** offen.

«Deh, se riposi mai vostra semenza»
  prega' io lui, «solvetemi quel nodo
  che qui ha inviluppata mia sentenza.
El par che voi veggiate, se ben odo,
  dinanzi quel che 'l tempo seco adduce,
  e nel presente tenete altro modo.»
«Noi veggiam, come quei c' ha mala luce,
  le cose» disse «che ne son lontano;
  cotanto ancor ne splende il sommo duce.
Quando s'appressano o son, tutto è vano
  nostro intelletto; e s'altri non ci apporta,
  nulla sapem di vostro stato umano.
Però comprender puoi che tutta morta
  fia nostra conoscenza da quel punto
  che del futuro fia chiusa la porta.»
Allor, come di mia colpa compunto,
  dissi: «Or direte dunque a quel caduto
  che 'l suo nato è co' vivi ancor congiunto;

94 **riposi:** *riposare:* hier: in Frieden leben. | **semenza:** Nachkommen. | 95 **solvetemi:** *risolvẹtemi* (*quel dubbio*). | 96 **inviluppata/o:** (eingewickelt), verwirrt. | **sentenza:** *giudizio, mente.* | 97 **El par:** *sembra:* es scheint. | 98 **seco:** *con se.* | **adduce:** *addurre:* (mit sich) bringen – die Verdammten können in die Zukunft sehen, kennen aber die Gegenwart nicht (*altro modo*) und werden am Ende der Zeiten, wenn sich das Tor zur Zukunft schließt (Vers 108), völlig erkenntnislos sein. | 100 **mala luce:** schlechte Sehkraft, Altersweitsichtigkeit. | 102 **cotanto:** so viel. | **ne:** *a noi.* | **sommo duce:** der höchste Herrscher, also Gott, der das Licht der Erkenntnis den Sündern so weit gewährt. | 103 **s'appressano:** *appressarsi:* s. nähern. | 104 **apporta:** *apportare:* (bringen), berichten. | 105 **sapem:** *sappiamo.* | 109 **compunto/a:** gepeinigt, reumütig. | 111 **nato:** Sohn. | **congiunto/a:** verbunden, vereint – Guido Cavalcanti war fiktionsintern, im April 1300, noch am Leben, starb jedoch kurz darauf im August desselben Jahres.

e s' i' fui, dianzi, alla risposta muto,
fate i saper che 'l feci che pensava
già nell'error che m'avete soluto».

Vergil ruft Dante zur Weiterreise, Farinata nennt noch den Staufer-Kaiser Friedrich II. und den Kardinal Ottaviano degli Ubaldini als weitere bekannte Ketzer, was die Verbindung von Ghibellinen und Epikureern betont. Sie erreichen einen Graben, aus dem übler Geruch aufsteigt.

Canto XI

Der Gestank aus der Tiefe zwingt die Wanderer zu einer Rast neben dem Sarkophag eines weiteren Häretikers, Papst Anastasius II. (5. Jh). Vergil erklärt die Topologie des Inferno:

«Figliuol mio, dentro da cotesti sassi»
cominciò poi a dir «son tre cerchietti
di grado in grado, come que' che lassi.
Tutti son pien di spirti maladetti;
ma perchè poi ti basti pur la vista,
intendi come e perchè son costretti.

112 **i':** *gli.* | 114 **soluto:** *risolto.* | 18 **grado:** Stufe – die trichterförmige Hölle besteht ja aus neun immer engeren Kreisen, die ab dem folgenden weiter unterteilt sind: der siebte in drei Ringe/Kreise (*cerchietti*), der achte in zehn *bolge,* der neunte in vier Bereiche. | **lassi:** *lasci.* | 19 **maladetti:** *maledetto/a:* verdammt. | 21 **costretti:** *costrịngere:* hier: zusammendrängen.

D'ogni malizia, ch'odio in cielo acquista,
  ingiuria è 'l fine, ed ogni fin cotale
  o con forza o con frode altrui contrista.
Ma perchè frode è dell'uom proprio male,
  più spiace a Dio; e però stan di sutto
  li frodolenti e più dolor li assale.
De' vïolenti il primo cerchio è tutto;
  ma perchè si fa forza a tre persone,
  in tre gironi è distinto e costrutto.
A Dio, a sè, al prossimo si pòne
  far forza, dico in loro ed in lor cose,
  come udirai con aperta ragione.
Morte per forza e ferute dogliose
  nel prossimo si danno, e nel suo avere
  ruine, incendi e tollette dannose;
onde omicide e ciascun che mal fiere,
  guastatori e predon, tutti tormenta
  lo giron primo per diverse schiere.

22 **malizia:** Bosheit, böse Tat. | 23 **ingiuria:** Unrecht. | **fin**(e) (m.): Ziel, Ende. | **cotale:** solcher. | 24 **forza:** Gewalt. | **frode** (f.): Betrug. | **contrista:** *contristare:* (betrüben), schädigen – diese Differenzierung der Untaten nach Gewalt und Betrug, der schwerer wiegt, übernimmt Dante aus dem römischen Recht, besonders aus Ciceros *De officiis.* | 27 **frodolenti:** Betrüger. | **assale:** *assalire:* befallen, überfallen. | 28 **vïolenti:** Gewalttätige – der hier angesprochene erste Kreis ist der siebte insgesamt. | 31 **gironi:** *girone* (m.): (Kreis, Runde), Ring. | 31 **pòne:** *può* – Differenzierung in Gewalt gegen Gott, gegen sich und gegen den Nächsten. | 34 **ferute:** *ferite* (Wunden). | **dogliose:** *dolorose.* | 36 **ruine:** *rovina:* Verderben, Zerstörung. | **tollette:** *tolletta:* Raub (von lat. *tollere*). | 37 **mal fiere:** *ferisce con mala intenzione.* | 38 **guastatori:** Plünderer, Verwüster. | **predon(i):** Räuber. | 39 **schiere:** *schiera:* Gruppe.

Puote omo avere in sè man vïolenta
e ne' suoi beni; e però nel secondo
giron convien che sanza pro si penta
qualunque priva sè del vostro mondo,
biscazza e fonde la sua facultade,
e piange là dov'esser de' giocondo.
Puossi far forza nella deitade,
col cuor negando e bestemmiando quella,
e spregiando ['n] natura sua bontade;
e però lo minor giron suggella
del segno suo e Soddoma e Caorsa
e chi, spregiando Dio col cor, favella.
La frode, ond'ogni coscïenza è morsa,
può l'omo usare in colui che 'n lui fida
ed in quel che fidanza non imborsa.

40 **Puote:** *può.* | 42 **pro** (m.): Nutzen, Vorteil – hier: Vergebung. | 43 **priva:** *privarsi:* s. berauben, entsagen – im zweiten *girone* (Canto XIII) büßen die Selbstmörder und die Verschwender, um die es im Folgenden geht. | 44 **biscazza:** *biscazzare:* in Spielhöllen/Kasinos spielen. | **fonde:** *fọndere:* verschwenden, durchbringen. | **facultade:** *facoltà:* Vermögen, Güter. | 45 **de':** *deve.* | **giocondo/a:** heiter, fröhlich. | 46 **Puossi:** *Si può.* | **deitade:** *deità:* Gottheit. | 48 **spregiando:** *spregiare:* verachten, missachten – meint die Sünde gegen die Natur und gegen die Güte (*bontade: bontà*) Gottes. | 49 **lo minor(e):** der kleinste (dritte *girone* im Canto XIV). | **suggella:** *suggellare:* (siegeln,) brandmarken. | 50 **Soddoma:** Sodom, die biblische Stadt der Unzucht – den *sodomiti* (Homosexuellen) widmen sich die Canti XV–XVI. | **Caorsa:** Cahors in Frankreich, das als Stadt der (ital.) Wucherer galt – diesen widmet sich Canto XVII. | 51 **favella:** *favellare:* reden, sprechen. | 54 **imborsa:** *imborsare:* (in der Tasche) haben, Eigenbildung Dantes – Betrug wird differenziert in die Fälle mit und ohne Vertrauensbruch.

Questo modo di retro par ch'incida
  pur lo vinco d'amor che fa natura;
  onde nel cerchio secondo s'annida
ipocrisia, lusinghe e chi affattura,
  falsità, ladroneccio e simonia,
  ruffian, baratti, e simile lordura.
Per l'altro modo quell'amor s'oblia
  che fa natura, e quel ch' è poi aggiunto,
  di che la fede spezïal si cria;
onde nel cerchio minore, ov' è 'l punto
  dell' universo in su che Dite siede,
  qualunque trade in etterno è consunto.»

55 **di retro:** hinter, letztgenannt. | **incida:** *incịdere:* beeinflussen, angreifen. | 56 **vinco:** *vịncolo:* Band, Bindung – gemeint ist, nach Aristoteles und Thomas von Aquin, die natürliche Beziehung aller Menschen untereinander, ohne besonderes Vertrauen. | 57 **secondo:** der zweite hier erklärte Kreis, insgesamt der achte der Hölle, *Malebolge*, der in zehn *bolge* unterteilt ist. | **s'annida:** *annidare:* (einnisten), einsperren, stecken. | 58 **ipocrisịa:** Heuchelei (6. *bolgia*, Canto xxiii). | **lusinghe:** *lusinga:* Schmeichelei (2. *bolgia*, Canto xviii). | **affattura:** *affaturare:* verhexen – Zauberei (4. *bolgia*, Canto xx). | 59 **falsità:** Fälscherei (10. *bolgia*, Canti xxix–xxx). | **ladroneccio:** Raub, Diebstahl (7. *bolgia*, Canti xxiv–xxv). | **simonịa:** Simonie, Postenschacherei (3. *bolgia*, Canto xix). | 60 **ruffian(i):** Verführer, Zuhälter, Kuppler (1. *bolgia*, Canto xviii). | **baratti:** *barattieri:* Gauner, Betrüger, Ämterverkäufer (5. *bolgia*, Canti xxi–xxii). | **lordura:** Schmutz, Abschaum – unlautere Ratgeber (8. *bolgia*, Canti xxvi–xxvii) und Zwietrachtstifter (9. *bolgia*, Canti xxviii–xxix). | 61 **s'oblia:** *obliare: dimenticare* – die hier erklärte zweite Art ist Betrug mit Vertrauensbruch. | 63 **fede:** *fiducia.* | **cria:** *crea* (*crearsi:* entstehen). | 64 **cerchio minore:** der kleinste (engste) neunte Höllenkreis der Verräter (Canti xxxii– xxxiv). | 65 **Dite:** Dis, der Teufel, also Luzifer. | 66 **trade:** *tradisce.* | **consunto:** *consumato* (*dai tormenti*).

Im weiteren Verlauf des Lehrgesprächs erinnert Vergil Dante an die ihm wohlbekannte *Nikomachische Ethik* des Aristoteles, in der drei Arten unangebrachten Verhaltens differenziert werden, die in der Topographie der Hölle widergespiegelt sind: Schlechtigkeit (*malizia*), Unbeherrschtheit (*incontinenza*) und Rohheit (*matta bestialitade*) (Vers 82–83). Explizit berücksichtigt in Dantes Hölle sind *incontinentia* (2.–5. Kreis) und *malitia* (7.–9. Kreis), Limbus und Häretiker (6. Kreis) fallen aus diesem Schema heraus. Wer mit der Kategorie der *bestialitas* angesprochen ist, bleibt unklar, sie passt unter anderem zum Minotaurus im nächsten Canto.

Canto XII

Im zwölften Canto steigen Dante und Vergil über einen Bergrutsch in den ersten Ring des siebten Höllenkreises hinab, in dem die Gewalttäter gegen den Nächsten, vor allem Tyrannen der Weltgeschichte seit dem Altertum und einige zeitgenössische Straßenräuber, im Blutstrom Phlegethon kochen. Bewacht werden sie von Zentauren, den aus der griechischen Mythologie bekannten Mischwesen aus Mensch und Pferd, die für ihre Gewalttätigkeit bekannt waren. Wächter dieses Rings ist der Minotaurus, den Dante nur als *infamïa di Creti* (12) umschreibt, ebenfalls ein mythologisches Monster aus Stier und Mensch, dessen *ira bestial* (33) Vergil nur mühsam im Zaum halten kann, um den Reisenden den Durchgang zu ermöglichen. Der Kentaur Nessus geleitet sie durch den Blutstrom und benennt die Sünder.

Canto XIII

Der zweite Ring des siebten Kreises ist denen vorbehalten, die Gewalt gegen sich selbst, gegen ihr Leben oder ihren Besitz, ausübten, also den Selbstmördern und Verschwendern.

Non era ancor di là Nesso arrivato,
quando noi ci mettemmo per un bosco
che da nessun sentiero era segnato.
Non fronda verde, ma di color fosco;
non rami schietti, ma nodosi e 'nvolti;
non pomi v'eran, ma stecchi con tosco:
non han sì aspri sterpi nè sì folti
quelle fiere selvagge che in odio hanno
tra Cecina e Corneto i luoghi colti.
Quivi le brutte Arpìe lor nidi fanno,
che cacciar delle Strofade i Troiani
con tristo annunzio di futuro danno.

3 **sentiero:** Weg, Pfad. | 4 **fronda:** Laub. | **fosco/a:** dunkel. | 5 **schietti:** *schietto/a:* (rein), glatt. | **'nvolti:** *involto:* (eingewickelt), verwickelt, krumm. | 6 **pomi:** *pomo:* Frucht. | **stecchi:** *stecco:* Spieß, Stachel. | **tosco:** Gift. | 7 **aspri:** *aspro/a:* herb, rau. | **sterpi** (Pl.): Gestrüpp. | **folti:** *folto/a:* dicht | 8 **fiere:** *fiera:* Raubtier. | 9 **Cecina e Corneto:** der Fluss Cẹcina im Norden und der Ort Corneto im Süden begrenzen die Maremma, eine zu Dantes Zeiten höchst unwirtliche und dicht bewaldete Gegend in der südlichen Toskana und dem nördlichen Latium. | 10 **Quivi:** *lì.* | **Arpìe:** Harpyien, schreckliche mythologische Monster, Raubvögel mit Frauengesichtern, die mit ihren Exkrementen die Trojaner von den Strophaden-Inseln vertrieben und ihnen Unheil vorhersagten, so Vergil in seiner *Aeneis* (III.210 ff.). | 12 **tristo/a:** schlecht, schlimm, böse.

Ali hanno late, e colli e visi umani,
piè con artigli, e pennuto il gran ventre;
fanno lamenti in su li alberi strani.
E 'l buon maestro «Prima che più entre,
sappi che se' nel secondo girone»
mi cominciò a dire, «e sarai mentre
che tu verrai nell'orribil sabbione:
però riguarda ben; sì vederai
cose che torrìen fede al mio sermone.»
Io sentìa d'ogni parte trarre guai,
e non vedea persona che 'l facesse;
per ch' io tutto smarrito m'arrestai.
Cred' ïo ch'ei credette ch' io credesse
che tante voci uscisser tra quei bronchi
da gente che per noi si nascondesse.
Però disse 'l maestro: «Se tu tronchi
qualche fraschetta d'una d'este piante,
li pensier c' hai si faran tutti monchi».
Allor porsi la mano un poco avante,
e colsi un ramicel da un gran pruno;
e 'l tronco suo gridò: «Perchè mi schiante?»

13 **late:** *lato/a:* weit. | 14 **pennuto/a:** gefiedert. | 16 **entre:** *entri.* | 18–19 **mentre che:** solange bis. | 19 **sabbione:** der Feuersand des anschließenden dritten Rings. | 21 **torrìen:** *toglierẹbbero.* | **sermone:** (Predigt,) Rede – spannungssteigernde Ankündigung unglaublicher Anblicke. | 22 **trarre guai:** Wehklagen ausstoßen. | 24 **smarrito/a:** verwirrt. | **m'arrestai:** *mi fermai.* | 26 **bronchi:** *bronco:* hier: knorriger Ast. | 27 **nascondesse:** *nascọndersi:* s. verbergen. | 28 **tronchi:** *troncare:* abschlagen, abbrechen. | 29 **fraschetta** (dim.): *frasca:* Zweig. | 30 **monchi:** *monco/a:* verkrüppelt, abgeschnitten – Dantes fehlerhafter Gedanke wird empirisch korrigiert werden. | 32 **ramicel(lo)** (dim.): *ramo.* | **pruno:** Dornbusch. | 33 **schiante:** *schianti* (*schiantare:* abreißen, abbrechen).

Da che fatto fu poi di sangue bruno,
ricominciò a dir: «Perchè mi scerpi?
non hai tu spirto di pietà alcuno?
Uomini fummo, e or siam fatti sterpi:
ben dovrebb'esser la tua man più pia,
se state fossimo anime di serpi.»
Come d'un stizzo verde ch'arso sia
dall'un de' capi, che dall'altro geme
e cigola per vento che va via,
sì della scheggia rotta usciva inseme
parole e sangue; ond' io lasciai la cima
cadere, e stetti come l'uom che teme.
«S'elli avesse potuto creder prima»
rispuose 'l savio mio, «anima lesa,
ciò c' ha veduto pur con la mia rima,
non averebbe in te la man distesa;
ma la cosa incredibile mi fece
indurlo ad ovra ch'a me stesso pesa.
Ma dilli chi tu fosti, sì che 'n vece
d'alcun'ammenda tua fama rinfreschi
nel mondo su, dove tornar li lece.

34 **bruno/a:** dunkel. | 35 **scerpi:** *scerpare:* abreißen. | 38 **pia:** *pietosa.* | 39 **serpi:** *serpenti* – in bibl. Tradition sind Schlangen teuflische Tiere. | 40 **stizzo:** Holzscheit. | **arso:** *ạrdere:* verbrennen. | 41 **geme:** *gẹmere:* stöhnen, tropfen. | 42 **cịgola:** *cigolare:* knirschen, zischen. | 43 **scheggia:** Splitter, hier: Bruchstelle. | 44 **cima:** Spitze. | 47 **lesa/o:** verletzt. | 48 **mia rima:** Vergil spielt auf die entsprechende Stelle in seiner *Aeneis* (III.22 ff.) an, die vom Leid des Polydorus erzählt, über dessen Leiche Gestrüpp wuchs, das beim Abbrechen blutete und aus dem der Unglückliche zu Aeneas sprach. | 51 **indurlo:** *indurre:* veranlassen, bewegen. | **ovra:** *opera:* Werk, Handlung. | **pesa:** *pesare:* hier: bedrücken, leid tun. | 53 **ammenda:** Buße, Schadensersatz. | **fama:** Ruhm, Ruf. | **rinfreschi:** *rinfrescare:* hier: erneuern, auffrischen. | 54 **lece:** erlaubt ist (nur die 3. Ps. Sg. von *lẹcere* ist gebräuchlich).

E ’l tronco: «Sì col dolce dir m’adeschi,
ch’ i’ non posso tacere; e voi non gravi
perch’ io un poco a ragionar m’inveschi.
Io son colui che tenni ambo le chiavi
del cor di Federigo, e che le volsi,
serrando e diserrando, sì soavi,
che dal secreto suo quasi ogn’uom tolsi:
fede portai al glorïoso offizio,
tanto ch’ i’ ne perde’ li sonni e’ polsi.
La meretrice che mai dall’ospizio
di Cesare non torse li occhi putti,
morte comune, delle corti vizio,

55 **m’adeschi:** *adescare:* locken, ködern. | 56 **gravi:** *gravare:* belasten, überlasten. | 57 **m’inveschi:** *invescare/invischiare:* mit Vogelleim fangen/umgarnen (lassen). | 58 **Io:** Der unglückliche Sprecher ist Pier della Vigna, am Hof *Federigos*, Kaiser Friedrichs II. (1194–1250), Kanzler und Mitglied der *scuola siciliana*, der sizilianischen Dichterschule. 1248 fiel er aus unbekannten Gründen in Ungnade, wurde geblendet und in den Kerker geworfen, wo er sich das Leben nahm. | **ambo:** beide. | 59 **volsi:** *vọlgere:* drehen. | 60 **serrando:** *serrare:* schließen (entsprechend *disserrare:* öffnen) – der zweitmächtigste Mann am Kaiserhof konnte das Herz, die Entscheidungen Friedrichs positiv und negativ beeinflussen. | **soavi:** *soave:* sanft. | 61 **secreto:** hier: *confidenza*, vertrauter Umgang. | **tolsi:** *tọgliere:* hier: entziehen, ausschließen. | 62 **fede** (f.): Treue – Pier bekräftigt damit seine Kaisertreue und die Haltlosigkeit seiner Verurteilung. | **glorïoso/a:** ehrenvoll, ruhmreich. | **offizio:** *uffizio:* Amt. | 63 **sonni e’ polsi:** übertragen für: Nachtruhe und Leben. | 64 **meretrice:** Kupplerin – bezogen auf den erst später erwähnten Neid (*invidia*, 78). | **ospizio:** Heim, Haus. | 65 **Cẹsare:** Kaiser, Herrscher (so auch *Augusto*, 68). | **torse:** *tọrcere:* entfernen, abwenden. | **putti:** *putto/a:* unzüchtig, lüstern, käuflich. | 66 **morte commune:** (bibl.) allgemeiner Tod – der Neid als Verderben aller Menschen und Brandstifter, wie die folgenden Verse ausführen.

infiammò contra me li animi tutti;
e li 'nfiammati infiammar sì Augusto,
che' lieti onor tornaro in tristi lutti.
L'animo mio, per disdegnoso gusto,
credendo col morir fuggir disdegno,
ingiusto fece me contra me giusto.
Per le nove radici d'esto legno
vi giuro che già mai non ruppi fede
al mio signor, che fu d'onor sì degno.
E se di voi alcun nel mondo riede,
conforti la memoria mia, che giace
ancor del colpo che 'nvidia le diede.»

Nach der Tragödie der Selbstmörder, die ihm *pietà* (84) verursacht, erlebt Dante das nicht minder grausame Schicksal der Verschwender, die im Dornenwald von Hunden gehetzt und zerrissen werden. Ein ungenannter Florentiner Selbstmörder beklagt die dauernden Kriege (in) seiner Stadt.

Canto XIV

Im dritten Ring des siebten Kreises büßen die verschiedenen Gewalttäter gegen Gott in einer Wüste, auf die unablässig Feu-

69 **tornaro(no):** *tornare in* (tosk.): werden zu. | 70 **disdegnoso/a:** hochmütig, stolz. | 71 **disdegno:** Verachtung. | 72 **giusto:** die rhetorisch-stilistisch raffiniert konstruierten Verse (Antithesen und Polyptota) stellen eine Reverenz an den Dichter Pier della Vigna dar, dessen tragisches Schicksal Dante mitfühlend wiedergibt – und ihn doch unbarmherzig für seinen Selbstmord in die Hölle verdammt, wo er der erniedrigenden Metamorphose in ein dorniges Gestrüpp ausgesetzt ist. | 74 **ruppi:** *rọmpere:* brechen (*fede:* Treue). | 75 **degno/a:** würdig. | 76 **riede:** *redire:* zurückkehren. | 77 **conforti:** *confortare:* hier stärken, aufrichten. | **giace:** *giacẹre:* liegen, darniederliegen.

er regnet. Die Sünder der *superbia*, die hochmütigen Gotteslästerer, finden im 14. Canto Erwähnung, sie liegen auf dem brennenden Boden und leiden dadurch die größten Qualen. Exemplarisch wütet hier der Riese Capaneus, einer der mythischen Sieben gegen Theben. Die hockenden Wucherer werden im 17. Canto behandelt, die Homosexuellen, die gegen Gottes Natur sündigen, in den Canti 15 und 16. Zuvor erzählt Vergil seinem Schützling die Ursprungslegende des Greises vom kretischen Berg Ida, einer aus Gold, Silber, Kupfer, Eisen und Ton zusammengesetzten Statue, aus deren Rissen die vier Unterweltflüsse Acheron, Styx, Phlegethon und Kozytus hervorquellen; auch der Purgatoriumsfluss Lethe wird hier bereits erwähnt.

Canto XV

Der Schauplatz ist immer noch die Feuerwüste des dritten Rings des siebten Kreises, nun geht es im 15. Canto um die Sünde wider die Natur Gottes, also die Homosexualität. Exemplarischer Gesprächspartner ist Brunetto Latini, Dantes verehrter Lehrer. Die Wanderer gehen auf dem steinernen Damm des kochenden Flusses Phlegethon, dessen aufsteigende Dämpfe sie vor dem Feuerregen schützen.

Già eravam dalla selva rimossi
  tanto, ch' i' non avrei visto dov'era,
  perch' io in dietro rivolto mi fossi,

13 **rimossi:** *rimosso/a:* entfernt. | 15 **perch':** hier: wenn auch, falls. | **rivolto:** *rivọlgersi:* s. umwenden.

quando incontrammo d'anime una schiera
che venìan lungo l'argine, e ciascuna
ci riguardava come suol da sera
guardare uno altro sotto nuova luna;
e sì ver noi aguzzavan le ciglia
come 'l vecchio sartor fa nella cruna.
Così adocchiato da cotal famiglia,
fui conosciuto da un, che mi prese
per lo lembo e gridò: «Qual maraviglia!»
E io, quando 'l suo braccio a me distese,
ficca' [li] li occhi per lo cotto aspetto,
sì che 'l viso abbruciato non difese
la conoscenza sua al mio intelletto;
e chinando la mano alla sua faccia,
rispuosi: «Siete voi qui, ser Brunetto?»
E quelli: «O figliuol mio, non ti dispiaccia
se Brunetto Latino un poco teco
ritorna in dietro e lascia andar la traccia».

16 **schiera:** Schar, Gruppe. | 17 **lungo:** entlang. | **argine** (m.): Damm. | 18 **suol(e):** *solere:* pflegen, gewöhnlich tun. | 20 **aguzzavan(o):** *aguzzare:* spitzen, schärfen, zusammenkneifen. | **ciglia** (Pl.): Brauen, hier metonymisch für Augen, Blick. | 21 **sartor:** *sarto.* | **cruna:** Nadelöhr. | 22 **adocchiato:** *adocchiare:* intensiv anschauen, beäugen. | **famiglia:** hier: Gruppe. | 24 **lembo:** Saum (des Gewandes). | 26 **ficca':** *ficcai: ficcare:* (stecken,) heften. | **cotto:** *bruciato.* | 27 **difese:** *difendere:* hier: verhindern. | 29 **chinando:** *chinare:* neigen, beugen. | 30 **Brunetto:** Brunetto Latini (um 1220–1294/5), Notar, guelfischer Politiker, humanistisch gebildeter Übersetzer und Autor des Lehrgedichts *Il Tesoretto* und der französischen divulgativen Enzyklopädie *Li livres dou trésor*, dessen Schüler Dante in Florenz war. | 33 **traccia:** hier: Reihe.

I’ dissi lui: «Quanto posso, ven preco;
e se volete che con voi m’asseggia,
faròl, se piace a costui che vo seco».
«O figliuol,» disse, «qual di questa greggia
s’arresta punto, giace poi cent’anni
sanz’arrostarsi quando ’l foco il feggia.
Però va oltre: i’ ti verrò a’ panni;
e poi rigiugnerò la mia masnada,
che va piangendo i suoi etterni danni.»
I’ non osava scender della strada
per andar par di lui; ma ’l capo chino
tenea com’uom che reverente vada.
El cominciò: «Qual fortuna o destino
anzi l’ultimo dì qua giù ti mena?
e chi è questi che mostra ’l cammino?»
«Là su di sopra, in la vita serena»
rispuos’ io lui, «mi smarri’ in una valle,
avanti che l’età mia fosse piena.
Pur ier mattina le volsi le spalle:
questi m’apparve, tornand’ io in quella,
e reducemi a ca per questo calle.»

34 **ven:** *ve ne.* | **preco:** *precare: pregare* (bitten). | 35 **m’asseggia:** *mi sieda.* | 36 **faròl:** *lo farò.* | **che vo seco:** *con il quale vado* (Vergil). | 37 **greggia:** *gregge* (Herde), hier: Gruppe. | 38 **punto:** (*anche per un*) *momento.* | **giace:** *giacẹre:* liegen. | 39 **arrostarsi:** s. abschirmen (*rosta:* Schirm). | **feggia:** *fedire:* verletzen. | 40 **a’ panni:** *accanto.* | 41 **rigiugnerò:** *raggiungerò.* | **masnada:** Schar, Truppe. | 44 **par di lui:** *al suo livello.* | **capo:** Kopf. | **chino/a:** gesenkt. | 45 **reverente:** ehrfuchtsvoll. | 47 **anzi:** vor. | **mena:** *menare:* führen. | 50 **smarri’:** *smarrire:* verlieren. | 52 **volsi:** *vọlgere:* drehen, wenden. | 53 **quella:** Bezug: *valle* (Dante erzählt sein Verirren im ersten Canto). | 54 **reducemi:** *redụcere:* (zurück)führen. | **a ca:** *a casa* (d. h. die himmlische Heimat der Seele). | **calle** (m.): Weg.

Ed elli a me: «Se tu segui tua stella,
non puoi fallire a gloriïoso porto,
se ben m'accorsi nella vita bella;
e s' io non fossi sì per tempo morto,
veggendo il cielo a te così benigno,
dato t'avrei all'opera conforto.
Ma quello ingrato popolo maligno
che discese di Fiesole ab antico,
e tiene ancor del monte e del macigno,
ti si farà, per tuo ben far, nemico:
ed è ragion, chè tra li lazzi sorbi
si disconvien fruttar lo dolce fico.
Vecchia fama nel mondo li chiama orbi;
gent' è avara, invidiosa e superba:
dai lor costumi fa che tu ti forbi.
La tua fortuna tanto onor ti serba,
che l'una parte e l'altra avranno fame
di te; ma lungi fia dal becco l'erba.

55 **stella:** Dantes (günstiges) Sternbild der Zwillinge (21.5.–20.6.). | 59 **veggendo:** *vedendo.* | 60 **conforto:** Bestätigung, Ermutigung. | 61 **ingrato/a:** undankbar. | 62 **ab antico:** (lat.-it.) vor alter Zeit – die Legende, dass Florenz, das hier gemeint ist, zu römischer Zeit von herabgestiegenen, also ›heruntergekommenen‹ Fiesolanern besiedelt wurde, findet sich auch in Brunetto Latinis *Trésor.* | 63 **macigno:** Fels – abwertende Umschreibung der Härte und Halsstarrigkeit der Florentiner. | 65 **lazzi:** *lazzo/a:* sauer, herb. | **sorbi:** *sorbo:* Schlehe, Vogelbeere. | 66 **disconvien:** *non conviene.* | 67 **fama:** Ruf, Gerücht. | **orbi:** *orbo/a:* blind – sprichwörtliche (moralische) Blindheit der Florentiner. | 68 **superba/o:** hochmütig, überheblich. | 69 **forbi:** *forbire:* reinigen, rein halten. | 70 **serba:** *serbare:* bewahren, bescheren. | 72 **lungi:** weit entfernt.

Faccian le bestie fiesolane strame
di lor medesme, e non tocchin la pianta,
s'alcuna surge ancora in lor letame
in cui riviva la sementa santa
di que' Roman che vi rimaser quando
fu fatto il nido di malizia tanta.»
«Se fosse tutto pieno il mio dimando»
rispuosi lui, «voi non sareste ancora
dell'umana natura posto in bando;
chè 'n la mente m' è fitta, e or m'accora,
la cara e buona imagine paterna
di voi quando nel mondo ad ora ad ora
m' insegnavate come l'uom s'etterna:
e quant' io l'abbia in grado, mentr' io vivo
convien che nella mia lingua si scerna.
Ciò che narrate di mio corso scrivo,
e serbolo a chiosar con altro testo
a donna che saprà, s' a lei arrivo.

73 **strame** (m.): Streu, Futter – die als Tiere abqualifizierten, von Fiesolanern abstammenden Florentiner sollen sich also gegenseitig fressen. | 74 **pianta:** hier die Nachkommen der Römer, die ab v. 76 – im Gegensatz zu den übrigen Florentinern – positiv bewertet werden. | 75 **surge:** *sụrgere/sọrgere:* emporsteigen, wachsen. | **letame** (m.): Mist. | 76 **riviva:** *rivịvere:* wieder (auf)leben, fortleben. | **sementa:** Samen, Saat. | 78 **malizia:** Bosheit. | 79 **dimando:** *desiderio* (*pieno:* hier: erfüllt). | 81 **bando:** Bann, Exil – Umschreibung für den Tod. | 82 **fitta/o:** eingeprägt. | **m'accora:** *accorare:* ins Herz stechen, betrüben, schmerzen. | 84 **ad ora ad ora:** von Zeit zu Zeit. | 85 **s'etterna:** *et(t)ernarsi:* s. verewigen, ewigen Ruhm erwerben. | 86 **grado:** *gradimento, gratitụdine.* | **mentr(e):** solange. | 87 **scerna:** *scẹrnere:* erkennen. | 88 **corso:** *corso della mia vita.* | 89 **serbolo:** *serbare:* (auf)bewahren. | **chiosar(e):** glossieren, kommentieren. | 90 **donna:** Beatrice.

Tanto vogl' io che vi sia manifesto,
pur che mia coscïenza non mi garra,
che alla Fortuna, come vuol, son presto.
Non è nuova alli orecchi miei tal arra:
però giri Fortuna la sua rota
come le piace, e 'l villan la sua marra.»
Lo mio maestro allora in su la gota
destra si volse in dietro, e riguardommi;
poi disse: «Bene ascolta chi la nota».
Nè per tanto di men parlando vommi
con ser Brunetto, e dimando chi sóno
li suoi compagni più noti e più sommi.
Ed elli a me: «Saper d'alcuno è bono;
delli altri fia laudabile tacerci,
chè 'l tempo sarìa corto a tanto sòno.
In somma sappi che tutti fur cherci
e litterati grandi e di gran fama,
d'un peccato medesmo al mondo lerci.
Priscian sen va con quella turba grama,
e Francesco d'Accorso; anche vedervi,
s'avessi avuto di tal tigna brama,

92 **garra:** *garrire:* (zwitschern), ausschimpfen. | 93 **presto:** *pronto* – Dante erklärt sich bereit, sein Schicksal auf sich zu nehmen. | 94 **arra:** Vorschuss, Pfand, hier: Prophezeiung (wie die vorangegangenen von Ciacco und Farinata). | 96 **villan(o):** *contadino.* | **marra:** Hacke. | 97 **gota:** Wange. | 98 **volse:** *vọlgersi:* s. umwenden. | 100 **vommi:** (*mi*) *vado.* | 102 **sommi:** *sommo/a:* höchst, höchstgestellt. | 104 **laudạbile:** (*lodẹvole*) löblich. | 105 **sòno:** (*suono*) hier: Rede. | 106 **cherci:** *chiẹrici:* Kleriker. | 107 **litterati:** Gelehrte. | 108 **lerci:** *lercio/a:* schmutzig, befleckt. | 109 **Priscian:** bekannter Grammatiker (6. Jh.). | **turba:** Menge, Schar. | **grama/o:** elend. | 110 **Francesco d'Accorso:** berühmter Jurist (13. Jh.). | 111 **tigna:** Grind, Schorf. | **brama:** Begierde.

colui potéi che dal servo de' servi
fu trasmutato d'Arno in Bacchiglione,
dove lasciò li mal protesi nervi.
Di più direi; ma 'l venire e 'l sermone
più lungo esser non può, però ch' i' veggio
là surger novo fummo del sabbione.
Gente vien con la quale esser non deggio:
sieti raccomandato il mio Tesoro
nel qual io vivo ancora, e più non cheggio.»

Aus dem gesamten Gespräch spricht Dantes Verehrung für seinen Lehrer Brunetto Latini und die anhaltend positive Bewertung dieses Sünders, der sich, seiner leidvollen Lage zum Trotz, als Gewinner (*quelli che vince*, 124) und ausgezeichneter Gelehrter herausgestellt – und gleichwohl als Homosexueller verdammt wird.

Canto XVI

Der folgende 16. Canto berichtet von Dantes Begegnung mit drei Florentiner Feldherren, die ebenfalls in der Feuerwüste ihr nämliches Laster büßen, und bietet weitere Gelegenheit für harsche Kritik an den verkommenen Sitten der Heimatstadt. Die örtliche Kontinuität nutzt der Erzähler Dante für Leserapostrophen, die seine emotionale Verbundenheit mit dem

112 **colui:** ungenannt gemeint ist Andrea dei Mozzi, Bischof von Florenz, der 1287 von Papst (*servo de' servi*, offizieller Titel) Bonifaz VIII. nach Vicenza (also vom Arno an den Bacchiglione) versetzt (*trasmutato*) wurde. | **potéi:** *potevi.* | 114 **protesi:** *proteso/a:* vorgestreckt – der Vers ist eine abschätzige Umschreibung des Todes. | 117 **fummo:** *fumo:* hier: Staub, der das Nahen einer weiteren Schar der Verdammten ankündigt. | 118 **deggio:** *debbo.* | 119 **sieti:** *ti sia.* | 120 **cheggio:** *chiedo.*

Gesehenen (*Ancor men duol pur ch'i' me ne rimembri*, 12) und damit die Authentizität des Erzählten betonen: Die Wahrheit kann in dieser *comedìa* (128) angesichts der wunderbaren Erlebnisse gar wie eine Lüge (*ver c'ha faccia di menzogna*, 124) erscheinen, wie die Ankunft eines phantastischen Wesens im Übergang zum nächsten Canto zeigt.

Canto XVII

«Ecco la fiera con la coda aguzza,
che passa i monti, e rompe i muri e l'armi;
ecco colei che tutto 'l mondo appuzza!»
Sì cominciò lo mio duca a parlarmi;
e accennolle che venisse a proda
vicino al fin de' passeggiati marmi.
E quella sozza imagine di froda
sen venne, ed arrivò la testa e 'l busto,
ma 'n su la riva non trasse la coda.
La faccia sua era faccia d' uom giusto,
tanto benigna avea di fuor la pelle,
e d' un serpente tutto l'altro fusto;

1 **fiera:** Raubtier. | **aguzza/o:** spitz. | 3 **appuzza:** *appuzzare:* verpesten. | 5 **accennolle:** *le* (*fiera*) *accennò* (*accennare:* Zeichen geben, andeuten). | **proda:** Ufer. | 6 **passeggiati:** (pp von *passeggiare*) beschritten, begangen (die steinernen Dämme). | 7 **sozza/o:** schmutzig, widerlich. | **froda:** *frode:* Betrug (der in den folgenden Höllenkreisen bestraft wird). | 8 **arrivò:** *arrivare:* hier: anlanden, ans Ufer kommen/legen. | **busto:** Oberkörper. | 12 **fusto:** (Stamm,) Rumpf.

due branche avea pilose infin l'ascelle;
lo dosso e 'l petto e ambedue le coste
dipinti avea di nodi e di rotelle:
con più color, sommesse e sopraposte
non fer mai drappi Tartari nè Turchi,
nè fuor tai tele per Aragne imposte.

Nachdem Dante einen kurzen Abstecher zu den Wucherern unternommen hat, die er verächtlich mit Hunden vergleicht und anhand der Adelswappen auf ihren Beuteln für die zeitgenössischen Leser*innen identifizierbar macht, gelangt er zum bislang namenlosen Monster *Gerïon* (97), dem aus der antiken Mythologie bekannten Drachen Geryon. Das verführerisch gefährliche Symboltier des Betrugs und der Korruption ist zugleich unvermeidliches Transportmittel für die Höllenreisenden, die auf seinem Rücken in die unteren Kreise hinabfliegen, wobei Dante angst und bange wird.

13 **branche:** *branca:* Pranke, Klaue. | **pilose:** *peloso/a:* behaart. | **ascelle:** *ascella:* Achselhöhle. | 14 **dosso:** Rücken. | **ambedue:** beide. | **coste:** *costa:* (Rippe), hier: Flanke. | 15 **rotelle:** Rundschilde – das Aussehen des Monsters orientiert sich an der Beschreibung der Heuschrecken der *Apokalypse* (Offb 9.7–10). | 16 **sommesse e sopraposte:** Grund und Relief/Auflage der Stoffe. | 17 **fer:** *fẹcero.* | **drappi:** *drappo:* Tuch, Stoff. | **Tạrtari:** Tataren (ebenso wie die Türken berühmt für ihre Stoffe). | 18 **tele:** *tela:* Netz, Tuch. | **Aragne:** Arachne, die lydische Weberin, die Athene herausforderte und in eine Spinne verwandelt wurde, wie Ovid in seinen *Metamorphosen* erzählt (VI.5 ff). | **imposte:** hier: auf den Webstuhl gelegt, gearbeitet – die mythologische Anspielung verstärkt die Beschreibung des Monsters als Symbol des Betrugs, das seine Opfer täuscht und spinnenartig einwickelt.

Canto XVIII

Luogo è in inferno detto Malebolge,
tutto di pietra di color ferrigno,
come la cerchia che dintorno il volge.
Nel dritto mezzo del campo maligno
vaneggia un pozzo assai largo e profondo,
di cui suo loco dicerò l'ordigno.
Quel cinghio che rimane adunque è tondo
tra 'l pozzo e 'l piè dell'alta ripa dura,
e ha distinto in dieci valli il fondo.

Der achte Höllenkreis, unterteilt in zehn konzentrische Gräben, ist Marterort verschiedener Betrüger ohne Vertrauensbruch. Dante und Vergil besichtigen diese Gruben von Brücken aus, die sie überqueren. Im 18. Canto büßen im ersten Graben die Verführer (unter ihnen Jason) und Kuppler (*ruffian*, 66), die von Teufeln (*demon cornuti*, 35) in zwei gegenläufigen Zügen im Kreis herum gepeitscht werden; im zweiten Graben die Schmeichler, die wie Schweine im Kot – Dante benutzt gar das Wort *merda* (116) – waten, unter ihnen die antike Hetäre Thais. Im folgenden 19. Canto erfahren die Simonisten im dritten Graben ihre Höllenstrafe.

1 **Malebolge:** der Name des achten Höllenkreises leitet sich von *bolgia* ab, das eigentlich Beutel, Sack bedeutet und zur Bezeichnung der Gräben wurde, in denen die Bösen stecken. | 2 **ferrigno/a:** eisenfarbig. | 3 **cerchia:** Kreis, Ring (aus Stein). | **volge:** *vọlgere:* umgeben, einschließen. | 4 **mezzo:** Mitte. | 5 **vaneggia:** *vaneggiare:* klaffen. | 6 **suo loco** (lat.): am (gegebenen) Ort. | **ordigno:** (Gerät), Aufbau. | 7 **cinghio:** (Gürtel), (ringförmige) Fläche. | 8 **ripa:** Steilhang. | 9 **distinto/a:** unterteilt. | **valli:** *valle:* hier: Graben (*bolgia*).

Canto XIX

O Simon mago, o miseri seguaci
  che le cose di Dio, che di bontate
  deon essere spose, voi rapaci
per oro e per argento avolterate;
  or convien che per voi suoni la tromba,
  però che nella terza bolgia state.
Già eravamo, alla seguente tomba,
  montati dello scoglio in quella parte
  ch'a punto sovra mezzo il fosso piomba.
O somma sapïenza, quanta è l'arte
  che mostri in cielo, in terra e nel mal mondo,
  e quanto giusto tua virtù comparte!
Io vidi per le coste e per lo fondo
  piena la pietra livida di fori,
  d'un largo tutti e ciascun era tondo.

1 **Simon mago:** Die aus der *Apostelgeschichte* (8.9–24) bekannte Figur des Magiers Simon wurde zum Namensgeber der Simonie, des Kaufs kirchlicher Ämter, einer Sünde wider den Heiligen Geist, die Dante, der das Verhältnis von Kirche und Staat ja auch in seiner Schrift *De Monachia* kritisch behandelt, als äußerst schwerwiegend geißelt. | **mịseri:** *mịsero/a:* elend. | **seguaci:** *seguace:* Nachahmer*in, Jünger*in. | 2 **bontate:** *bontà:* Güte. | 3 **deon:** *devono.* | **spose:** *sposate* (vermählt) – gängiges Bild für die Verbindung von Priester und Amt. | **rapaci:** *rapace:* gierig (wie Raubvögel). | 4 **avolterate:** *adulterate* (zum Ehebruch verleiten, verderben, verkuppeln – nimmt das Bild der Hochzeit aus v. 3 auf). | 7 **tomba:** hier: Graben (*bolgia*). | 8 **montati:** *montare:* steigen. | 9 **a punto:** genau. | **fosso:** *fossato* (Graben). | **piomba:** *piombare:* fallen, ragen – also senkrecht über der Mitte des Grabens. | 10 **somma/o:** höchste/r. | 11 **mal mondo:** *inferno.* | 12 **virtù:** hier: Macht. | **comparte:** *compartire:* verteilen. | 13 **coste:** *costa:* Seite, Wand. | 14 **lịvida/o:** fahl, bläulich. | **fori:** *foro:* Loch. | 15 **largo:** *larghezza.*

Non mi parean men ampi nè maggiori
che que' che son nel mio bel San Giovanni,
fatti per luogo di battezzatori;
l'un delli quali, ancor non è molt'anni,
rupp' io per un che dentro v'annegava:
e questo sia suggel ch'ogn' uomo sganni.
Fuor della bocca a ciascun soperchiava
d' un peccator li piedi e delle gambe
infino al grosso, e l'altro dentro stava.
Le piante erano a tutti accese intrambe;
per che sì forte guizzavan le giunte,
che spezzate averìen ritorte e strambe.
Qual suole il fiammeggiar delle cose unte
muoversi pur su per la strema buccia,
tal era lì dai calcagni alle punte.
[...]

Der *contrappasso* der eingangs beschriebenen Sündenstrafen beruht darauf, dass sich die simonistischen Kleriker im Leben

17 **San Giovanni:** das gleichnamige Baptisterium von Florenz. | 18 **battezzatori:** Täufer (Priester). | 20 **v'annegava:** *annegare:* ertrinken, ersticken (Dante soll ein ertrinkendes Kind aus dem Taufbecken gerettet haben). | 21 **suggel(lo):** Siegel (zum Beweis der Authentizität des Erzählten). | **sganni:** *sgannare:* vom Irrtum befreien. | 22 **bocca:** hier: Öffnung, Loch. | **soperchiava:** *soperchiare:* (überragen,) herausragen. | 24 **infino al grosso:** *fino alla coscia.* | 25 **piante:** *pianta:* Fußsohle. | **intrambe:** beide. | 26 **guizzavan(o):** *guizzare:* zucken. | **giunte:** *giunta:* Verbindung, hier: Kniegelenk. | 27 **spezzate:** *spezzare:* zerreißen. | **averìen:** *avrebbero.* | **ritorte:** *ritorta:* Geflecht, Seil. | **strambe:** *stramba:* Tau, Seil – die brennenden Fußsohlen lassen die Beine der Sünder so heftig zucken, dass sie durch keine Fesseln gehalten werden könnten. | 28 **suole:** *solere:* pflegen, gewöhnlich tun. | **unte:** *unto/a:* ölig, fettig. | 29 **strema:** *estremo/a:* äußerst, Außen-. | 30 **calcagni:** *calcagno:* Ferse.

nicht, wie gefordert, nach oben, an den himmlischen Werten orientiert, sondern an irdischen Gütern bereichert haben, weshalb sie nun kopfüber im Boden feststecken. Die Flammen, die ihnen auf den Fußsohlen brennen, korrespondieren den Flammen des Heiligen Geistes, die zu Pfingsten auf die Apostel niederkamen. Dante spricht nun im Graben einen Sünder an, der von einer röteren Flamme stärker als die anderen gepeinigt wird.

Ed el gridò: «Se' tu già costì ritto,
  se' tu già costì ritto, Bonifazio?
  Di parecchi anni mi mentì lo scritto.
Se' tu sì tosto di quell'aver sazio
  per lo qual non temesti torre a 'nganno
  la bella donna, e poi di farne strazio?»
Tal mi fec' io, quai son color che stanno,
  per non intender ciò ch'è lor risposto,
  quasi scornati, e risponder non sanno.
Allor Virgilio disse: «Dilli tosto:
  'Non son colui, non son colui che credi'»;
  e io rispuosi come a me fu imposto.

52 **costì:** dort. | **ritto:** aufrecht. | 53 **Bonfazio:** Benedetto Caetani, Papst Bonifaz VIII. (1294–1303), Dantes erklärter Erzfeind, den er für sein Exil und generell für den Machthunger der Kirche verantwortlich macht. | 54 **scritto:** Schrift (in der die Verstorbenen die Zukunft lesen konnten) – der Sprecher erwartet seinen Papstnachfolger erst 1303. | 55 **tosto:** bald, schnell. | **aver(e):** (weltlicher) Besitz. | **sazio/a:** satt, überdrüssig. | 56 **torre:** *tọgliere:* nehmen – auf betrügerische Weise (*a 'nganno*), da Bonifaz angeblich seinen Vorgänger Coelestin V. zur Abdankung überredet habe. | 57 **bella donna:** Kirche, Braut Christi (und ihrer Diener). | **farne strazio:** verderben, verschwenden, hier: für Geld verkaufen. | 59 **intẹnder(e):** verstehen. | 60 **scornati:** *scornato/a:* beschämt (Bezugsverb: *stanno*).

Per che lo spirto tutti storse i piedi;
poi, sospirando e con voce di pianto,
mi disse: «Dunque che a me richiedi?
Se di saper ch' i' sia ti cal cotanto,
che tu abbi però la ripa corsa,
sappi ch' i' fui vestito del gran manto;
e veramente fui figliuol dell'orsa,
cupido sì per avanzar li orsatti,
che su l'avere, e qui me misi in borsa.
Di sotto al capo mio son li altri tratti
che precedetter me simoneggiando,
per le fessure della pietra piatti.
Là giù cascherò io altressì quando
verrà colui ch' i' credea che tu fossi
allor ch' i' feci 'l subito dimando.

64 **storse:** *storcere:* krümmen, verdrehen. | 67 **cal:** *calere* (impers.): Bedeutung haben, am Herzen liegen. | 68 **ripa:** Steilhang. | **corsa** (pp): hier: herabgeklettert. | 69 **gran manto:** hier: Papstmantel. | 70 **orsa:** Bärin – der Sprecher ist demnach Giovanni Gaetano Orsini, Papst Nikolaus III. (1277–1280), aus dem Adelsgeschlecht der Orsini (*de filiis Ursae*), und entspricht in puncto Gier und Brutpflege *veramente* den angeblichen Eigenschaften der Bären. | 70 **cupido/a:** gierig, begierig. | **avanzar(e):** fördern. | **orsatti:** *orsacchiotti:* Bärenkinder. | 72 **su:** sarkastisch konstatiert Nikolaus, dass er oben, auf Erden, sich Geld in die Tasche, den Beutel steckte, während er nun selbst feststeckt, ›gebeutelt‹ ist, um das Wortspiel aufzugreifen. | 73 **tratti:** *trarre:* hier: stoßen – die simonistischen Vorgängerpäpste (*li altri*). | 75 **fessure:** *fessura:* Spalte, Felsspalt. | **piatti:** *appiattiti* (plattgedrückt, eingeklemmt). | 76 **cascherò:** *cascare:* fallen. | **altres(s)ì:** gleichfalls – wenn der Nachfolger kommt und den schlimmsten Platz im Loch der Päpste einnimmt, also kopfüber mit brennenden Fußsohlen feststeckt. | 78 **dimando:** *domanda.*

Ma più è 'l tempo già che i piè mi cossi
e ch' io son stato così sottosopra,
ch'el non starà piantato coi piè rossi:
chè dopo lui verrà di più laida opra
di ver ponente un pastor sanza legge,
tal che convien che lui e me ricopra.
Nuovo Iasòn sarà, di cui si legge
ne' Maccabei; e come a quel fu molle
suo re, così fia lui chi Francia regge.»
I' non so s' i' mi fui qui troppo folle,
ch' i' pur rispuosi lui a questo metro:
«Deh, or mi dì: quanto tesoro volle

79 **cossi:** *cuọcere:* kochen, brennen. | 81 **el:** gemeint ist Bonifaz VIII., der kürzer als der Sprecher Nikolaus III. kopfüber im Loch stecken wird, da er bereits nach elf Jahren abgelöst werden wird, wie im Folgenden beschrieben wird. | 82 **laida/o:** schmutzig. | **opra:** *opera:* Werk, Tat. | 83 **ver ponente:** *verso l'ovest.* | **pastor(e):** Hirte, hier: Oberhirte, Papst – gemeint ist der Franzose Bertrand de Got, Papst Clemens V. (1305–1314), aus der Gascogne (also westlich von Rom), der skrupellos sein Amt vom französischen König Philipp dem Schönen gekauft habe und auf dessen Betreiben den Papstsitz nach Avignon verlegte. | 84 **ricopra:** *ricoprire:* bedecken – gemeint ist: die oberste Position im Höllenloch einnimmt, seine Vorgänger Nikolaus und Bonifaz also nach unten drückt und ihnen damit einige Erleichterung verschafft. | 85 **Iasòn:** Jason, der nach biblischem Bericht im Buch der *Makkabäer* (V. 86) vom syrischen König Antiochus die Hohepriesterwürde kaufte (2 Makk 4.7 f.), dient als Vergleichsfigur für Clemens V. | 86 **molle:** weich, hier: bestechlich – gemeint ist der syrische König der Bibel. | 87 **regge:** *rẹggere:* regieren – also der französische König. | 88 **folle:** hier: kühn. | 89 **metro:** Metrum, hier: Ton – es beginnt Dantes leidenschaftliche Strafpredigt gegen das korrupte Papsttum.

Nostro Segnore in prima da san Pietro
ch'ei ponesse le chiavi in sua balia?
Certo non chiese se non 'Viemmi retro'.
Nè Pier nè li altri tolsero a Mattia
oro od argento, quando fu sortito
al luogo che perdè l'anima ria.
Però ti sta, chè tu se' ben punito;
e guarda ben la mal tolta moneta
ch'esser ti fece contra Carlo ardito.
E se non fosse ch'ancor lo mi vieta
la reverenza delle somme chiavi
che tu tenesti nella vita lieta,
io userei parole ancor più gravi;
chè la vostra avarizia il mondo attrista,
calcando i buoni e sollevando i pravi.
Di voi pastor s'accorse il Vangelista,
quando colei che siede sopra l'acque
puttaneggiar coi regi a lui fu vista;

92 **balị̣a:** Macht, Gewalt.94 **tọlsero:** *tọgliere:* nehmen. | 95 **sortito:** *sorteggiato:* durch Los bestimmt. | 96 **ria/o:** böse – der Verräter Judas, an dessen Stelle Matthias als zwölfter Apostel ermittelt wurde (Apg 1.24 f.). | 98 **tolta:** *tọgliere:* nehmen – das unrechtmäßig eingenommene Geld, das Nikolaus III. gegen den sizilianischen König Karl I. von Anjou eingesetzt habe, wie der folgende Vers ausführt. | 99 **ardito/a:** mutig, dreist. | 101 **rẹverenza:** Ehrerbietung, Achtung – vor der Papstwürde, symbolisiert in der Schlüsselgewalt. | **somme:** *sommo/a:* höchste/r. | 104 **avarizia:** Habgier. | **attrista:** *attristare:* verderben. | 105 **calcando:** *calcare:* mit Füßen treten. | **pravi:** *pravo/a:* böse. | 106 **Vangelista:** der Evangelist Johannes galt (fälschlich) als Verfasser der *Apokalypse*, auf die Dante im Folgenden mit der großen Hure, die an den Wassern sitzt und mit den Königen buhlt, anspielt (Offb 17.1–3). | 108 **puttanegiar(e):** huren.

quella che con le sette teste nacque,
e dalle diece corna ebbe argomento,
fin che virtute al suo marito piacque.
Fatto v'avete Dio d'oro e d'argento:
e che altro è da voi all' idolatre,
se non ch'elli uno, e voi ne orate cento?
Ahi, Costantin, di quanto mal fu matre,
non la tua conversion, ma quella dote
che da te prese il primo ricco patre!»

Vergil zeigt durch seinen zufriedenen Gesichtsausdruck, dass er Dantes Satire auf Bonifaz VIII. und seine *parole vere* (123) gegen die Habgier und weltliche Macht des Papsttums billigt.

110 **corna** (Pl.): *corno:* Horn – das biblische Bild der sieben Köpfe und zehn Hörner wird zu römischer Zeit auf die Hügel Roms und die römischen Könige, in christlicher Deutung auf die sieben Gaben des Heiligen Geistes und die zehn Gebote bezogen, aus denen die Macht der Kirche erwächst (*ebbe argomento*), solange es ihrem Gemahl, also dem Papst, gefiel, die Tugend zu beachten. | 113 **idolatre:** *idolatra* (m./f.): Götzendiener*in (wie die Anbeter des goldenen Kalbs im Alten Testament). | **orate:** *orare: adorare:* anbeten – der einzige Unterschied zwischen den Götzenanbetern und den korrupten Päpsten bestehe darin, dass erstere nur einen (falschen) Gott anbeten, die Päpste aber viele (symbolisch 100). | 115 **Constantin:** Kaiser Konstantin soll, wie auch Dante noch glaubte, sein Weströmisches Reich den Päpsten vermacht und ihnen dadurch zu weltlichem Reichtum verholfen haben; die entsprechende Urkunde ist jedoch eine Fälschung des 8. Jh., wie die Humanisten Nikolaus von Kues und Lorenzo Valla im 15. Jh. nachwiesen. | **matre:** *madre*, also Ursprung. | 116 **conversion(e):** Bekehrung. | **dote** (f.): Gabe, hier die Konstantinische Schenkung. | 117 **patre:** *padre*, hier: Papst.

Canto XX

Die Wanderer gelangen im *ventesimo canto* (2), wie Dante als Autor zu Beginn expliziert, zum vierten Graben, in dem die Wahrsager und Zauberer als Betrüger bestraft werden: Ihre Köpfe sind auf den Rücken gedreht und sie laufen rückwärts weinend durch den Graben.

Se Dio ti lasci, lettor, prender frutto
di tua lezione, or pensa per te stesso
com' io potea tener lo viso asciutto,
quando la nostra imagine di presso
vidi sì torta, che 'l pianto delli occhi
le natiche bagnava per lo fesso.
Certo io piangea, poggiato a un de' rocchi
del duro scoglio, sì che la mia scorta
mi disse: «Ancor se' tu delli altri sciocchi?
Qui vive la pietà quand'è ben morta:
chi è più scellerato che colui
che al giudicio divin passion comporta?

22 **di presso:** *da vicino.* | 23 **torta:** *tọrcere:* verdrehen – beim Anblick der derart entstellten Menschen, die doch als Ebenbild Gottes geschaffen wurden, wird auch Dante in Tränen ausbrechen. | 24 **nạtiche:** *nạtica:* Gesäßbacke. | **fesso:** *fessura:* Ritze, Spalt. | 25 **rocchi:** *rocchio:* hier: Felsbrocken. | 29 **scellerato/a:** ruchlos, frevelhaft. | 30 **passion comporta:** die schwierige Terzine lässt sich auf zweierlei Art deuten: Wahres Mitleid heißt, mit den Verdammten keines zu haben, denn was ist schlimmer, als Mitleid (*compassione*) denjenigen entgegenzubringen (*portare*), die von Gottes Urteil (*giudizio*) zurecht verdammt wurden, – oder: wer ist schlimmer als derjenige, der glaubt, Gottes Werk und Ratschluss ›passiv‹ zu machen, also beeinflussen zu können? Im ersten Fall bezieht sich *qui* auf die gesamte Hölle, im zweiten Fall auf den Graben der Wahrsager, die Gott ins Werk pfuschen wollen.

Nachdem er Dante streng ermahnt hat, nicht töricht die von Gott Verdammten zu beweinen, zeigt Vergil seinem Schützling exemplarische Seher*innen der Antike, unter ihnen Tiresias und dessen Tochter Manto (v.55), der in einer ausführlichen Ursprungslegende die Gründung von Vergils Heimatstadt Mantua zugeschrieben wird. Auch mittelalterliche Zauberer wie Michele Scotto (v.116) werden kurz erwähnt, bevor Vergil zum Weitergehen drängt.

Canto XXI

Die Gespräche der Wanderer auf dem Weg lässt Dante mit einer Geste souveräner Autorschaft nicht in sein Werk einfließen, *la mia comedìa* (XXI.2) praktiziere, im Gegensatz zu Vergils *Aeneis*, der kurz zuvor erwähnten *tragedìa* (XX.113) im hohen Stil des Heldenepos, den Stilwechsel – und zeigt im folgenden fünften Graben Teufelskomik. Die im leichteren Ton der Farce beschriebene Sünde der Untreue (*baratteria*) ist allerdings ein schwerer Betrug am Gemeinwesen, die *barratier* (41) werden von Teufeln in brodelndes Pech getaucht. Dante fürchtet sich hier beträchtlich, doch Vergil kann die Teufel mit seiner gottgegebenen Autorität sogar dazu bringen, ihnen eine Eskorte zu stellen, denn die nächste Brücke sei exakt vor *mille dugento con sessanta sei / anni* (113–114) beim Erdbeben, das dem Tod Christi am Kreuz folgte, eingestürzt. Dante ist von der teuflischen Begleitung wenig angetan:

«Se tu se' sì accorto come suoli,
non vedi tu ch'e' digrignan li denti,
e con le ciglia ne minaccian duoli?»
Ed elli a me: «Non vo' che tu paventi:
lasciali digrignar pur a lor senno,
ch'e' fanno ciò per li lessi dolenti.»
Per l'argine sinistro volta dienno;
ma prima avea ciascun la lingua stretta
coi denti verso lor duca per cenno;
ed elli avea del cul fatto trombetta.

Canto XXII

Die farcenhafte Höllenkomik setzt sich auch im 22. Canto fort, in dem die Wanderer weiteren zeitgenössischen Gaunern begegnen, die vom Teufelstrupp im siedenden Pech gepeinigt werden.

Noi andavam con li diece demoni:
ahi fiera compagnia! ma nella chiesa
coi santi, ed in taverna co' ghiottoni.

130 **accorto/a:** klug. | **suoli:** *solere:* pflegen, gewöhnlich tun. | 131 **digrignan(o):** *digrignare:* fletschen. | 132 **duoli:** *dolori*, also Unheil. | 133 **paventi:** *ti spaventi.* | 134 **a lor senno:** *a piacer loro:* wie sie wollen. | 135 **lessi:** die im Pech gekochten Sünder. | 136 **dienno:** *diedero* – der Trupp machte kehrt. | 138 **cenno:** Zeichen, Signal zum Aufbruch – die burleske Szene parodiert militärische Praktiken. | 139 **cul(o):** Arsch. | 14 **fiera/o:** stolz; wild. | 15 **taverna:** Wirtshaus, Kneipe. | **ghiottoni:** *ghiottone:* Vielfraß; Gauner – das Sprichwort ist auf Latein im Mittelalter belegt.

Dante und Vergil müssen sich vor den rachsüchtigen Teufeln des fünften Grabens in Sicherheit bringen und rutschen zu Beginn des 23. Canto in die sechste *bolgia* hinunter, in der die Heuchler bestraft werden.

Là giù trovammo una gente dipinta
che giva intorno assai con lenti passi,
piangendo e nel sembiante stanca e vinta.
Elli avean cappe con cappucci bassi
dinanzi alli occhi, fatte della taglia
che in Clugnì per li monaci fassi.
Di fuor dorate son, sì ch'elli abbaglia;
ma dentro tutte piombo, e gravi tanto,
che Federigo le mettea di paglia.

58 **dipinta/o:** bemalt, geschminkt – die Beschreibung der Heuchler geht auf das *Matthäusevangelium* zurück, in dem Jesus die heuchlerischen Pharisäer mit getünchten Gräbern (Mt 23.27) vergleicht und an anderer Stelle Heuchler verurteilt, die ihre Gesichter verstellen, um auf ihr Fasten aufmerksam zu machen (Mt 6.16). | 59 **giva:** *gire:* gehen. | 60 **sembiante** (m): Gesicht. | 61 **cappe:** *cappa:* Mantel. | **cappucci:** *cappuccio:* Kapuze. | **bassi / dinanzi alli occhi:** *abbassati sugli occhi.* | 62 **taglia:** *taglio* (Schnitt). | 63 **Clugnì:** das berühmte und einflussreiche Benediktinerkloster Cluny im Burgund hatte zahlreiche Niederlassungen in ganz Europa; seine Mönche waren wegen ihrer aufwendigen Kutten in Verruf geraten und stehen bei Dante wohl verallgemeinernd für heuchlerische Ordensleute. | **fassi:** *si fa.* | 64 **dorate:** *dorato/a:* vergoldet, golden – das Bild geht wohl auf eine falsche Etymologie von griechisch *hypocrisis* (Schauspielerei, Heuchelei) als ›übergoldet‹ zurück. | **abbaglia:** *abbagliare:* blenden. | 66 **Federigo:** Friedrich II. habe, so deutet Dante an, ohne dass es Quellenbelege dafür gäbe, die grausame Hinrichtungsart der *cappa plumbea* praktiziert, die im Vergleich zu den Höllenqualen jedoch so leicht wie Stroh wirke.

Oh in etterno faticoso manto!
Noi ci volgemmo ancor pur a man manca
con loro insieme, intenti al tristo pianto; 69
ma per lo peso quella gente stanca
venìa sì pian, che noi eravam novi
di compagnia ad ogni mover d'anca. 72
[…]

Dante äußert den Wunsch, mit einem bekannten Sünder zu reden und wird von zwei Seelen als Toskaner angesprochen.

Poi disser me: «O Tosco, ch'al collegio
dell' ipocriti tristi se' venuto,
dir chi tu se' non avere in dispregio». 93
E io a loro: «I' fui nato e cresciuto
sovra 'l bel fiume d'Arno alla gran villa,
e son col corpo ch' i' ho sempre avuto. 96

Nach kurzem Gespräch mit den beiden Bologneser Heuchlern vom Orden der *frati Godenti* und einem Blick auf die am Boden gekreuzigten Pharisäer Kaiphas und Annas verlassen Vergil, der sich über seine Leichtgläubigkeit den Teufeln gegenüber ärgert, und Dante den Graben der Heuchler.

67 **manto:** Mantel. | 68 **volgemmo:** *vọlgere:* wenden. | **ancor pur:** *anche questa volta.* | **manca:** *sinistra.* | 71 **pian(o):** *lento.* | 72 **anca:** die Sünder bewegen sich derart langsam, dass Dante und Vergil sich bei jeder Hüftbewegung / jedem Schritt in neuer Gesellschaft befinden. | 91 **Tosco:** *toscano.* | 92 **tristi:** *tristo/a:* schlimm, böse. | 93 **dispregio:** *disprezzo.* | 95 **villa:** *città* (Gallizismus), Dante nennt hier seine Geburtsstadt Florenz.

Der siebte Graben ist in zwei *Canti* den Dieben und Räubern gewidmet. Da die Brücken zerstört sind, gestaltete sich der Aufstieg zum Rand des sechsten Grabens sehr mühsam.

La lena m'era del polmon sì munta
quand' io fui su, ch' i' non potea più oltre,
anzi m'assisi nella prima giunta.
«Omai convien che tu così ti spoltre»
disse 'l maestro; «chè, seggendo in piuma,
in fama non si vien, nè sotto coltre;
sanza la qual chi sua vita consuma,
cotal vestigio in terra di sè lascia,
qual fummo in aere ed in acqua la schiuma.
E però leva su: vinci l'ambascia
con l'animo che vince ogni battaglia,
se col suo grave corpo non s'accascia.
Più lunga scala convien che si saglia;
non basta da costoro esser partito:
se tu m' intendi, or fa sì che ti vaglia.»

43 **lena:** Atem. | **munta:** *mungere:* (melken), auspressen, aussaugen. | 45 **assisi:** *assedersi: sedersi.* | **giunta:** (*giungere*) Ankunft. | 46 **spoltre:** (2. Ps. Sg. *spoltrisca*): *spoltr(on)irsi:* s. Faulheit ablegen, s. aufraffen. | 47 **seggendo:** *sedendo.* | 48 **fama:** Ruhm. | **coltre** (f.): Bettdecke. | 49 **la qual:** *la fama.* | 50 **vestigio:** Spur. | 51 **fummo:** *fumo* (Rauch). | **schiuma:** Schaum. | 52 **leva:** *levare:* (heben,) aufstehen. | **ambascia:** Atemnot, Beklemmung. | 54 **s'accascia:** *accasciarsi:* zusammenbrechen. | 55 **saglia:** *salga.* | 56 **costoro:** die Sünder. | 57 **vaglia:** *valga* – Vergils Ermahnung zur *vita activa* soll Dante Nutzen bringen, wenn er recht versteht, dass die Überwindung der Sünde und der bevorstehende Weg der Reinigung im *Purgatorio* gemeint ist.

In der siebten *bolgia* sieht Dante dann die Diebe und Räuber mit Schlangen gefesselt in einem Schlangengraben herumlaufen und zu Asche verbrennen, wenn sie von einer Schlange gebissen wurden, um sofort – wie ein Phönix – wieder aufzustehen. Der gewalttätige Kirchenschatzräuber Vanni Fucci aus Pistoia prophezeit Dante zornig den Untergang der weißen Guelfen und damit das Exil.

Canto XXV

Die Szene mit Vanni Fucci setzt sich im 25. Canto fort, indem der Räuber sich mit einer obszönen Geste gegen Gott wendet, bevor er von Reptilien geknebelt wird. Dante äußert sich über diese Folter des Sünders durch die Schlangen offensichtlich befriedigt: *Da indi in qua mi fuor le serpi amiche* (4). Nach einem Blick auf den Kentauren Cacus aus der antiken Mythologie sehen die Wanderer drei Florentinische Seelen.

Se tu se' or, lettore, a creder lento
ciò ch' io dirò, non sarà maraviglia,
chè io che 'l vidi, a pena il mi consento

Die folgenden Metamorphosen (*mutare e trasmutare*, 143), die Dante in explizitem Wettstreit mit den antiken Autoren Lukan und Ovid schildert, lassen einen Räuber mit einem Schlangenwesen verschmelzen und einen anderen mit einer Schlange den Leib tauschen – der schändliche Verlust des menschlichen Körpers stellt den *contrappasso* für die Sünde des Diebstahls dar.

46 **lento/a:** hier: zögernd. | 48 **consento:** Bezug: es zu glauben – die Leserapostrophe leitet eine unglaubliche Verwandlungsszene ein, die durch das Eingeständnis des Autors Dante, sie selbst trotz seiner Augenzeugenschaft kaum glauben zu können, gerade Glaubwürdigkeit erlangt.

Im 26. Canto, einem der berühmtesten und persönlichsten Gesänge der *Commedia*, treffen Dante und Vergil in der achten *bolgia*, die den unlauteren Ratgebern gewidmet ist, auf Odysseus, den Helden der Homerischen Epen.

Godi, Fiorenza, poi che se' sì grande,
che per mare e per terra batti l'ali,
e per lo 'nferno tuo nome si spande!
Tra li ladron trovai cinque cotali
tuoi cittadini onde mi ven vergogna,
e tu in grande orranza non ne sali.
Ma se presso al mattin del ver si sogna,
tu sentirai di qua da picciol tempo
di quel che Prato, non ch'altri, t'agogna.
E se già fosse, non sarìa per tempo:
così foss'ei, da che pur esser dee!
chè più mi graverà, com più m'attempo.

2 **per mare:** die bitter ironische Lobrede auf Florenz zitiert eine Inschrift am *Bargello,* die den weltweiten Herrschaftsanspruch der Stadt untermauert: „quae mare, quae terram, quae totum possidet orbem". | 3 **spande:** *spandersi:* s. verbreiten. | 4 **ladron(i):** *ladrone:* Räuber, Dieb. | **cotali:** *cotale:* solcher. | 6 **orranza:** *onoranza:* Ehre. | 7 **presso:** nahe. | **ver:** *vero* – gegen Morgen soll man also Wahres träumen. | 8 **picciol:** *piccolo* – also in kurzer Zeit. | 9 **t'agogna:** *agognare:* wünschen, ersehnen – die Prophezeiung kommenden Unheils für Florenz durch Prato und andere mächtige Städte bleibt dunkel. | 10 **per tempo:** *in tempo:* rechtzeitig. | 11 **dee:** *deve* – schmerzhafter Ausruf Dantes, dass notwendiges Unheil besser sofort geschehe. | 12 **graverà:** *gravare:* belasten, schmerzen. | **m'attempo:** *attemparsi:* alt werden.

Noi ci partimmo, e su per le scalee
che n'avean fatto i borni a scender pria,
rimontò 'l duca mio e trasse mee;
e proseguendo la solinga via,
tra le schegge e tra' rocchi dello scoglio
lo piè sanza la man non si spedìa.
Allor mi dolsi, e ora mi ridoglio
quando drizzo la mente a ciò ch' io vidi,
e più lo 'ngegno affreno ch' i' non soglio,
perchè non corra che virtù nol guidi;
sì che, se stella bona o miglior cosa
m' ha dato 'l ben, ch' io stessi nol m' invidi.
Quante il villan ch'al poggio si riposa,
nel tempo che colui che 'l mondo schiara
la faccia sua a noi tien meno ascosa,

13 **scalee:** *scalẹa:* (Freitreppe,) Stufe. | 14 **borni:** *bọrnio:* hier: Felsvorsprung. | 15 **mee:** *me* (tosk. Epithese). | 16 **solinga/o:** einsam. | 17 **schegge:** *scheggia:* Splitter, hier: Trümmer. | **rocchi:** *rocchio:* Felsbrocken, Trümmer. | 18 **spedìa:** *spedirsi:* (s. freimachen,) zurechtkommen. | 19 **dolsi:** *dolere:* schmerzen. | **ridoglio:** *ridolere:* wieder schmerzen. | 20 **drizzo:** *drizzare:* richten. | 21 **'ngegno:** *ingenium*, Geist, poetische Erfindungsgabe. | **affreno:** *affrenare:* zügeln, zurückhalten. | **soglio:** *solere:* pflegen, gewöhnlich tun. | 22 **che virtù nol guidi:** *senza che la virtù lo guidi* – Dante ermahnt sich also, seine menschlichen Fähigkeiten der Tugend, dem Guten unterzuordnen. | 23 **stella bona:** der positive Einfluss der Sterne, in Dantes Fall seines Sternbilds der Zwillinge. | **miglior cosa:** mit diesem *Besseren* ist die göttliche Gnade gemeint, wie aus einer Parallelstelle im *Purgatorio* (xxx.109–117) hervorgeht. | 24 **m'invidi:** *invidiare:* hier: entziehen, um etwas bringen, wegnehmen. | 25 **Quante:** Bezug: *lucciole* (29): Glühwürmchen, Leuchtkäfer. | **villan(o):** *contadino.* | **poggio:** Hügel. | 26 **schiara:** *schiarire:* erhellen, erleuchten. | 27 **ascosa/o:** verborgen.

come la mosca cede a la zanzara,
vede lucciole giù per la vallea,
forse colà dov' e' vendemmia ed ara;
di tante fiamme tutta risplendea
l'ottava bolgia, sì com' io m'accorsi
tosto che fui là 've 'l fondo parea.
E qual colui che si vengiò con li orsi
vide 'l carro d'Elia al dipartire,
quando i cavalli al cielo erti levorsi,
che nol potea sì con li occhi seguire,
ch'el vedesse altro che la fiamma sola,
sì come nuvoletta, in su salire;
tal si move ciascuna per la gola
del fosso, chè nessuna mostra il furto,
e ogni fiamma un peccatore invola.
Io stava sovra 'l ponte a veder surto,
sì che s' io non avessi un ronchion preso,
caduto sarei giù sanz'esser urto.

28 **cede:** *cẹdere:* weichen – die beiden Naturvergleiche bezeichnen die Jahreszeit (Sommer) und die Tageszeit (Abendanbruch). | 29 **vallea:** *valle.* | 30 **colà:** dort. | **vendemmia:** *vendemmiare:* Wein ernten. | **ara:** *arare:* pflügen. | 31 **risplendea:** *risplẹndere:* leuchten, strahlen. | 33 **tosto che:** sobald. | **'ve:** *dove.* | **parea:** *parere:* hier: erscheinen, sichtbar werden. | 34 **vengiò:** *vendicò.* | 35 **Elia:** der biblische Prophet Elia fuhr in einem Feuerwagen gen Himmel (2 Kön 2.11–12), unter den Augen seines Nachfolgers Elischa, der sich mithilfe zweier Bären an seinen Spöttern rächte – der zweite einleitende Vergleich aus dem Alten Testament ist arg verkürzt, *tertium comparationis* sind die Flammen. | 36 **erti:** *erto/a:* steil. | **levorsi:** *si levarono.* | 40 **gola:** Schlund, Schlucht. | 42 **invola:** *involare:* verbergen, verstecken – darauf bezieht sich auch *furto* (41). | 43 **surto:** *sorto* (*sọrgere*): aufgestanden, aufrecht. | 44 **ronchion(e):** Felsvorsprung. | 45 **urto:** *urtato:* gestoßen.

E 'l duca, che mi vide tanto atteso,
disse: «Dentro dai fuochi son li spirti;
catun si fascia di quel ch'elli è inceso».
«Maestro mio,» rispuos' io, «per udirti
son io più certo; ma già m'era avviso
che così fosse, e già voleva dirti:
chi è in quel foco che vien sì diviso
di sopra, che par surger della pira
dov' Eteòcle col fratel fu miso?»
Rispuose a me: «Là dentro si martira
Ulisse e Dïomede, e così inseme
alla vendetta vanno come all' ira;
e dentro dalla lor fiamma si geme
l'agguato del caval che fè la porta
onde uscì de' Romani il gentil seme.

46 **atteso:** angespannt. | 48 **catun:** *ciascuno/a.* | **fascia:** *fasciare:* umhüllen, umgeben. | **inceso:** entzündet, entflammt. | 50 **avviso:** *sembrato.* | 53 **par(e):** *parere: sembrare.* | **sụrger(e):** aufsteigen. | **pira:** Scheiterhaufen. | 54 **Eteòcle:** Eteokles und Polyneikes, die Söhne des Ödipus, die sich vor Theben gegenseitig töteten und deren Feindschaft auch danach in der geteilten Flamme über ihrem Scheiterhaufen sichtbar blieb. | **miso** (siz.): *messo.* | 56 **Ulisse:** Odysseus, König von Ithaka, der tapfere und listenreiche Held des Trojanischen Krieges, war Dante aus der *Ilias latina* und spätantiken Nachdichtungen von Dares und Dictys bekannt, nicht direkt aus den Homerischen Epen *Ilias* und *Odyssee.* | **Dïomede:** Diomedes war ein tapferer Kampfgefährte des Odysseus, nicht zuletzt bei der List des Trojanischen Pferdes, *l'agguato del caval* (59). | 58 **geme:** *gẹmere:* stöhnen, leiden, sühnen. | 59 **agguato:** Hinterhalt. | 60 **gentil(e):** edel. | **seme:** Samen – gemeint ist Aeneas, der aus dem brennenden Troja floh und bei Vergil zum Gründer des römischen Reiches wurde.

Piangevisi entro l'arte per che, morta,
Deïdamìa ancor si duol d'Achille,
e del Palladio pena vi si porta.»
«S'ei posson dentro da quelle faville
parlar» diss' io, «maestro, assai ten priego
e ripriego, che il priego vaglia mille,
che non mi facci dell'attender niego
fin che la fiamma cornuta qua vegna:
vedi che del disio ver lei mi piego!»
Ed elli a me: «La tua preghiera è degna
di molta loda, e io però l'accetto;
ma fa che la tua lingua si sostegna.
Lascia parlare a me, ch' i' ho concetto
ciò che tu vuoi; ch'ei sarebbero schivi,
perchè fuor greci, forse del tuo detto.»

61 **arte:** hier: List. | 62 **Deïdamìa:** aus der *Achilleis* des Statius kannte Dante diese Episode aus der Vorgeschichte des Trojanischen Krieges: Achilles war von seiner Mutter Thetis in Frauenkleidern bei der Königstochter Deidamia versteckt worden, um ihn vor dem Tod zu bewahren; Odysseus bewegte ihn listig zur Teilnahme am Krieg, bei dem Achill getötet und von der verlassenen Deidamia auch nach ihrem eigenen Tod noch betrauert wird. | **duol:** *dolersi:* s. beklagen, bedauern. | 63 **Palladio:** die dritte Sünde des Odysseus, die in der Höllenflamme gebüßt wird, betrifft den Raub der Statue der Pallas Athene, der Schutzgöttin Trojas, wie Dante in Vergils *Aeneis* lesen konnte. | 64 **faville:** *favilla:* Funke. | 65 **priego:** *pregare:* bitten. | 66 **priego:** Bitte. | **vaglia:** *valga* – die Intensität der Bitte wird rhetorisch intensiv ausgestaltet und zeigt Dantes leidenschaftlichen Wunsch, mit Odysseus zu sprechen. | 67 **facci ... niego:** *fare n(i)ego:* verweigern, verwehren. | 69 **disịo:** *desiderio.* | **piego:** *piegarsi:* s. beugen, s. krümmen. | 70 **preghiera:** Bitte. | 72 **sostegna:** *sostenersi:* hier: s. zurückhalten, s. enthalten. | 73 **concetto:** *concepito, capito.* | 74 **schivi:** *schivo/a:* abgeneigt, verächtlich – als Griechen wären die beiden Helden zu stolz, um mit Dante zu sprechen, Vergil als epischer Dichter der *Aeneis* in der Nachfolge Homers (vgl. *alti versi*, 82) sei würdiger. | 75 **detto:** *parlare.*

Poi che la fiamma fu venuta quivi
dove parve al mio duca tempo e loco,
in questa forma lui parlare audivi:
«O voi che siete due dentro ad un foco,
s' io meritai di voi mentre ch' io vissi,
s' io meritai di voi assai o poco
quando nel mondo li alti versi scrissi,
non vi movete; ma l' un di voi dica
dove per lui perduto a morir gissi».
Lo maggior corno della fiamma antica
cominciò a crollarsi mormorando
pur come quella cui vento affatica;
indi la cima qua e là menando,
come fosse la lingua che parlasse,
gittò voce di fuori, e disse: «Quando

76 **quivi:** dort, da. | 77 **parve:** *parere: sembrare.* | 78 **audivi:** (Latinismus) *udii, sentii.* | 80 **meritai:** *meritare:* hier (lat.): s. verdient machen, s. Verdienste erwerben. | 83 **l'un:** die bestimmte Form zeigt bereits an, dass es Dante um Odysseus geht, über dessen unbekanntes Ende seit der Antike spekuliert wird. | 84 **perduto:** verloren in mehrfacher Hinsicht: verirrt (auf hoher See, aber auch wie ein Ritter der mittelalterlichen Epik) und als Sünder von Gott verdammt. | **gissi:** *si andò.* | 85 **corno:** Horn. | 86 **crollarsi:** erbeben, schwanken. | **mormorando:** *mormorare:* murmeln, rauschen. | 87 **affatica:** *affaticare:* ermüden, anstrengen, plagen. | 88 **indi:** dann (, daher). | **cima:** Spitze. | **menando:** *menare:* bewegen. | 90 **gittò:** *gittare/gettare:* werfen, ausstoßen – Zeichen der gewaltigen Anstrengung beim Sprechen nach langer Zeit.

mi diparti' da Circe, che sottrasse
me più d' un anno là presso a Gaeta.
prima che sì Enea la nomasse,
nè dolcezza di figlio, nè la pièta
del vecchio padre, nè 'l debito amore
lo qual dovea Penelopè far lieta,
vincer poter dentro da me l'ardore
ch' i' ebbi a divenir del mondo esperto,
e delli vizi umani e del valore;
ma misi me per l'alto mare aperto
sol con un legno e con quella compagna
picciola dalla qual non fui diserto.
L' un lito e l'altro vidi infin la Spagna,
fin nel Morrocco, e l' isola de' Sardi,
e l'altre che quel mare intorno bagna.

91 **diparti':** *dipartirsi: partire* | **Circe:** auf seiner abenteuerlichen Rückfahrt von Troja wurde Odysseus von der Zauberin Circe ein Jahr lang auf ihrer Insel festgehalten, ›bezirzt‹, wie Dante aus Ovids *Metamorphosen* (XIV.241 f.) wusste. | **sottrasse:** *sottrare:* verlocken, an s. ziehen. | 92 **Gaeta:** Stadt in Latium am tyrrhenischen Meer, laut Vergil von Aeneas nach seiner Amme benannt. | 93 **nomasse:** *nomare: nominare.* | 94 **dolcezza:** Süße, Zärtlichkeit – für (*de*) den Sohn Telemachos. | **pièta:** Liebe – für (*de*) den Vater Laertes. | 95 **debito:** *dovuto.* | 96 **Penelopè:** Penelope, die (sprichwörtlich treue) Gattin des Odysseus. | 97 **ardore:** (Hitze,) Leidenschaft, Verlangen, beinahe faustisches Streben – nach Wissen und moralischer Erkenntnis, wie der folgende Vers zeigt. | 99 **divenir(e):** *diventare.* | 101 **legno:** metonymisch für Schiff. | **compagna:** *compagnia.* | 102 **diserto:** *abbandonato.* | 103 **lito:** Küste, Ufer. | 105 **bagna:** *bagnare:* bespülen, umspülen – nach Sardinien sind Sizilien und die Balearen gemeint.

Io e' compagni eravam vecchi e tardi
quando venimmo a quella foce stretta
dov' Ercule segnò li suoi riguardi,
acciò che l' uom più oltre non si metta:
dalla man destra mi lasciai Sibilia,
dall'altra già m'avea lasciata Setta.
'O frati,' dissi, 'che per cento milia
perigli siete giunti all'occidente,
a questa tanto picciola vigilia
de' nostri sensi ch'è del rimanente,
non vogliate negar l'esperïenza,
di retro al sol, del mondo sanza gente.
Considerate la vostra semenza:
fatti non foste a viver come bruti,
ma per seguir virtute e canoscenza.'

106 **tardi:** *tardo/a:* langsam, träge, müde. | 107 **foce** (f.): Mündung – gemeint ist die Straße von Gibraltar, wie die Meerenge zwischen Mittelmeer und Atlantik heute heißt, in der Antike *fretum Gauditanum*, Meerenge von Cádiz. | 108 **Ercule:** Herkules soll nach antiker Überlieferung an der Meerenge zwei Säulen mit der Inschrift *non plus ultra* errichtet haben. | **riguardi:** *riguardo:* Vorsicht, Achtung, hier: Warnzeichen. | 109 **acciò che:** damit, dass. | 110 **man:** *mano.* | **Sibilia:** Sevilla. | 111 **Setta:** Ceuta (lat. Septa), spanische Exklave in Marokko. | 112 **frati:** *fratelli.* | **milia:** *mila* – 100.000 als symbolische, beinahe unendliche Zahl. | 113 **perigli:** *pericoli.* | **giunti:** *giungere:* kommen, gelangen. | 114 **picciola:** *piccola.* | **vigilia:** *veglia:* Wache, Wachzeit (also Leben). | 115 **rimanente:** (Latinismus) verbleibend, übrig. | 116 **negar(e):** verweigern. | 117 **retro:** *dietro.* | 118 **semenza:** Samen, Ursprung – als Geschöpf Gottes damit auch höhere Bestimmung des Menschen jenseits tierischer Lebensformen. | 119 **bruti:** *bruto:* unvernünftiges Tier. | 120 **canoscenza:** *conoscenza:* Erkenntnis.

Li miei compagni fec' io sì aguti,
con questa orazion picciola, al cammino,
che a pena poscia li avrei ritenuti;
e volta nostra poppa nel mattino,
dei remi facemmo ali al folle volo,
sempre acquistando dal lato mancino.
Tutte le stelle già dell'altro polo
vedea la notte, e 'l nostro tanto basso,
che non surgea fuor del marin suolo.
Cinque volte racceso e tante casso
lo lume era di sotto dalla luna,
poi che 'ntrati eravam nell'alto passo,
quando n'apparve una montagna, bruna
per la distanza, e parvemi alta tanto
quanto veduta non avea alcuna.

121 **aguti:** *aguto/a: acuto/a:* scharf, scharfsichtig, hier: begierig. | 122 **orazion(e):** Rede – die kurze Ansprache des Odysseus an die Gefährten und an sich selbst weist zahlreiche intertextuelle Bezüge zu antiken Vorbildern (Vergil, Horaz, Lukan) auf. | 123 **pena:** Mühe. | **pọscia:** danach. | **ritenuti:** *ritenere:* zurückhalten. | 124 **volta:** *vọlgere:* wenden, drehen. | **poppa:** Heck. | 125 **remi:** *remo:* Ruder. | 126 **acquistando:** *acquistare:* gewinnen. | **mancino/a:** *sinistro/a* – Heck nach Osten und linker Hand bedeutet also Fahrt nach Südwesten. | 129 **surgea:** *sụrgere:* emporsteigen. | **suolo:** hier: Horizont – der Äquator wurde überquert. | 130 **racceso:** *riacceso:* wieder entzündet. | **casso:** *cassato:* erloschen – gemeint ist die Sonne, die fünfmal die erdzugewandte Seite des Mondes beleuchtet hat, es sind also fünf Monate vergangen. | 132 **alto passo:** der ›schwierige Weg‹ greift wörtlich Dantes eigenen Aufbruch in die Hölle auf (II.12), ein deutliches Indiz für eine Identifizierung mit Odysseus. | 133 **montagna:** der Purgatoriumsberg mit dem irdischen Paradies auf der Spitze, der bereits vor Dante inmitten des Ozeans vermutet worden war. | **bruna/o:** dunkel. | 134 **parvemi:** *parere: sembrare.* | 135 **veduta:** *vista.*

Noi ci allegrammo, e tosto tornò in pianto;
chè della nova terra un turbo nacque,
e percosse del legno il primo canto. 138
Tre volte il fè girar con tutte l'acque:
alla quarta levar la poppa in suso
e la prora ire in giù, com'altrui piacque,
infin che 'l mar fu sopra noi richiuso.» 142

Canto XXVII

Der 27. Canto verbleibt im achten Kreis und bringt Dante eine Begegnung mit einem zeitgenössischen unlauteren Ratgeber, Guido da Montefeltro (1220–1298), dem er von den aktuellen Herrschaftsverhältnissen in der Romagna berichtet. Im Gegenzug bekennt der berühmte *Condottiere* seine Sünde, einen hinterlistigen Ratschlag, der es Papst Bonifaz VIII. ermöglicht habe, die Festung Palestrina einzunehmen – Gelegenheit für eine weitere Invektive gegen den verhassten Papst.

136 **allegrammo:** *allegrarsi:* s. freuen. | **tosto:** bald, schnell. | **tornò:** *tornare:* hier: werden, s. wandeln. | 137 **turbo:** Wirbelsturm. | 138 **percosse:** *percuọtere:* stoßen, schlagen, treffen. | **canto:** Seite, Teil – also der Bug. | 140 **suso:** *su.* | 141 **prora:** (*prua*) Bug. | **ire:** *andare.* | **altrui:** gemeint ist Gott, der im *Inferno* nicht namentlich genannt wird. | 142 **richiuso:** *richiụdere:* (wieder) schließen – der lakonische Schiffbruch beschließt mit Gottes Schweigen und Strafe einen dramatischen Gesang, der seitdem zahlreiche Deutungen, philosophische Fragen und künstlerische Auseinandersetzungen über die christlich bestrafte Hybris des ungetauften Erkenntnissuchers Odysseus provoziert hat.

Im 28. Canto erreichen Dante und Vergil die neunte *bolgia*, in der die Zwietrachtstifter, *seminator di scandalo e di scisma* (35), büßen. Ihr *contrappasso* besteht darin, dass ihre ›Körper‹ von Teufeln aufgeschlitzt werden, was Dante drastisch beschreibt. Unter den derart Bestraften befinden sich Mohamed und der Römer Curio, der Caesar 49 v. Chr. riet, den Rubikon zu überschreiten. Das Ausmaß an Blut und Verstümmelung vergleicht Dante einleitend mit den Opfern zahlreicher Kriege aus zwei Jahrtausenden in Süditalien und bezieht sich dabei intertextuell auf ein Klagelied des provenzalischen Trobadors Bertrand de Born, dem er nun begegnen wird.

Ma io rimasi a riguardar lo stuolo,
e vidi cosa, ch' io avrei paura,
sanza più prova, di contarla solo;
se non che coscïenza m'assicura,
la buona compagnia che l' uom francheggia
sotto l'asbergo del sentirsi pura.
Io vidi certo, ed ancor par ch' io 'l veggia,
un busto sanza capo andar sì come
andavan li altri della trista greggia;
e 'l capo tronco tenea per le chiome,
pèsol con mano a guisa di lanterna;
e quel mirava noi, e dicea: «Oh me!»

112 **stuolo:** Schar. | 116 **francheggia:** *francheggiare:* sichern, beschützen. | 117 **asbergo:** Halsberge (Kettenhemd), Schutz. | 118 **par:** *parere: sembrare.* | 119 **busto:** Rumpf, Oberkörper. | **capo:** Kopf. | 120 **greggia:** *gregge* (Herde), hier: Gruppe. | 121 **tronco:** *troncato* (*troncare:* abschlagen). | **chiome:** *chioma:* Haar. | 122 **pèsol(o):** *pẹndulo:* hängend, pendelnd, baumelnd. | **guisa:** Art.

Di sè facea a sè stesso lucerna,
ed eran due in uno e uno in due:
com'esser può, quei sa che sì governa.
Quando diritto al piè del ponte fue,
levò 'l braccio alto con tutta la testa,
per appressarne le parole sue,
che fuoro: «Or vedi la pena molesta
tu che, spirando, vai veggendo i morti:
vedi s'alcuna è grande come questa.
E perchè tu di me novella porti,
sappi ch' i' son Bertram dal Bornio, quelli
che diedi al Re giovane i ma' conforti.
Io feci il padre e 'l figlio in sè ribelli:
Achitofèl non fè più d'Absalone
e di Davìd coi malvagi punzelli.

124 **lucerna:** Lampe, Licht. | 126 **quei:** gemeint ist Gott. | **governa:** *governare:* hier: regeln, fügen. | 129 **appressarne:** *avvicinarci* (näher bringen). | 130 **molesta/o:** (störend), hart, schmerzlich. | 131 **spirando:** *respirando.* | **veggendo:** *vedendo.* | 133 **novella:** hier: Nachricht, Kunde. | 134 **Bertram dal Bornio:** Bertrand de Born (um 1140–1215), adeliger Trobador aus der provenzalischen Dordogne, von Dante in anderen Schriften lobend erwähnt; seine politischen Lieder (Sirventes) behandeln auch die Grausamkeiten des Krieges – ein möglicher Grund für seine Position in der Hölle, neben seinem in seiner *Vida* überlieferten angeblichen Charakterzug eines Kriegstreibers und Zwietrachtstifters. | 135 **Re giovane:** gemeint ist König Heinrich, der Sohn des englischen Königs Heinrich II. | 135 **ma':** *mali* (schlecht). | **conforti:** hier: Ratschläge, Ermutigungen (zur Rebellion gegen seinen Vater). | 137 **Achitofèl:** Vergleich aus dem Alten Testament: Während der Rebellion Absaloms gegen seinen Vater David stachelte Ahitofel als Ratgeber den Sohn auf (2 Sam 15–18). | 138 **malvagi:** *malvagio/a:* bösartig. | **punzelli:** *punzello: pụngolo:* Stachel, Anreiz, Aufstacheln.

Perch' io parti' così giunte persone,
partito porto il mio cerebro, lasso!,
dal suo principio ch'è in questo troncone.
Così s'osserva in me lo contrapasso.» 142

Canto XXIX

Der 29. Canto bringt Dante auf Vergils Drängen fort in die nächste, die zehnte *bolgia*, wo die Fälscher, *falsador* (57), ihre Sünde der Entwertung einer Substanz durch die entwürdigende Degradierung ihres Körpers büßen, der durch ekelerregende juckende Hautausschläge gepeinigt wird. Zunächst treffen sie auf Alchimisten, die Metalle fälschten.

Canto XXX

Nach wie vor im zehnten Ring der Fälscher geht es im 30. Canto nun um die Fälschung von Münzen und Worten. Die exemplarischen Sünder*innen stammen aus allen Zeiten und der Stil des Gesangs umfasst alle Register. Zu Beginn wird die Raserei der Fälscher-Seelen mit den mythologischen Figuren Athamas und Hekuba verglichen, auch unter den Seelen finden

139 **parti':** *partire:* hier: trennen, abtrennen, entzweien. | **giunte:** *giunto/a:* verbunden, vereint. | 140 **cẹrebro:** *cervello.* | **lasso!** (inter.): Elender, wehe. | 141 **principio:** Ursprung. | **troncone:** Stumpf, Stamm. | 142 **contrap(p)asso:** zentraler Terminus der Strafordnung in Dantes Hölle, an dieser Stelle zum ersten Mal genannt: analoge Beziehung zwischen Sünde und Strafe, lat. *contrapassus* von *contra pati*, schon in der biblischen *lex talionis*, der Vergeltung ›Auge um Auge‹ (2 Mose 21.24), der aristotelischen *Nikomachischen Ethik* und der scholastischen Theologie präsent, aber auch im Volksglauben verbreitet.

sich Personen aus Mythos (Myrrha, die unter falscher Gestalt ihren Vater verführte, und der Grieche Sinon, der die Trojaner mit falschen Worten überredete, das Pferd in die Stadt zu schaffen) und Bibel (die Frau des Potiphar, die Joseph verleumdete). Mit Gianni Schicchi, der sich für einen Verwandten ausgab, um dessen Testament zu fälschen, kommen zeitgenössische Fälscher ins Spiel, nicht zuletzt Magister Adamo, der seine Fälschung von Goldflorinen mit dem Scheiterhaufen und in der Hölle mit der Wassersucht büßt. Die Wut der Gepeinigten entlädt sich in Gewalt und vulgärem Streit, besonders zwischen Sinon und Adamo, dem Dante aufmerksam beiwohnt.

Ad ascoltarli er' io del tutto fisso,
  quando 'l maestro mi disse: «Or pur mira!
  che per poco che teco non mi risso». 132
Quand' io 'l senti' a me parlar con ira,
  volsimi verso lui con tal vergogna,
  ch'ancor per la memoria mi si gira. 135
[...]

Dantes schamvolle Entschuldigung besänftigt Vergil sofort wieder, der den Canto mit seiner Ermahnung schließt.

chè voler ciò udire è bassa voglia.» 148

130 **fisso:** *fissato.* | 131 **pur(e):** hier: weiter. | **mira:** *mirare: guardare.* | 132 **per poco:** fast – im Sinne von: es fehlt nicht viel. | 132 **risso:** *rissarsi:* (raufen,) s. entrüsten, böse werden. | 134 **volsimi:** *volgersi:* s. wenden. | 148 **bassa/o:** niedrig, gemein – Dantes Scham scheint auch seinen literarischen Jugendsünden, der Lust am Streitgedicht in der Art der provenzalischen Tenzone, zu gelten.

Canto XXXI

Auf dem Weg in den neunten Kreis der Verräter sehen die Wanderer im 31. Canto riesenhafte Gestalten um das Brunnenloch *(pozzo*, 42) der tiefsten Hölle herum aus dem Boden ragen, in den sie bis zum Oberkörper eingegraben und meist auch an den Armen gefesselt sind. Zu den starken und dummen Giganten aus der griechischen Mythologie, deren Versuch, die olympischen Götter zu stürzen, von *superbia*, extremem Hochmut, zeugt, gesellt Dante mit Nimrod einen Riesen aus der Bibel, dessen vermessener Turmbau zu Babel die menschliche Sprachenvielfalt verschuldete. Der von Herkules besiegte Riese Antäus wird von Vergil geschickt überredet, die beiden in den nächsten Kreis herabzusetzen.

[…]
questi può dar di quel che qui si brama;
però ti china, e non torcer lo grifo.
Ancor ti può nel mondo render fama,
ch'el vive, e lunga vita ancor aspetta
se innanzi tempo Grazia a sè nol chiama.»

Die Hoffnung auf weltlichen Ruhm beflügelt demnach auch die überheblichen Giganten, emblematische Figuren des Übergangs in die tiefste Hölle der Rebellen und treulosen Verräter.

125 **questi:** Dante | **brama:** *bramare:* begehren. | 126 **china:** *chinare:* beugen, bücken. | **tọrcer(e):** verdrehen. | **grifo:** Schnauze, Rüssel. | 127 **fama:** Ruhm. | 129 **innanzi:** vor.

Canto XXXII

Im 32. Canto sind die Wanderer im neunten Kreis in der Eishölle des Unterweltflusses *Cocito* (XXXI.123) angelangt.

S' io avessi le rime aspre e chiocce,
  come si converrebbe al tristo buco
  sovra 'l qual pontan tutte l'altre rocce,
io premerei di mio concetto il suco
  più pienamente; ma perch' io non l'abbo,
  non sanza tema a dicer mi conduco;
chè non è impresa da pigliare a gabbo
  discriver fondo a tutto l' universo,
  nè da lingua che chiami mamma o babbo:
ma quelle donne aiutino il mio verso
  ch'aiutaro Anfïone a chiuder Tebe,
  sì che dal fatto il dir non sia diverso.
[...]

1 **aspre:** *aspro/a:* hart, scharf, rau. | **chiocce:** *chioccio/a:* rau, heiser. | 2 **tristo/a:** böse, schlimm. | 3 **pontan:** *pontare:* drücken, lasten. | 4 **premerei:** *prẹmere:* auspressen, ausdrücken (wörtlich und übertragen). | **suco:** *succo* (hier: Sinn). | 5 **abbo:** *ho* (alttoskanisch). | 6 **tema** (f.): *timore:* Furcht. | **dịcer(e):** (sagen,) dichten. | 7 **pigliare:** *prẹndere.* | **gabbo:** Scherz, Spaß. | 9 **lingua:** hier die unerfahrene Kindersprache; die Konstruktion ohne bestimmten Artikel bei *impresa, fondo* und *lingua* verleiht den Versen lateinisch anmutendes Gewicht. | 10 **donne:** die Musen. | 11 **Anfïone:** der Dichter Amphion war nach mythologischer Überlieferung allein durch sein Leierspiel in der Lage, die Mauern um Theben zu errichten; analog zu dieser antiken Stadt schlimmster Gräueltaten lässt Dante in seiner Dichtung den finstersten Kreis der Hölle entstehen. | **chiuder(e):** hier: umschließen.

Nach dieser poetologischen Einleitung zur Entsprechung von dichterischer Sprache und ihrem Objekt, die Dante programmatisch in der gesamten *Commedia* verfolgt, setzt sich die Reise ins Innere der Hölle fort. Dort stecken die Seelen bis zu den Köpfen im Eis eingefroren, die Verräter an Verwandten in der *Caina* (58, nach dem bekannten Brudermörder aus der Bibel), die politischen Verräter in der *Antenora* (88, nach dem angeblich verräterischen Trojaner Antenor). Ein italienischer Sünder, Camiscion de' Pazzi, zählt ihnen einige Namen auf. Beim Weitergehen stößt Dante, aus bewusst im Unklaren gelassenen Gründen (*se voler fu o destino o fortuna*, 76), an einen Kopf, der sogleich losschimpft und fragt, was Dante hier wolle.

«Vivo son io, e caro esser ti pote»
  fu mia risposta, «se dimandi fama,
  ch' io metta il nome tuo tra l'altre note.» 93
Ed elli a me: «Del contrario ho io brama;
  lèvati quinci e non mi dar più lagna,
  chè mal sai lusingar per questa lama!» 96
[...]

Nach dieser unverschämten Weigerung des Sünders, seinen Namen preiszugeben, packt Dante ihn am Schopf und versucht, ihm gewaltsam das Geständnis zu entreißen, was weder erzähllogisch noch moralisch leicht zu rechtfertigen ist. Da verrät eine andere Seele den Namen: Bocca degli Abati, der Verräter an den Guelfen in der Schlacht von Montaperti (1260).

91 **caro esser:** lieb, nützlich sein. | **pote:** (*puote*) *può.* | 92 **fama:** Ruhm. | 93 **note:** *nota:* hier: Aufzeichnung, Notiz, also die *Commedia.* | 94 **brama:** Begierde, Verlangen. | 95 **quinci:** von hier. | **lagna:** Verdruss, Klage, Ärger. | 96 **lama:** Niederung, Loch.

«Omai» diss' io «non vo' che tu favelle,
malvagio traditor; ch'alla tua onta
io porterò di te vere novelle.»
[...]
Noi eravam partiti già da ello,
ch' io vidi due ghiacciati in una buca,
sì che l' un capo all'altro era cappello;
e come 'l pan per fame si manduca,
così 'l sovran li denti all'altro pose
là 've 'l cervel s'aggiugne con la nuca:
non altrimenti Tideo si rose
le tempie a Menalippo per disdegno,
che quei faceva il teschio e l'altre cose.
«O tu che mostri per sì bestial segno
odio sovra colui che tu ti mangi,
dimmi 'l perchè» diss' io, «per tal convegno,

109 **Omai:** *ormai.* | **vo':** *voglio.* | **favelle** (2. Ps. Sg.): *favellare:* reden, sprechen. | 110 **malvagio/a:** böse, niederträchtig. | **onta:** Schande. | 111 **novelle:** hier: Nachricht – kaum hat der Wanderer Dante den Namen erfahren, ändert sich sein Stil von niedrig zu gehoben-distanziert, was die moralische Verurteilung des exemplarischen Verräters unterstreicht. | 125 **ghiacciati:** hier: eingefroren. | 126 **manduca:** *manducare* (lat.-tosk.): *mangiare.* | 128 **sovran(o):** der obere. | 129 **s'aggiugne:** *aggiugnersi:* hier: s. verbinden. | **nuca:** Nacken, Rückenmark. | 130 **Tideo:** Tydeus, einer der legendären Sieben gegen Theben, habe sich, von Menalippus tödlich verwundet, in den Kopf seines toten Gegners verbissen. | **rose:** *rodere:* nagen (*si* ist verstärkender ethischer Dativ, wie *ti* in v. 134). | 131 **disdegno:** Verachtung. | 132 **teschio:** Schädel. | 135 **convegno:** hier: Abmachung, Abkommen.

che se tu a ragion di lui ti piangi,
sappiendo chi voi siete e la sua pecca,
nel mondo suso ancora io te ne cangi,
se quella con ch' io parlo non si secca.»

Canto XXXIII

Im 33. Canto setzt sich die außergewöhnlich schreckliche Begegnung mit dem Grafen Ugolino fort, der seine Geschichte erzählt.

La bocca sollevò dal fiero pasto
quel peccator, forbendola a' capelli
del capo ch'elli avea di retro guasto.
Poi cominciò: «Tu vuo' ch' io rinovelli
disperato dolor che 'l cor mi preme
già pur pensando, pria ch' io ne favelli.
Ma se le mie parole esser dien seme
che frutti infamia al traditor ch' i' rodo,
parlare e lacrimar vedrai inseme.

137 **sappiendo:** *sapendo.* | **pecca:** *peccato, colpa.* | 138 **suso:** *su.* | **cangi:** *ricambi* (vergelten). | 139 **secca:** d. h. wenn mir die Zunge nicht verdorrt – zur Bekräftigung des Versprechens. | 1 **fiero/a:** wild, grausam. | 2 **forbendola:** *forbire:* abwischen, reinigen. | 3 **capo:** Kopf. | **retro:** *dietro.* | **guasto:** *guastato:* zerstört, verwüstet, verstümmelt. | 4 **rinovelli:** *rinovellare:* erneuern – der Vers nimmt die bekannte Vergil-Stelle auf: *Infandum, regina, iubes renovare dolorem* (*Aeneis* II.3). | 6 **favelli:** *favellare:* reden, sprechen. | 7 **dien:** *devono.* | 8 **infạmia:** Schande. | **rodo:** *rọdere:* nagen. | 9 **lacrimar(e):** weinen – die Formulierung greift den entsprechenden Einleitungsvers Francescas auf (v. 126).

Io non so chi tu se' nè per che modo
venuto se' qua giù; ma fiorentino
mi sembri veramente quand' io t'odo.
Tu dei saper ch' i' fui conte Ugolino,
e questi è l'arcivescovo Ruggieri:
or ti dirò perch' i son tal vicino.
Che per l'effetto de' suo' mai pensieri,
fidandomi di lui, io fossi preso
e poscia morto, dir non è mestieri;
però quel che non puoi avere inteso,
ciò è come la morte mia fu cruda,
udirai, e saprai s' e' m' ha offeso.
Breve pertugio dentro dalla muda
la qual per me ha il titol della fame,
e 'n che conviene ancor ch'altrui si chiuda,
m'avea mostrato per lo suo forame
più lune già, quand' io feci 'l mal sonno
che del futuro mi squarciò 'l velame.

12 **t'odo:** *ti sento parlare.* | 13 **Ugolino:** Conte Ugolino della Gherardesca, Pisaner Ghibellinenführer, wurde 1288 auf Betreiben des Erzbischofs Ruggieri degli Ubaldini verräterisch gefangen genommen, wegen angeblichen Verrats verurteilt und mit vier seiner Söhne (und Enkel) in einen Turm gesperrt, wo man sie 1289 verhungern ließ. | 15 **i:** *gli.* | 16 **mai:** *mali.* | 18 **poscia:** danach | **morto:** *fatto morire.* | **mestieri:** *necessario.* | 19 **inteso:** *intendere:* erfahren, verstehen. | 20 **cruda:** *crudele.* | 21 **offeso:** *ferito.* | 22 **pertugio:** Spalt. | **muda:** die als Gefängnis genutzte *torre dei Gualandi* in Pisa. | 24 **altrui** (Dat.): für andere. | 25 **forame** (m.): Öffnung, Loch. | 26 **sonno:** *sogno.* | 27 **squarciò:** *squarciare:* zerreißen. | **velame** (m.): Schleier.

Questi pareva a me maestro e donno,
cacciando il lupo e' lupicini al monte
per che i Pisan veder Lucca non ponno.
Con cagne magre, studiose e conte
Gualandi con Sismondi e con Lanfranchi
s'avea messi dinanzi dalla fronte.
In picciol corso mi parìeno stanchi
lo padre e' figli, e con l'agute scane
mi parea lor veder fender li fianchi.
Quando fui desto innanzi la dimane,
pianger senti' fra 'l sonno i miei figliuoli
ch'eran con meco, e domandar del pane.
Ben se' crudel, se tu già non ti duoli
pensando ciò che 'l mio cor s'annunziava;
e se non piangi, di che pianger suoli?
Già eran desti, e l'ora s'appressava
che 'l cibo ne solea essere addotto,
e per suo sogno ciascun dubitava;

28 **Questi:** Ruggieri. | **pareva:** *parere:* erscheinen. | **donno:** lat. *dominus:* Herr. | 29 **lupicini** (dim.): Wolfsjunge – der Traum symbolisiert die politische Verfolgung der Familie, die im Tod endet. | **monte:** *Monte San Giuliano* zwischen Pisa und Lucca. | 30 **ponno:** *possono.* | 31 **studiose:** *studioso/a:* hier: gierig. | **conte:** hier: abgerichtet – die Hundemeute steht für das aufgehetzte Volk von Pisa. | 32 **Gualandi:** die drei mächtigsten ghibellinischen Adelsgeschlechter Pisas. | 33 **fronte:** Front. | 34 **picciol:** *pịccolo.* | **corso:** *percorso.* | **parìeno:** *parevano: sembravano.* | 35 **agute:** *aguto/a: acuto/a:* scharf, spitz. | **scane:** *scana:* Eckzahn, Hauer. | 36 **fẹnder(e):** spalten, aufreißen. | 37 **desto/a:** wach. | **dimane:** *domani* – also vor Tagesanbruch. | 40 **duoli:** *dolersi:* bedauern, mitfühlen. | 42 **suoli:** *solere:* pflegen, gewöhnlich tun. | 43 **s'appressava:** *appressarsi:* s. nähern. | 44 **ne solea:** *ci soleva.* | **addotto:** gebracht.

e io senti' chiavar l' uscio di sotto
all'orribile torre; ond' io guardai
nel viso a' mie' figliuoi sanza far motto.
Io non piangea, sì dentro impetrai:
piangevan elli; e Anselmuccio mio
disse: 'Tu guardi sì, padre! che hai?'
Perciò non lacrimai nè rispuos' io
tutto quel giorno nè la notte appresso,
infin che l'altro sol nel mondo uscìo.
Come un poco di raggio si fu messo
nel doloroso carcere, e io scorsi
per quattro visi il mio aspetto stesso,
ambo le man per lo dolor mi morsi;
ed ei, pensando ch' i' 'l fessi per voglia
di manicar, di subito levorsi
e disser: 'Padre, assai ci fia men doglia
se tu mangi di noi: tu ne vestisti
queste misere carni, e tu le spoglia'.
Queta'mi allor per non farli più tristi;
lo dì e l'altro stemmo tutti muti;
ahi dura terra, perchè non t'apristi?

46 **chiavar(e):** *inchiodare:* zunageln. | **ụscio:** Tür. | 48 **motto:** Wort (*fare:* sagen). | 49 **impetrai:** *impetrare:* versteinern. | 50 **Anselmuccio:** Enkel Ugolinos. | 53 **appresso:** darauf, folgend. | 54 **uscìo:** *uscì.* | 56 **scorsi:** *scorgere:* erblicken. | 58 **ambo:** beide. | 59 **fessi:** *facessi.* | 60 **manicar(e)** (lat.-tosk.): *mangiare.* | **levorsi:** *si levarono.* | 61 **doglia:** Schmerz. | 62 **ne vestisti:** *ci facesti indossare.* | 63 **mịsere:** *mịsero/a:* elend. | **spoglia:** *spogliare:* ausziehen – das in diesem Bild umschriebene, in kindlich-naiver Vaterliebe angebotene Selbstopfer hat literarische Tradition, vgl. das altfranzösische Epos *Amis et Amiles* aus dem 13. Jh. | 64 **Queta':** *quetarsi:* ruhig/still werden.

Poscia che fummo al quarto dì venuti,
Gaddo mi si gettò disteso a' piedi,
dicendo: 'Padre mio, chè non m'aiuti?'
Quivi morì; e come tu mi vedi,
vid' io cascar li tre ad uno ad uno
tra 'l quinto dì e 'l sesto; ond' io mi diedi,
già cieco, a brancolar sovra ciascuno,
e due dì li chiamai, poi che fur morti:
poscia, più che 'l dolor, potè 'l digiuno.»
Quand'ebbe detto ciò, con li occhi torti
riprese 'l teschio misero co' denti,
che furo all'osso, come d'un can, forti.
[...]

Dante lässt eine Invektive gegen Pisa folgen, das – als neues Theben (*novella Tebe*, 89), also Ort schlimmster Untaten – in den aufgestauten Fluten des Arno versinken möge, als gerechte Vergeltung für den grausamen Mord an Ugolinos Kindern, deren verbleibende Namen Uguiccione und Brigata zur mahnenden Erinnerung ausdrücklich nachgetragen werden. Wäh-

67 **Pọscia che:** nachdem, als. | 68 **Gaddo:** Sohn Ugolinos. | **disteso:** ausgestreckt. | 69 **Padre:** Echo der letzten Worte Christi am Kreuz; durch die wiederholte Ansprache als Vater wird zudem die quälende Hilflosigkeit Ugolinos deutlich. | 70 **Quivi:** da (mit diesen Worten). | 71 **cascar(e):** fallen, hier: sterben. | 73 **brancolar(e):** herumtasten. | 75 **digiuno:** Fasten, Hunger – der berühmte Vers bleibt bewusst ambivalent: Konnte Ugolino seine toten Kinder nicht länger beweinen, weil er selbst verhungerte, oder hat er, blind vor Hunger, das kannibalische Angebot seiner Kinder angenommen? Der Tabubruch passte zur tiefsten trostlosen Hölle maximaler Gottesferne und zum nagenden *contrappasso* Ugolinos, der sogleich wieder einsetzt. | 76 **torti:** *tọrcere:* verdrehen – Zeichen der Rückkehr zu tierischem Hass, nach dem mitleiderregenden Intermezzo des leidenden liebenden Vaters. | 77 **teschio:** Schädel.

rend sich Dante im Weitergehen über den eisigen Wind wundert, erreichen sie den dritten Bereich des neunten Höllenkreises, die nach dem biblischen Verräter Ptolemäus (1 Makk 16.11–17) benannte *Tolomea* (124), in der Verrat an Gästen gebüßt wird, wobei die irdischen Körper einiger Seelen, von einem Dämon bewohnt, noch auf Erden weilen. Einer der Verdammten, der Verwandtenmörder frate Alberigo aus Faenza, bittet Dante, ihm die zu Eis gefrorenen Tränen aus den Augen zu entfernen, und berichtet von seinen Missetaten, der vorzeitigen Höllenstrafe solcher Sünder und anderen Leidensgenossen, wie Branca Doria aus Genua. Als er Dante an sein Versprechen erinnert, ihm die vereisten Augen zu öffnen, weigert sich dieser.

e cortesia fu lui esser villano.

Mit einer weiteren Invektive – gegen Genua – schließt der längste Canto des *Inferno*.

Canto XXXIV

Mit einer Kontrafaktur des lateinischen Karfreitagshymnus setzt der letzte Canto des *Inferno* ein, der zum Tiefpunkt der Hölle und zum Mittelpunkt der Erde führt. Von ferne ist riesenhaft Luzifer im Eiswind auszumachen.

150 **villano:** unhöflich, grob – im Gegensatz zu Äußerungen des Mitgefühls an anderer Stelle verhält sich der Wanderer Dante im Kozytus dezidiert mitleidlos, wohl da an diesem Ort Menschlichkeit, Mitleid und Höflichkeit gegenüber den von Gott Verdammten unangebracht sind und derartige Verräter verraten werden müssen.

Già era, e con paura il metto in metro,
  là dove l'ombre tutte eran coperte,
  e trasparìen come festuca in vetro.
[…]

In dieser vierten Zone des *Cocito*, der nach dem biblischen Verräter Judas benannten *Giudecca* (117), sind die Verräter an Wohltätern vollständig im Eis eingefroren. Vergil kündigt mit seinen Worten *Ecco Dite* (20) den Teufel persönlich an.

  «Ecco Dite» dicendo, «ed ecco il loco
  ove convien che di fortezza t'armi.»
Com' io divenni allor gelato e fioco,
  nol dimandar, lettor, ch' i' non lo scrivo,
  però ch'ogni parlar sarebbe poco.
Io non mori', e non rimasi vivo:
  pensa oggimai per te, s' hai fior d' ingegno,
  qual io divenni, d' uno e d'altro privo.
[…]

Luzifer steckt bis zur Brust im Eis, sein schrecklicher Kopf hat drei Gesichter, seine riesigen Fledermausflügel verursachen den Höllenwind, der den *Cocito* gefrieren lässt. Mit jedem Maul zermalmt er einen der drei Erzsünder: Judas, der nach dem Lukas-Evangelium Christus verriet, sowie Brutus und Cassius, die Mörder Caesars und – für Dante – Verräter an der Idee des Kaisertums. Der Weg aus der Hölle führt über das zot-

10 **era:** *ero.* | **metro:** *verso.* | 12 **trasparìen:** *trasparivano: trasparire:* durchscheinen. | **festuca:** Strohhalm. | 21 **fortezza:** Stärke. | **t'armi:** *amarsi*: s. waffnen, wappnen. | 22 **divenni:** *divenire: diventare.* | **fioco/a:** schwach. | 26 **oggimai:** *ormai.* | **fior d':** *un minimo.* | **ingegno:** *ingenium,* Geist, Begabung, Phantasie. | 27 **privo:** ohne, -los – Dante ist also halbtot vor Angst.

telige Fell des Teufels, an dem Vergil mit Dante auf dem Rücken erst abwärts und – nach Durchquerung des Erdmittelpunktes – aufwärts in die südliche Halbkugel klettert, die nach der mittelalterlichen Kosmologie mit Wasser bedeckt ist. Dort erhebt sich der Purgatoriumsberg, der von den Erdmassen angehäuft wurde, die vom herabstürzenden Luzifer verdrängt wurden. Durch Höhlengänge geht es entlang eines Flüsschens (Lethe) Richtung Oberfläche.

Lo duca e io per quel cammino ascoso
 intrammo a ritornar nel chiaro mondo;
 e sanza cura aver d'alcun riposo
salimmo su, el primo e io secondo,
 tanto ch' i' vidi delle cose belle
 che porta 'l ciel, per un pertugio tondo;
e quindi uscimmo a riveder le stelle.

133 **ascoso/a:** verborgen. | 135 **cura aver(e):** s. kümmern. | 138 **pertugio:** Öffnung. | 139 **quindi:** *da qui.* | **stelle:** das erlösende Schlusswort jeder der drei *Cantiche*, hier nach der mehr als 20stündigen Unterweltwanderung von Ovid inspiriert (*Metamorphosen* v. 503).

Purgatorio

Canto I

Nach dem Dunkel des *Inferno* erreichen Dante und Vergil die Insel des *Purgatorio* bei Sonnenaufgang. Die Vorstellung eines läuternden Fegefeuers, in vielen Religionen präsent, konkretisierte sich im Europa des 12. Jh. im christlichen *Purgatorium*, in dem die Seelen der Verstorbenen umso kürzer verweilen müssten, je mehr die hinterbliebenen Lebenden sich durch Gebet und erkauften Ablass für sie einsetzten – Beispiel erfolgreicher Verquickung von Purifikationsriten, Eschatologie und frühkapitalistischer Ökonomie in der katholischen Dogmatik. Dante lokalisiert die Reinigungszeit der Seelen auf dem ›Läuterungsberg‹ der südlichen Erdhalbkugel, der analog zum Höllentrichter aus sieben ringförmigen Simsen besteht, auf denen die sieben Todsünden gebüßt werden, weiterhin einem Vorpurgatorium am Fuß und dem Irdischen Paradies an der Spitze des kegelförmigen Berges.

Per correr migliori acque alza le vele
  omai la navicella del mio ingegno,
  che lascia dietro a sè mar sì crudele;
e canterò di quel secondo regno
  dove l'umano spirito si purga
  e di salire al ciel diventa degno.

2 **navicella** (dim.): *nave* – die bereits antike Metapher des Schiffs für die Dichtung greift Dante hier (bescheiden) im Diminutiv auf; das im nächsten Vers erwähnte ›grausame Meer‹ lässt den Schiffbruch des Odysseus (*Inferno* XXVI) anklingen. | **ingegno:** *ingenium*, Geist, Begabung. | 5 **purga:** *purgarsi:* s. reinigen, läutern. | 6 **degno/a:** würdig.

Ma qui la morta poesì resurga,
o sante Muse, poi che vostro sono;
e qui Calliopè alquanto surga,
seguitando il mio canto con quel suono
di cui le Piche misere sentiro
lo colpo tal, che disperar perdono.
Dolce color d'orïental zaffiro,
che s'accoglieva nel sereno aspetto
del mezzo, puro insino al primo giro,
alli occhi miei ricominciò diletto,
tosto ch' io usci' fuor dell'aura morta
che m'avea contristati li occhi e 'l petto.

7 **poesì:** *poesia* – die ›tote‹ Poesie, die wiederauferstehen soll, meint zugleich die Dichtung über das Totenreich des *Inferno.* | **resurga:** *resurgere: risorgere* (ebenso *surga: sorga* in Vers 9). | 9 **Calliopè:** Kalliope, die älteste und angesehenste der neun Musen, zuständig für die epische Dichtung – der traditionelle Musenanruf erfolgt in dieser *Cantica* früher und ausführlicher als im *Inferno.* | 10 **seguitando:** *seguendo, accompagnando.* | 11 **Piche:** *pica: gazza* (Elster) – angespielt wird auf die Pieriden, die neun Töchter des Pieros, die hochmütig selbst die Musen zum Wettsingen herausforderten und nach dem Sieg Kalliopes zur Strafe in Elstern verwandelt wurden, wie Dante aus den *Metamorphosen* Ovids (v. 294–678) wusste. | **misere:** *misero/a:* elend. | 12 **disperar:** *disperarono… di essere perdonate* – der überwältigende Gesang Kalliopes ließ die Pieriden die Hoffnung auf Vergebung ihrer *superbia* verlieren. | 13 **zaffiro:** Saphir, blauer Edelstein, dem die mittelalterlichen Lapidarien besondere Qualitäten zusprachen, nicht zuletzt eine befreiende und reinigende. | 14 **s'accoglieva:** *accogliersi:* s. versammeln. | 15 **mezzo:** Medium, hier die Luft. | **primo giro:** der erste Himmelskreis, also der Horizont. | 16 **ricominciò:** *ricominciare:* hier: wieder geben, erneuern. | **diletto:** Freude, Vergnügen. | 17 **tosto ch':** sobald. | **aura:** *aria* (*morta: dell'Inferno*). | 18 **contristati:** *contristare:* betrüben, bedrücken.

Lo bel pianeta che d'amar conforta
faceva tutto rider l'orïente,
velando i Pesci, ch'erano in sua scorta.
I' mi volsi a man destra, e puosi mente
all'altro polo, e vidi quattro stelle
non viste mai fuor ch'alla prima gente.
Goder pareva il ciel di lor fiammelle:
oh settentrïonal vedovo sito,
poi che privato se' di mirar quelle!
Com' io da loro sguardo fui partito,
un poco me volgendo all'altro polo,
là onde il Carro già era sparito,

19 **pianeta** (m.): hier Venus, die in Konjunktion mit dem Sternbild der Fische (*Pesci*, 21), die sie mit ihrem Licht überstrahlt, den Aufgang der Sonne (im Sternbild Widder) ankündigt; der Einwand, dass diese Konstellation im Jahr 1300 nicht zutraf (wohl aber 1301), deutet wohl weniger auf ein Versehen Dantes als auf seine Idealisierung astronomischer Daten im heilsgeschichtlichen Kontext der *Commedia.* | **conforta:** *confortare:* hier: ermutigen, ermuntern. | 21 **velando:** *velare:* verhüllen, verschleiern. | **scorta:** Gefolge, Geleit. | 22 **volsi:** *vọlgersi:* sich wenden. | **puosi:** *porre:* hier: richten. | **quattro stelle:** astronomisch das Kreuz des Südens, Seefahrern seit der Antike bekannt (und ein weiterer intratextueller Verweis auf Odysseus), im übertragenen Sinn die vier Kardinaltugenden Klugheit, Gerechtigkeit, Tapferkeit und Mäßigung (*prudentia, iustitia, fortitudo, temperantia*). | 24 **fuor ch':** außer. | **prima gente:** die ersten Menschen, also Adam und Eva – was impliziert, dass die ursprünglichen Tugenden seit dem Sündenfall der Menschen verschwunden seien (vgl. v. 26–27). | 25 **pareva:** *parere: sembrare.* | 26 **settentrïonal(e):** nördlich. | **vẹdovo/a:** verwitwet, verwaist, verlassen. | **sito:** Ort, Lage – also die von Menschen bewohnte nördliche Hemisphäre, in der die natürlichen Tugenden des Paradieses nicht mehr sichtbar/existent seien. | 27 **privato:** *privare:* berauben, vorenthalten. | **mirar(e):** sehen. | 30 **Carro:** *Ursa Major*, Sternbild des Nordhimmels, auch als Großer Wagen oder Großer Bär bekannt.

vidi presso di me un veglio solo,
degno di tanta reverenza in vista,
che più non dee a padre alcun figliuolo.
Lunga la barba e di pel bianco mista
portava, a' suoi capelli simigliante,
de' quai cadeva al petto doppia lista.
Li raggi delle quattro luci sante
fregiavan sì la sua faccia di lume,
ch' i' 'l vedea come 'l sol fosse davante.
«Chi siete voi che contro al cieco fiume
fuggita avete la pregione etterna?»
diss'el, movendo quelle oneste piume.
«Chi v' ha guidati, o che vi fu lucerna,
uscendo fuor della profonda notte
che sempre nera fa la valle inferna?
Son le leggi d'abisso così rotte?
o è mutato in ciel novo consiglio,
che, dannati, venite alle mie grotte?»
Lo duca mio allor mi diè di piglio,
e con parole e con mani e con cenni
reverenti mi fè le gambe e 'l ciglio.

31 **veglio:** Greis – dessen Identität erst in Vers 74 deutlich wird. | 32 **reverenza:** Ehrerbietung, Achtung. | 33 **dee:** *deve.* | 36 **lista:** hier: Streifen, Strähne. | 38 **fregiavan(o):** *fregiare:* schmücken. | **lume** (m.): Licht. | 42 **piume:** *peli della barba.* | 43 **lucerna:** Licht, Lampe. | 46 **abisso:** Abgrund (hier die Hölle). | 48 **grotte:** *grotta:* hier: Fels, Felswand, also der Purgatoriumsberg. | 49 **diè di piglio:** (*diede: dare*) rasch ergreifen – entschlossene Geste Vergils, um Dante in eine ehrfurchtsvolle Haltung vor dem strengen Greis zu bringen. | 50 **cenni:** *cenno:* Zeichen, hier besonders Mimik. | 51 **reverenti:** *reverente:* ehrfürchtig, ehrerbietig. | **ciglio:** hier metonymisch für Augen, Blick – Dante soll also niederknien und den Blick senken.

Poscia rispuose lui: «Da me non venni:
donna scese dal ciel, per li cui prieghi
della mia compagnia costui sovvenni.
Ma da ch' è tuo voler che più si spieghi
di nostra condizion com'ell'è vera,
esser non puote il mio che a te si nieghi.
Questi non vide mai l'ultima sera;
ma per la sua follia le fu sì presso,
che molto poco tempo a volger era.
Sì com' io dissi, fui mandato ad esso
per lui campare; e non li era altra via
che questa per la quale i' mi son messo.
Mostrata ho lui tutta la gente ria;
e ora intendo mostrar quelli spirti
che purgan sè sotto la tua balìa.
Com' io l' ho tratto, sarìa lungo a dirti;
dell'alto scende virtù che m'aiuta
conducerlo a vederti e a udirti.
Or ti piaccia gradir la sua venuta:
libertà va cercando, ch'è sì cara,
come sa chi per lei vita rifiuta.

52 **Pọscia:** danach. | 52 **Da me:** hier: aus eigenem Antrieb, aus eigener Kraft. | 53 **donna:** Beatrice (vgl. *Inferno* II.53). | **prieghi:** *priego:* Bitte. | 54 **sovenni:** *sovvenire:* helfen, beistehen. | 57 **puote:** *può.* | **il mio:** ergänze: *volere.* | **nieghi:** *negare:* verweigern. | 60 **vọlger(e):** hier: vergehen – Dante wird also als Lebender beschrieben, dessen ›Wahn‹ ihn jedoch in Lebensgefahr gebracht habe. | 62 **campare:** retten. | **li:** *vi.* | 64 **ria/o:** böse. | 66 **balìa:** Macht, Herrschaft. | **tratto:** *trarre:* führen.

Tu 'l sai, che non ti fu per lei amara
in Utica la morte, ove lasciasti
la vesta ch'al gran dì sarà sì chiara.
Non son li editti etterni per noi guasti;
chè questi vive, e Minòs me non lega;
ma son del cerchio ove son li occhi casti
di Marzia tua, che 'n vista ancor ti priega,
o santo petto, che per tua la tegni:
per lo suo amore adunque a noi ti piega.

74 **Utica:** Stadt im heutigen Tunesien mit phönizischer und römischer Siedlungsgeschichte, in der sich 46 v. Chr. der römische Politiker Cato der Jüngere, genannt Uticensis, nach der Niederlage des republikanischen Heeres gegen Caesars Truppen das Leben nahm; seitdem galt er als Verkörperung altrömischer Tugenden und stoischer Kämpfer für die Freiheit, was seine Selbsttötung – auch in den Augen Dantes – rechtfertigte, der seine Informationen aus Lukans *Pharsalia* bezog und den edlen Römer nicht etwa in den zweiten Ring des siebten Höllenkreises (vgl. Canto XIII) zu den Selbstmördern steckte, sondern ihn zum Wächter des Purgatoriumsberges machte. | 75 **vesta:** sterbliche Hülle, Körper – der am Jüngsten Tag strahlend auferstehen wird. | 76 **editti:** *leggi.* | **guasti:** *guastati:* gebrochen, verletzt. | 77 **Minòs:** Minos, der Richter am eigentlichen Eingang zur Unterwelt im zweiten Kreis (Canto V), der über Vergil also keine Macht hat (*lega*) und über Dante (*questi*) als Lebenden sowieso nicht. | 78 **casti:** *casto/a:* keusch. | 79 **Marzia:** Gattin Catos, die schon in *Inferno* IV. 128 als sittenstrenge Frau der Antike erwähnt wurde. | **vista:** Aussehen. | **priega:** *pregare:* bitten. | 80 **tegni:** *tenga* – die Bitte bezieht sich auf die bei Lukan geschilderte Rückkehr Marzias zu Cato, der sie an einen Freund abgetreten hatte und nach dessen Tod als Gattin wiederaufnahm, was Dante im *Convivio* (IV. XXVIII.13–19) allegorisch als Rückkehr der Seele zu Gott zu deuten versucht. | 81 **piega:** *piegare:* s. neigen.

Lasciane andar per li tuoi sette regni:
grazie riporterò di te a lei,
se d'esser mentovato là giù degni.»
«Marzïa piacque tanto alli occhi miei
mentre ch' i' fu' di là» diss'elli allora,
«che quante grazie volse da me, fei.
Or che di là dal mal fiume dimora,
più muover non mi può, per quella legge
che fatta fu quando me n' usci' fora.
Ma se donna del ciel ti move e regge,
come tu di', non c'è mestier lusinghe:
bastisi ben che per lei mi richegge.
Va dunque, e fa che tu costui ricinghe
d'un giunco schietto e che li lavi 'l viso,
sì ch'ogni sucidume quindi stinghe;
chè non si converrìa, l'occhio sorpriso
d'alcuna nebbia, andar dinanzi al primo
ministro, ch'è di quei di paradiso.

82 **regni:** hier die sieben ringförmigen Simse des Purgatoriumsberges. | 84 **mentovato** (tosk.): *menzionato, nominato.* | **degni:** *degnare:* geruhen. | 87 **grazie:** *grazia:* hier: Gefallen. | **volse:** hier die alte Form des *passato remoto* von *volere:* wollen, wünschen. | **fei:** *feci.* | 88 **fiume:** Acheron, unüberwindliche Grenze der Hölle. | **dimora:** *dimorare:* weilen, wohnen. | 89 **legge:** gemeint ist die Errettung ›edler Heiden‹ bei der Höllenfahrt Christi, von denen im *Inferno* (IV.52–63) berichtet wird und zu denen Dante hier Cato zählt. | 91 **regge:** *rẹggere:* leiten, führen. | 92 **di':** *dici.* | **mestier:** nötig. | 93 **bastisi:** *basta, è sufficiente.* | **per lei:** *in nome di lei.* | **richegge** (2. Ps. Sg. Konj.): *tu richieda.* | 94 **ricinghe** (2. Ps. Sg. Konj.): *ricịngere:* hier: gürten. | 95 **giunco:** Schilf – Symbol der erforderlichen Schlichtheit und Demut. | **schietto/a:** glatt. | 96 **sucidume:** *sudiciume:* Schmutz. | **stinghe** (*stinga*): *stịngere:* auslöschen, entfernen. | 97 **sorpriso** (siz.): *sorprẹndere:* hier: überwältigen. | 99 **ministro:** hier: Diener, also Engel.

Questa isoletta intorno ad imo ad imo,
là giù colà dove la batte l'onda,
porta de' giunchi sovra 'l molle limo; 102
null'altra pianta che facesse fronda
o indurasse, vi puote aver vita,
però ch'alle percosse non seconda. 105
Poscia non sia di qua vostra reddita;
lo sol vi mosterrà, che surge omai,
prendere il monte a più lieve salita.» 108
Così sparì; e io su mi levai
sanza parlare, e tutto mi ritrassi
al duca mio, e li occhi a lui drizzai. 111
El cominciò: «Seguisci li miei passi:
volgiànci in dietro, chè di qua dichina
questa pianura a' suoi termini bassi.» 114
L'alba vinceva l'ora mattutina
che fuggìa innanzi, sì che di lontano
conobbi il tremolar della marina. 117

100 **isoletta:** hypokoristischer Diminutiv, der die affektive Wertung des gestrengen Wächters Cato für die Purgatoriumsinsel ausdrückt. | **ad imo** (lat. *imus*): tief unten, unterst (verstärkend wiederholt). | 102 **molle:** weich. | **limo:** Schlamm. | 103 **fronda:** Laub, Blätter. | 104 **indurasse:** *indurare:* hart werden. | 105 **percosse:** *percossa:* Schlag, Stoß. | **seconda:** *secondare:* nachgeben – wörtlich: der Brandung wie das biegsame Schilf, übertragen: den Schicksalsschlägen des Lebens wie der demütige Mensch. | 106 **reddita:** *ritorno.* | 107 **mosterrà:** *mostrerà.* | **surge:** *sorge* (Sonne). | 108 **lieve:** leicht. | 109 **levai:** *levarsi:* aufstehen. | 110 **ritrassi:** *ritrarsi:* hier: s. drängen. | 111 **drizzai:** *drizzare:* richten. | 112 **Seguisci:** *segui.* | 113 **volgiànci:** *volgiạmoci: vọlgersi:* s. zurückwenden. | **dichina:** *dichinare:* abfallen, s. senken (*declinare*). | 114 **termini:** *tẹrmine:* Ende, Grenze. | 115 **mattutina/o:** morgendlich, hier (nach der christlichen Liturgie) die letzte Stunde der Nacht. | 117 **conobbi:** *conọscere:* erkennen. | **tremolar(e):** zittern, flimmern. | **marina:** hier: Meer.

Noi andavam per lo solingo piano
com'om che torna alla perduta strada,
che 'nfino ad essa li pare ire invano.
Quando noi fummo là 've la rugiada
pugna col sole, e, per essere in parte
dove ad orezza, poco si dirada,
ambo le mani in su l'erbetta sparte
soavemente 'l mio maestro pose:
ond' io, che fui accorto di sua arte,
porsi ver lui le guance lacrimose:
ivi mi fece tutto discoverto
quel color che l'inferno mi nascose.
Venimmo poi in sul lito diserto,
che mai non vide navicar sue acque
omo che di tornar sia poscia esperto.

118 **solingo/a:** einsam. | **piano:** Ebene, Fläche. | 120 **pare:** *sembra.* | **ire:** *andare* – die Terzine beschreibt im Rückgriff auf *Inferno* I.3 die Verlorenheit des Menschen auf Erden und seine Suche nach christlicher Erlösung. | 121 **rugiada:** Tau. | 122 **pugna:** *pugnare:* kämpfen, streiten, hier im Sinne von: standhalten, widerstehen. | 123 **ad orezza:** in der Brise, im leichten Wind. | **dirada:** *diradarsi:* (s. lichten,) verdunsten. | 124 **ambo:** beide. | **sparte:** *sparto/a* (*spạrgere*): ausgebreitet. | 125 **soavemente:** sanft. | 126 **accorto/a:** hier: verständig. | **arte:** hier: Geste. | 128 **discoverto/a:** frei, enthüllt. | 129 **nascose:** *nascọndere:* verbergen – Vergil legt durch die rituelle Waschung mit dem reinen Tau des Purgatoriumsberges also Dantes natürliche Gesichtsfarbe wieder frei, die in der Hölle verschmutzt worden war. | 130 **lito:** Küste, Ufer. | 131 **navicar(e):** *navigare:* befahren – die Anspielung auf Odysseus (*Inferno* XXVI), der bis zum Berg kam, aber dort unterging, ist durch die wörtlich zitierten Schlüsselstellen *esperto* und *com'altrui piacque* eindeutig.

Quivi mi cinse sì com'altrui piacque:
oh maraviglia! chè qual elli scelse
l'umile pianta, cotal si rinacque
subitamente là onde l'avelse. 136

Canto II

Im zweiten Canto sieht Dante bei Sonnenaufgang einen strahlend hellen Engel ankommen, der Seelen zum Berg bringt, unter ihnen seinen Jugendfreund, den Komponisten Casella. Diesen umarmt er vor Freude dreimal vergeblich, wie es bereits die Unterweltgänger Aeneas und Odysseus mit den Schatten ihrer Lieben versucht hatten. Auf Bitten des Dichters beginnt Casella, seine Vertonung von Dantes Kanzone *Amor che ne la mente mi ragiona* (*Convivio* III) vorzusingen, als der gestrenge Cato die müßige Schar wie Tauben (*colombi*, 125) aufscheucht und zur Buße mahnt, obwohl doch Dantes Gedicht bereits die philosophische Transzendierung der Liebe behandelte.

133 **Quivi:** *lì* (dort). | **cinse:** *cịngere:* gürten. | 135 **ụmile:** bescheiden – gemeint ist das Schilf, das sogleich nachwächst, wo Vergil es abgebrochen hatte. | **cotal:** hier: so – nach *qual* (wie) die zweite Vergleichspartikel. | **rinacque:** *rinạscere:* wieder wachsen (geboren werden). | 136 **l'avelse:** *avẹllere:* herausreißen – nicht zuletzt durch das Verb ist diese Terzine mit der Parallelstelle aus Vergils *Aeneis* (VI.143–144) intertextuell verknüpft, in der Aeneas vor Betreten des Hades einen goldenen Zweig abbricht, der sogleich nachwächst.

Zu Beginn der Purgatoriumswanderung wundert sich Dante im dritten Canto über den Schatten, den sein Körper wirft, während die Schattenleiber der Seelen unbegreiflicherweise zwar Empfindungen verspüren und sprechen können, aber weder Gewicht noch Schatten haben. Vergil belehrt ihn daraufhin über die Grenzen der menschlichen Vernunft.

Matto è chi spera che nostra ragione
possa trascorrer la infinita via
che tiene una sustanza in tre persone.
State contenti, umana gente, al *quia*;
chè se possuto aveste veder tutto,
mestier non era parturir Maria;
e disïar vedeste sanza frutto
tai che sarebbe lor disio quetato,
ch'etternalmente è dato lor per lutto:
io dico d'Aristotile e di Plato
e di molt'altri»; e qui chinò la fronte,
e più non disse, e rimase turbato.

35 **trascọrrer(e):** durchlaufen. | 36 **sustanza:** Substanz – angesprochen ist das Mysterium der göttlichen Trinität. | 37 ***quia**:* hier: dass – im scholastischen Latein Ausdruck (der Akzeptanz) der Existenz einer Sache, ohne nach dem Warum zu fragen (im klassischen Latein dagegen ›weil‹). | 38 **possuto:** *potuto.* | 39 **mestier:** nötig. | **parturir(e):** *partorire:* gebären. | 40 **disïar(e):** *desiderare.* | 41 **tai:** *tali (uomini).* | **disịo:** *desiderio.* | **quetato:** *quetare:* (beruhigen), befriedigen, stillen – zu ergänzen: wenn dies möglich wäre. | 42 **lutto:** hier: Leid. | 44 **chinò:** *chinare:* senken. | 45 **turbato/a:** betroffen, verwirrt, betrübt – Vergil zählt sich offensichtlich zur Schar der mit Aristoteles und Platon angesprochenen vorchristlichen Philosophen, deren unbefriedigter *disio* bereits im Limbus angesprochen wurde (*Inferno* IV. 42).

[…]

Da auch Vergil einen gangbaren Weg hinauf auf den steilen Berg nicht kennt, fragen sie eine ›Herde‹ (*mandra*, 86) von Seelen, die sehr langsam vorwärtsgehen und ihnen – leicht verschreckt über Dantes Schatten – bedeuten, mit ihnen zu kommen. Einer von ihnen, der Stauferkönig Manfred, spricht Dante an und berichtet von seiner späten Reue im Angesicht des Todes, die ihn, obwohl mit dem Kirchenbann belegt, nach einer Zeit der Buße auf Gottes Vergebung hoffen lässt. Dies präzisiert er zum Abschluss des Canto:

Vero è che quale in contumacia more
  di Santa Chiesa, ancor ch'al fin si penta,
  star li convien da questa ripa in fore,
per ogni tempo ch'elli è stato, trenta,
  in sua presunzïon, se tal decreto
  più corto per buon prieghi non diventa.
Vedi oggimai se tu mi puoi far lieto,
  revelando alla mia buona Costanza
  come m' hai visto, e anche esto divieto;
chè qui per quei di là molto s'avanza.»

136 **contumącia:** (Abwesenheit,) Auflehnung, also Exkommunikation. | **more:** *muore.* | 137 **ancor ch':** *anche se.* | **ripa:** Steilhang. | **in fore:** draußen, außerhalb – also vor dem eigentlichen Eingang zum Purgatorium. | 140 **presunzïon(e):** Anmaßung, hier die Zeit der Exkommunikation, die eine dreißig mal so lange Bußzeit erfordere. | **decreto:** Beschluss, Urteil. | 141 **prieghi:** *priego:* Bitte, hier: Fürbitte. | 142 **oggimai:** *ormai.* | 143 **revelando:** *revelare:* offenbaren. | **Costanza:** die Tochter König Manfreds (1232–1266). | 144 **divieto:** hier: der Kirchenbann. | 145 **quei di là:** die Lebenden, deren Gebete den Seelen im Purgatorium bei der Verkürzung ihrer Bußzeit helfen.

Canto IV

Der vierte Canto beginnt mit einer Reflexion über die Seelenkräfte, Ausdruck scholastischer Diskussion Aristotelischer und Platonischer Philosophie im Mittelalter. Über einen engen und steilen Pfad verläuft der Aufstieg zur ersten Stufe des Berges, der den Wanderer Dante sehr erschöpft. Bei einer Ruhepause belehrt Vergil seinen Schützling mithilfe komplizierter mythologisch-astronomischer Umschreibungen über die kosmologische Position des Purgatoriums als Antipode des Jerusalemer Berges Zion. Aus der Schar der säumigen trägen Büßer sticht der Instrumentenbauer Belacqua, Dantes Florentiner Jugendfreund, heraus, humoristisches Exempel der Faulheit und Prokrastination, die langwierig und womöglich mithilfe von Fürbitten abgebüßt werden muss.

Canto V

Von Vergil zur Konzentration auf seine Bußwanderung ermahnt, wird Dante gleichwohl von einer Schar aufgeregter Büßer bedrängt, die erst im Angesicht des gewaltsamen Todes ihre Sünden bereut haben und ihm, dem Lebenden, nun ihre Schicksale erzählen und ihn um Fürbitte im Diesseits anflehen. Nach zwei adeligen Amtsträgern ergreift zum Schluss eine Frau das Wort.

«Deh, quando tu sarai tornato al mondo,
e riposato della lunga via»
seguitò il terzo spirito al secondo, 132

132 **seguitò:** *seguitare:* fortfahren.

«ricorditi di me che son la Pia:
Siena mi fè; disfecemi Maremma:
salsi colui che ’nnanellata pria
disposando m’avea con la sua gemma.» 136

Canto VI

Zu Beginn dieses ersten politischen Cantos des Vorpurgatoriums sieht sich Dante weiterhin von Büßerseelen umdrängt, die von ihrem gewaltsamen Tod berichten und um Fürbitten flehen.

Come libero fui da tutte quante
quell’ombre che pregar pur ch’altri prieghi,
sì che s’avacci lor divenir sante, 27
[…]

Im Anschluss fragt Dante Vergil nach der Wirkungsmöglichkeit von Gebeten, dieser verweist auf *Beatrice* (46), die ihn am Gipfel des Berges belehren werde. Die Seele des Mantuaner Trobadors Sordello fällt Vergil in die Arme, kaum hat der seine Herkunft erwähnt. Die Begegnung mit diesem Autor politi-

133 **Pia:** historisch nicht belegte Figur aus der toskanischen Volkschronik, vielleicht Pia dei Tolomei aus Siena, die von ihrem Gatten in dessen Burg in der Maremma getötet worden sein soll; die kurze, poetisch ansprechende und stark rezipierte Begegnung mit der geheimnisvollen Büßerin bleibt geisterhaft. | 134 **disfecemi:** *disfare:* vernichten. | 135 **salsi:** *sàllosi: lo (si) sa, lo sa bene.* | **’nnanellata:** *inanellare:* den Ehering anstecken – Teil der Hochzeitszeremonie. | 136 **disposando:** *sposando.* | **gemma:** Gemme, Siegelstein des Eherings. | 26 **pregar:** *pregarono* (bitten). | **pur(e):** nur. | **prieghi:** *preghi* (beten). | 27 **s’avacci:** *avacciare:* beschleunigen. | **divenir(e):** *diventare* (hier substantiviert).

scher Streitgedichte führt Dante unvermittelt zu einer heftigen Klage über den Zustand Italiens.

Ahi serva Italia, di dolore ostello,
nave sanza nocchiere in gran tempesta,
non donna di provincie, ma bordello!
[…]

Dante beklagt die innere Zerrissenheit Italiens, die Einmischung der Kirche in die Politik und die Machtvergessenheit des Kaisers *Alberto tedesco* (97, der Habsburger Albrecht I.), der sich nur um seine ›deutschen‹ Gebiete kümmere, was Dante auch seinem Nachfolger Heinrich VII. vorwirft. Zum Abschluss holt Dante zu einer sarkastischen Invektive gegen Florenz aus.

Fiorenza mia, ben puoi esser contenta
di questa digression che non ti tocca,
mercè del popol tuo che si argomenta.
Molti han giustizia in cuore, e tardi scocca
per non venir sanza consiglio all'arco;
ma il popol tuo l' ha in sommo della bocca.

76 **serva:** (unfreie) Magd, Dienerin. | **ostello:** Herberge. | 77 **nocchiere:** Steuermann – die Metapher des Schiffs für den Staat ist bereits antik. | 78 **bordello:** hier wohl metonymisch für Hure, in scharfem Kontrast zu *donna* (Herrin). | 128 **digression(e):** Digression, Abschweifung, Exkurs. | 129 **mercè:** dank. | **argomenta:** *argomentarsi:* s. bemühen, s. einsetzen. | 130 **scocca:** *scoccare:* abschießen, abschnellen (von der Bogensehne). | 131 **venir … all'arco:** bezieht sich auf den Moment des Abschusses, wenn der Pfeil den durchgespannten Bogen berührt. | 132 **in sommo:** oben, hier: vorn (Mund).

Molti rifiutan lo comune incarco;
  ma il popol tuo sollicito risponde
  sanza chiamare, e grida: «I' mi sobbarco!»
Or ti fa lieta, chè tu hai ben onde:
  tu ricca, tu con pace, e tu con senno!
  S' io dico ver, l'effetto nol nasconde.
Atene e Lacedemona, che fenno
  l'antiche leggi e furon sì civili,
  fecero al viver bene un picciol cenno
verso di te che fai tanto sottili
  provedimenti, ch'a mezzo novembre
  non giugne quel che tu d'ottobre fili.
Quante volte, del tempo che rimembre,
  legge, moneta, officio e costume
  hai tu mutato e rinovate membre!
E se ben ti ricordi e vedi lume,
  vedrai te somigliante a quella inferma
  che non può trovar posa in su le piume,
ma con dar volta suo dolore scherma.

133 **incarco:** *incạrico:* (öffentliches) Amt. | 134 **sollịcito:** eifrig, prompt. | 135 **sobbarco:** *sobbarcarsi:* s. aufbürden, auf sich nehmen. | 136 **ben onde:** *ben di che:* allen Grund dazu. | 137 **senno:** Verstand, Vernunft. | 138 **nasconde:** *nascọndere:* verbergen. | 139 **Lacedẹmona:** Sparta, das mit seinem Gesetzgeber Lykurg, ebenso wie Athens Solon, hier ironisch geringer geschätzt wird als Florenz. | **fenno:** *fẹcero* (*fare*). | 141 **picciol:** *pịccolo.* | **cenno:** Andeutung. | 142 **sottili:** *sottile:* hier im doppelten Sinne von subtil, scharfsinnig und dünn, schwach. | 144 **giugne:** *giụngere:* reichen, kommen. | **fili:** *filare:* spinnen, planen. | 145 **rimembre** (2. Ps. Sg.). *rimembrare:* (s.) erinnern. | 147 **mutato:** *mutare:* wechseln, ändern. | **membre:** *membro:* Glied. | 148 **lume** (m.): Licht – hier: (*vedi*) *bene.* | 149 **inferma:** Kranke – bezogen auf die Stadt Florenz (und ganz Italien, beide feminin im Ital.). | 150 **posa:** Ruhe. | 151 **dar(e) volta:** drehen, wenden, s. wälzen. | **scherma:** *schermare:* abschirmen, s. schützen.

Canto VII

Auch der siebte Canto widmet sich politischen Fragen. Nach einem Gespräch mit seinem verehrten Landsmann Vergil, der erneut seine Position im Limbus erläutert, führt der Trobador Sordello die Wanderer wegen der einbrechenden Nacht zu einer Talsenke am Berg, die mit wunderbaren Farben, Düften und Tönen als *locus amoenus* ausgemalt wird. In Sordellos Beschreibung der dort lagernden Büßerseelen säumiger Fürsten des 13. Jh. integriert Dante seine Kritik an schwachen Herrschern und am Prinzip der Erbmonarchie.

Canto VIII

Zu Beginn des achten Canto, des dritten politischen Gesangs, kündigt sich beim Anbruch der Nacht ein geistliches Schauspiel an.

Era già l'ora che volge il disio
  ai navicanti e 'ntenerisce il core
  lo dì c' han detto ai dolci amici addio;
e che lo novo peregrin d'amore
  punge, s'e' ode squilla di lontano
  che paia il giorno pianger che si more;

1 **volge:** *vọlgere:* zurückwenden – zu geliebten Menschen. | **disịo:** *desiderio.* | 2 **navicanti:** *navicante:* Seefahrer. | **'ntenerisce:** *intenerire:* erweichen, rühren. | 4 **peregrin(o):** Pilger, Fremder. | 5 **punge:** *pụngere:* stechen, hier: stechend spüren lassen (Subjekt: *l'ora*, Objekt: *amore*). | **ode:** *udire:* hören. | **squilla:** Läuten (der Glocken zur Komplet, dem christlichen Nachtgebet). | 6 **paia:** *parere: sembrare* – Hauptverb: *pianger(e).*

quand' io incominciai a render vano
  l'udire e a mirare una dell'alme
  surta che l'ascoltar chiedea con mano.
Ella giunse e levò ambo le palme,
  ficcando li occhi verso l'orïente,
  come dicesse a Dio: 'D'altro non calme'
Te lucis ante sì devotamente
  le uscìo di bocca e con sì dolci note,
  che fece me a me uscir di mente;
e l'altre poi dolcemente e devote
  seguitar lei per tutto l'inno intero,
  avendo li occhi alle superne rote.
Aguzza qui, lettor, ben li occhi al vero,
  chè 'l velo è ora ben tanto sottile,
  certo che 'l trapassar dentro è leggero.

Das folgende angekündigte geistliche Schauspiel der Schlange der Versuchung, die von zwei Engeln vertrieben wird, rahmt

7 **render(e) vano:** (vereiteln), aufhören, nicht mehr tun. | 9 **surta:** *sorta/o* (*sọrgere*): aufgestanden, aufrecht. | 10 **giunse:** *giụngere:* hier: zusammenlegen, (Hände) falten. | **ambo:** beide. | **palme:** *palma:* Handfläche, Hand. | 11 **ficcando:** *ficcare:* (stecken,) heften, richten. | 12 **calme:** *mi cale: calẹre* (impers.): Bedeutung haben, am Herzen liegen. | 13 **Te lucis ante:** Hymnus der Komplet (›Zu Dir, oh Weltenschöpfer, flehn / wir vor des letzten Lichtes Geh'n‹). | **devotamente:** andächtig. | 14 **uscìo:** *uscì.* | **note:** *nota:* hier: Ton. | 15 **mente:** der Vers umschreibt die ekstatische Selbstvergessenheit Dantes unter dem Eindruck des Hymnus. | 17 **seguitar(e):** *seguire* – die anderen Seelen stimmen ein. | 18 **superne rote:** *ruote superiori* – die Himmelssphären. | 19 **Aguzza:** *aguzzare:* spitzen, schärfen. | 21 **trapassar(e):** durchdringen – Dantes Aufforderung an die Leserschaft, das folgende geistliche Schauspiel über den Sieg der Engel über die Versuchung auf seinen tieferen allegorischen Sinn hin zu lesen.

Dante durch Gespräche mit den Seelen der befreundeten Ugolino Visconti und Corrado Malaspina.

Canto IX

Im neunten Canto, der mit einer ausführlichen astronomisch-mythologischen Periphrase beginnt, erreicht Dante die Pforte des Purgatoriums.

La concubina di Titone antico
  già s' imbiancava al balco d'orïente,
  fuor delle braccia del suo dolce amico;
di gemme la sua fronte era lucente,
  poste in figura del freddo animale
  che con la coda percuote la gente;
e la notte de' passi con che sale
  fatti avea due nel loco ov'eravamo,
  e 'l terzo già chinava in giuso l'ale;

1 **concubina di Titone:** Eos/Aurora, die Göttin der Morgenröte, entführte den schönen Jüngling Tithonos und erwirkte für ihn bei Zeus ewiges Leben, vergaß allerdings, ewige Jugend zu erbitten, so dass ihr Geliebter rasch alterte (*antico*). | 2 **s'imbiancava:** *imbiancarsi:* hier: s. weiß machen / schminken. | **balco:** *balcone.* | 4 **gemme:** Gemmen, hier: Sterne. | **lucente:** leuchtend, strahlend. | 6 **percuote:** *percuọtere:* treffen, schlagen, verletzen – das umschriebene Sternbild ist wohl *Skorpion*, aus astronomischen Gründen vielleicht auch *Fische.* | 9 **chinava:** *chinare:* senken, neigen. | **giuso:** *giù* – die komplizierte Zeitangabe meint wohl gegen 9 Uhr abends am Purgatoriumsberg (6 Uhr morgens in Italien, im Morgengrauen demnach), wenn man die *passi* als Stunden der geflügelten Nacht liest, je sechs vor und nach Mitternacht, von denen hier beinahe drei als vergangen beschrieben werden.

quand' io, che meco avea di quel d'Adamo,
vinto dal sonno, in su l'erba inchinai
là 've già tutti e cinque sedavamo.
Nell'ora che comincia i tristi lai
la rondinella presso alla mattina,
forse a memoria de' suo' primi guai,
e che la mente nostra, peregrina
più dalla carne e men da' pensier presa,
alle sue visïon quasi è divina,
in sogno mi parea veder sospesa
un'aguglia nel ciel con penne d'oro,
con l'ali aperte ed a calare intesa;

10 **quel d'Adamo:** der sterbliche Körper des Menschen. | 11 **inchinai:** *inchinare:* neigen, sinken. | 12 **cinque:** Dante, Vergil, Sordello, Nino Visconti, Corrado Malaspina, die Gruppe, die sich im vorherigen Canto zur Nacht versammelt hatte. | 13 **lai:** Lai, altfranzösisches Liebesklagelied. | 15 **guai:** *guaio:* Unheil, Wehklage – der Mythos, der hier zur Umschreibung der Morgenstunde aufgerufen wird, erzählt das traurige Schicksal von Philomela, die von ihrem Schwager Tereus vergewaltigt, der Zunge beraubt und gefangen gehalten wurde, ihrer Schwester Prokne, der Gattin des Unholds, jedoch die Untat mitteilen kann; aus Rache setzen die Schwestern Tereus dessen eigenen Sohn Itys zum Mahl vor und werden auf der Flucht vor dem rasenden Verfolger in eine Schwalbe (Prokne) und eine Nachtigall (Philomela) verwandelt – die Überlieferung, vor allem Ovids *Metamorphosen* (VI.424–674), ist in diesem Punkt allerdings nicht eindeutig, so dass auch Philomela mit der Schwalbe assoziiert wird, wie es Dante hier zu tun scheint. | 16 **peregrina/o:** hier: entfernt (abgeschweift). | 18 **divina:** *divinatoria:* seherisch – die bereits im *Inferno* (XXVI.7) angesprochene, seit der Antike verbreitete Anschauung, dass Morgenträume wahr und prophetisch seien. | 19 **sospesa/o:** in der Schwebe. | 20 **aguglia** (tosk.): *ạquila.*

ed esser mi parea là dove foro
abbandonati i suoi da Ganimede,
quando fu ratto al sommo consistoro.
Fra me pensava: 'Forse questa fiede
pur qui per uso, e forse d'altro loco
disdegna di portarne suso in piede.'
Poi mi parea che, poi rotata un poco,
terribil come folgor discendesse,
e me rapisse suso infino al foco.
Ivi parea che ella e io ardesse;
e sì lo 'ncendio imaginato cosse,
che convenne che 'l sonno si rompesse.

22 **foro:** *furono.* | 23 **Ganimede:** der schöne Knabe Ganymed wurde von Zeus respektive dessen Adler in den Olymp entführt und diente den Göttern dort als Mundschenk (Ovid: *Metamorphosen* x.155–161) – der Adler galt im Mittelalter als *figura Christi,* der die Seele ins ewige Leben trägt. | 24 **ratto:** *rapito:* geraubt, entführt. | **sommo/a:** höchste/r. | **consistoro:** Ratsversammlung, hier der Olymp. | 25 **fiede:** *fedire:* hier: (auf Beute) herabstoßen (Adler). | 27 **disdegna:** *disdegnare:* verschmähen. | **portarne:** *ne* kann sich als Pronomen auf eine implizite Beute beziehen oder als Ortsadverb ›von dort‹ meinen. | **suso:** *su.* | **piede:** hier: Krallen, Fänge. | 28 **parea:** *parere: sembrare.* | **rotata:** *r(u)otare:* kreisen. | 29 **fọlgor(e)** (f.): Blitz. | 30 **foco:** hier die Sphäre des Feuers, zwischen der Atmosphäre und der Mondsphäre, die Dante im *Paradiso* (1.76–81) durchqueren wird.
31 **ella:** Bezug: *l'ạquila.* | **ardesse:** *ạrdere:* verbrennen. | 32 **cosse:** *cuọcere:* kochen, verbrennen. | 33 **convenne:** *convenire:* hier stärker: unvermeidlich, notwendig sein.

Non altrimenti Achille si riscosse,
li occhi svegliati rivolgendo in giro
e non sappiendo là dove si fosse,
quando la madre da Chirone a Schiro
trafuggò lui dormendo in le sue braccia,
là onde poi li Greci il dipartiro;
che mi scoss' io, sì come dalla faccia
mi fuggì 'l sonno, e diventa' ismorto,
come fa l'uom che, spaventato, agghiaccia.
Da lato m'era solo il mio conforto,
e 'l sole er'alto già più che due ore,
e 'l viso m'era alla marina torto.
«Non aver tema» disse il mio segnore;
«fatti sicur, chè noi semo a buon punto:
non stringer, ma rallarga ogni vigore.
Tu se' omai al purgatorio giunto:
vedi là il balzo che 'l chiude dintorno;
vedi l'entrata là 've par disgiunto.

34 **Achille:** Achilles war, wie Dante der *Achilleis* des Statius entnahm, von seiner Mutter Thetis im Schlaf von seinem Erzieher Chiron weg auf die Insel Skyros (*Schiro*) entführt worden, um ihn in Frauenkleidern bei der Königstochter Deidamia zu verstecken und so vor dem Tod im Trojanischen Krieg zu bewahren, Odysseus und seine Gefährten (*li Greci*) enttarnten ihn dort (*Inferno* XXVI.62). | **riscosse:** *riscuọtersi:* s. aufrütteln, aufschrecken. | 35 **rivolgendo:** *rivọlgere:* herumdrehen. | 38 **trafuggò:** *trafugare:* entwenden. | 39 **dipartiro(no):** *fecero partire.* | 41 **ismorto:** *smorto: pạllido.* | 42 **agghiaccia:** *agghiacciare:* erstarren, zu Eis werden. | 43 **conforto:** Trost, hier: Vergil. | 45 **marina:** Küste, Meeresufer. | **torto:** *tọrcere:* drehen, wenden. | 46 **tema** (f.): Furcht. | 47 **semo:** *siamo.* 49 **giunto:** *giụngere:* ankommen. | 50 **balzo:** Steilhang, Felswand. | 51 **disgiunto/a:** getrennt, unterbrochen.

Dianzi, nell'alba che procede al giorno,
quando l'anima tua dentro dormìa
sovra li fiori ond'è là giù adorno,
venne una donna, e disse: 'I' son Lucia:
lasciatemi pigliar costui che dorme;
sì l'agevolerò per la sua via.'
Sordel rimase e l'altre gentil forme:
ella ti tolse, e come il dì fu chiaro,
sen venne suso; e io per le sue orme.
Qui ti posò, ma pria mi dimostraro
li occhi suoi belli quella intrata aperta;
poi ella e 'l sonno ad una se n'andaro.»
A guisa d'uom che 'n dubbio si raccerta,
e che muta in conforto sua paura,
poi che la verità li è discoperta,
mi cambia' io; e come sanza cura
vide me 'l duca mio, su per lo balzo
si mosse, ed io di retro inver l'altura.

52 **Dianzi:** vorhin. | **procede:** *precede.* | 54 **là giù:** das Tal unten, in dem Dante eingeschlafen war. | **adorno/a:** geschmückt. | 55 **Lucia:** frühchristliche Märtyrerin aus Syrakus und Schutzheilige der Augen, bereits im *Inferno* (II.97–116) als Dantes Wohltäterin erwähnt. | 56 **pigliar(e):** (mit) nehmen. | 57 **agevolerò:** *agevolare:* erleichtern, unterstützen. | 58 **gentil forme:** *ạnime nọbili.* | 59 **tolse:** *tọgliere:* (auf)nehmen. | **chiaro:** an früherer Stelle (VII.44) hatte Dante präzisiert, dass man sich auf dem Purgatoriumsberg nur bei Tageslicht fortbewegen kann. | 60 **orme:** *orma:* Spur. | 61 **dimostraro:** *mostrarono.* | 64 **guisa:** Art. | **raccerta:** *raccertarsi:* Gewissheit erlangen. | 65 **muta:** *mutare:* wechseln, ändern. | **conforto:** Ermutigung, Zuversicht. | 67 **cura:** Sorge. | 69 **inver**(so): nach, gen.

Lettor, tu vedi ben com' io innalzo,
la mia matera, e però con più arte
non ti maravigliar s' io la rincalzo.
Noi ci appressammo, ed eravamo in parte,
che là dove pareami prima rotto,
pur come un fesso che muro diparte,
vidi una porta, e tre gradi di sotto
per gire ad essa, di color diversi,
e un portier ch'ancor non facea motto.
E come l'occhio più e più v'apersi,
vidil seder sovra 'l grado soprano,
tal nella faccia ch' io non lo soffersi;
e una spada nuda avea in mano,
che reflettea i raggi sì ver noi,
ch' io dirizzava spesso il viso in vano.
«Dite costinci: che volete voi?»
cominciò elli a dire: «ov'è la scorta?
guardate che 'l venir su non vi noi.»

70 **innalzo:** *innalzare:* emporheben, erhöhen. | 72 **rincalzo:** *rincalzare:* stützen, verstärken – die zweite Leserapostrophe des *Purgatorio* lenkt die Aufmerksamkeit auf den erhöhten heiligen Erzählgegenstand (*materia*), der einen elaborierteren Stil erfordere. | 73 **appressammo:** *appressarsi:* s. nähern. | **parte:** hier: Ort, Stelle. | 74 **pareami:** *mi sembrava.* | 75 **fesso:** Spalt. | **diparte:** *divide.* | 76 **gradi:** *grado:* Stufe. | 77 **gire:** gehen. | 78 **portier(e):** Torwächter. | **motto:** Wort (*fare:* sagen). | 80 **soprano:** *sovra no/a:* oberst, höchst. | 81 **soffersi:** *soffrire:* ertragen – den Anblick des Engels, rekurrentes Motiv im *Purgatorio.* | 82 **spada:** Schwert. | 83 **ver:** *verso:* auf, gegen, nach. | 84 **dirizzava:** *dirizzare:* wenden, richten. | 85 **costinci:** von dort. | 86 **scorta:** Begleitung, Geleit. | 87 **noi:** *noiare:* hier: leid tun, bedauern.

«Donna del ciel, di queste cose accorta,»
rispuose il mio maestro a lui, «pur dianzi
ne disse: ‘Andate là: quivi è la porta.’»
«Ed ella i passi vostri in bene avanzi»
ricominciò il cortese portinaio:
«venite dunque a’ nostri gradi innanzi.»
Là ne venimmo; e lo scaglion primaio
bianco marmo era sì pulito e terso,
ch’ io mi specchiai in esso qual io paio.
Era il secondo tinto più che perso,
d’una petrina ruvida ed arsiccia,
crepata per lo lungo e per traverso.
Lo terzo, che di sopra s’ammassiccia,
porfido mi parea sì fiammeggiante,
come sangue che fuor di vena spiccia.
Sovra questo tenea ambo le piante
l’angel di Dio, sedendo in su la soglia,
che mi sembiava pietra di diamante.

88 **accorta/o:** klug, erfahren, kundig. | 91 **avanzi:** *avanzare:* fördern. | 94 **scaglion(e)** (m.): Stufe – die drei Stufen werden u. a. als Reue, Bekennen und Buße, die drei Elemente der Beichte, gedeutet, wobei die genaue Zuordnung nicht eindeutig ist. | 95 **terso/a:** rein. | 96 **specchiai:** *specchiarsi:* s. spiegeln. | **paio:** *parere:* aussehen. | 97 **perso/a:** schwarzrot. | 98 **petrina:** *pietra.* | **rụvida/o:** rau, grob. | **arsịccia/o:** versengt, ausgetrocknet. | 99 **crepata/o:** rissig, gesprungen, gespalten. | **traverso/a:** quer. | 100 **s’ammassiccia:** *ammassicciarsi:* fest werden. | 101 **pọrfido:** Porphyr, (purpur)roter Stein. | **fiammeggiante:** flammend, hellrot. | 102 **spiccia:** *spicciare:* hervorsprudeln, herausspritzen. | 103 **ambo:** beide. | **piante:** *pianta:* hier: Fußsohle. | 105 **sembiava:** *sembrava.*

Per li tre gradi su di buona voglia
mi trasse il duca mio, dicendo: «Chiedi
umilemente che 'l serrame scioglia.»
Divoto mi gittai a' santi piedi:
misericordia chiesi che m'aprisse,
ma pria nel petto tre fiate mi diedi.
Sette *P* nella fronte mi descrisse
col punton della spada, e «Fa che lavi,
quando se' dentro, queste piaghe» disse.

Der Wächterengel öffnet das Tor mit den beiden Schlüsseln des Heiligen Petrus, beim Eintritt ins Purgatorium hört Dante den ergreifenden Gesang des *Te Deum*.

Canto x

Nach Überschreiten der Schwelle müssen die Wanderer eine steile Felsenspalte hinaufsteigen. Auf dem mühsam erreichten Sims des ersten Kreises, auf dem die Sünde des Hochmuts (*superbia*) durch Demut gebüßt wird, sieht Dante zunächst drei Reliefs in der Felswand, deren künstlerische Vollendung sogar die Natur beschämt hätte (*la natura lì avrebbe scorno*, 33), war

108 **umilemente:** demütig – Schlüsselwort der Szene. | **serrame:** *serratura.* | **scioglia:** *sciogliere:* (lösen), öffnen, aufschließen. | 109 **divoto:** *devoto/a:* fromm, andächtig. | **gittai:** *gittarsi: gettarsi:* s. werfen. | 111 **fiate:** *fiata:* Mal. | **diedi:** *dare:* geben, schlagen – als Zeichen der Buße. | 112 **P:** steht für *peccati capitali*, die sieben Todsünden, die auf den sieben Stufen des Purgatoriums gebüßt werden, wobei jeweils ein P-Zeichen verschwindet; im Vergleich zur Ordnung des *Inferno* ist die Reihenfolge umgekehrt, beginnend mit den schwersten Sünden: *superbia, invidia, ira, accidia, avaritia, gola, luxuria.* | 113 **punton:** *punta.* | 114 **piaghe:** *piaga:* Wunde, Wundmal.

doch Gott selbst hier der Bildhauer. Sie zeigen die Verkündigung Marias, den vor der Bundeslade tanzenden biblischen König David und den römischen Kaiser Trajan, der einer verbreiteten Legende nach einer Witwe zu ihrem Recht verhalf – Exempel von (christlicher) Demut.

Non vo' però, lettor, che tu ti smaghi
  di buon proponimento per udire
  come Dio vuol che 'l debito si paghi.
Non attender la forma del martire:
  pensa la succession; pensa ch'al peggio,
  oltre la gran sentenza non può ire.
Io cominciai: «Maestro, quel ch' io veggio
  muovere a noi, non mi sembian persone,
  e non so che, sì nel veder vaneggio.»
Ed elli a me: «La grave condizione
  di lor tormento a terra li rannicchia,
  sì che i miei occhi pria n'ebber tencione.
Ma guarda fiso là, e disviticchia
  col viso quel che vien sotto a quei sassi:
  già scorger puoi come ciascun si picchia.»

106 **vo':** *voglio.* | **smaghi:** *smagare:* schwächen, ablenken, abbringen lassen. | 107 **proponimento:** Vorsatz. | 109 **attẹnder(e):** hier: beachten. | 110 **succession(e):** Folge, hier: das gute Ende, das folgt. | **al peggio:** schlimmstenfalls. | 111 **sentenza:** hier: das Jüngste Gericht – Dante ermuntert den Leser also, die Endlichkeit und den Nutzen der folgenden Bußpraktiken im Purgatorium zu bedenken. | **ire:** *andare.* | 112 **veggio:** *vedo.* | 113 **sembian(o):** *sembrano.* | 114 **vaneggio:** *vaneggiare:* phantasieren, irre gehen. | 116 **rannicchia:** *rannicchiare:* zusammendrängen, beugen. | 117 **tencione:** *tenzone:* Streit, hier: unsichere Wahrnehmung. | 118 **fiso:** *fisso:* fest, genau. | **disviticchia:** *disviticchiare:* entwirren, unterscheiden. | 120 **scọrger(e):** erblicken. | **si picchia:** *picchiare:* schlagen, prügeln, hier passivisch: (von Gott) gestraft werden.

O superbi cristian, miseri lassi,
che, della vista della mente infermi,
fidanza avete ne' retrosi passi,
non v'accorgete voi che noi siam vermi
nati a formar l'angelica farfalla,
che vola alla giustizia sanza schermi?
Di che l'animo vostro in alto galla,
poi siete quasi antomata in difetto,
sì come vermo in cui formazion falla?
Come per sostentar solaio o tetto,
per mensola tal volta una figura
si vede giugner le ginocchia al petto,

121 **superbi:** *superbo/a:* hochmütig. | **mịseri:** *mịsero/a:* elend. | **lassi:** *lasso/a:* unglücklich. | 122 **infermi:** *infermo/a:* krank – hier: auf dem geistigen Auge blind. | 123 **fidanza:** *fiducia.* | **retrosi:** *retroso/a:* rückläufig – in seiner bildstarken Bußpredigt an die Christenheit warnt Dante vor geistiger Blindheit aus Hochmut, die nicht vorwärts, sondern rückwärts führe, nicht in den Himmel, sondern in die Hölle. | 125 **angẹlica/o:** engelhaft, Engel-. | 126 **schermi:** *schermo:* hier: Hindernis – der Mensch ist also dazu bestimmt, von der Erde zu Gott aufzusteigen; die bereits antike Idee der Seele als Schmetterling verknüpft Dante mit dem Augustinischen Gedanken der Verwandlung des Menschen vom Wurm zum Engel zu seinem wirkmächtigen Bild der *angẹlica farfalla,* das beispielsweise im Gedicht *Dualismo* (1863) Arrigo Boitos aufgegriffen wird. | 127 **galla:** *gall(eggi)are:* schwimmen; hochmütig werden. | 128 **antomata:** lat. Schreibweise des gr. *automata* (*autọmatos:* zufällig), also Zufallswesen. | 129 **formazion(e):** Bildung, Formung. | **falla:** *fallare:* fehlen, fehl gehen – aus sich heraus können die Menschen also nicht in den Himmel auffliegen, haben demnach keinerlei Anlass zu Hochmut. | 130 **sostentar(e):** tragen, stützen. | **solaio:** Decke. | 131 **mẹnsola:** Konsole. | **figura:** hier eine Trägerskulptur in gebückter Haltung. | 132 **giugner(e):** *giụngere:* reichen.

la qual fa del non ver vera rancura
nascere 'n chi la vede; così fatti
vid' io color, quando puosi ben cura.
Vero è che più e meno eran contratti
secondo ch'avìen più e meno a dosso;
e qual più pazïenza avea nelli atti,
piangendo parea dicer: 'Più non posso.'

Canto XI

Weiter im ersten Kreis der *superbia* suchen Dante und Vergil nach einem gangbaren Pfad zur nächsten Stufe. Die im Leben hochmütigen und ruhmsüchtigen Büßer unter der Last schwerer Steine beten das – von Dante ausgeschmückte – Vaterunser, einer weist ihnen den Weg, ein anderer, der Dante bekannte Miniaturenmaler Oderisi aus Gubbio, erzählt von seinem persönlichen Hochmut als Künstler und schließt mit einer Reflexion über die Eitelkeit des Ruhms im dynamischen Feld der Kunst.

133 **non ver(o):** unecht, hier: täuschend echt nachgebildet, so dass es eine echte Reaktion beim Betrachter hervorruft. | **rancura:** Kummer, Leid. | 135 **cura:** *porre cura:* Aufmerksamkeit richten. | 136 **contratti:** *contratto/a:* zusammengezogen, gekrümmt. | 137 **avìen:** *avevano.* | **a dosso:** auf dem Rücken/Buckel. | 138 **atti:** *atteggiamenti.* | 139 **parea:** *parere: sembrare.* | **dịcer(e):** *dire.*

Oh vana gloria dell'umane posse!
com poco verde in su la cima dura,
se non è giunta dall'etati grosse!
Credette Cimabue nella pintura
tener lo campo, e ora ha Giotto il grido,
sì che la fama di colui è scura:
così ha tolto l'uno all'altro Guido
la gloria della lingua; e forse è nato
chi l'uno e l'altro caccerà del nido.

91 **vana/o:** eitel, vergänglich. | **gloria:** Ruhm. | **posse:** *forze, potenze* – der Ausruf rekurriert auf die Bibel (Koh 1.2) und Boethius. | 92 **cima:** Spitze, Wipfel – das Bild der kurzen Lebensdauer der grünen Vegetation meint übertragen die Kürze des künstlerischen Ruhms. | 93 **giunta:** *giụngere:* erreichen, folgen. | **etati:** *età* (Pl.). | **grosse:** *grosso/a:* hier: grob, roh, barbarisch – der Ruhm eines Künstlers kann länger dauern, wenn nach ihm eine Zeit künstlerischer Dekadenz folgt. | 94 **Cimabue:** Giovanni di Pepo, gen. Cimabụe (um 1240–1302), innovativer Florentiner Maler. | 95 **tener(e) lo campo:** das Feld beherrschen. | **Giotto:** Giotto di Bondone (1266–1337), berühmter Maler (Fresken in Assisi und Padua) und Baumeister, Dantes Zeitgenosse und oft mit ihm in Beziehung gesetzt. | **grido:** *fama* (96): Ruhm. | 97 **Guido:** der Bologneser Dichter Guido Guinizzelli (*1230–1276*) verband provenzalische und sizilianische Elemente der höfischen Liebesdichtung, entwickelte das Konzept der *gentilezza* (Seelenadel & Bildungsaristokratie) und bereitete so die Grundlage der hochartifiziellen Gruppenlyrik des *dolce stil novo* (so Dantes eigene Bezeichnung in *Purgatorio* XXIV. 57), in dem nicht zuletzt Dantes Freund, der Florentiner Lyriker Guido Cavalcanti (um 1260–1300) meisterhaft dichtete. | 98 **lingua:** hier: die Sprache der Dichtung. | 99 **nido:** im ornithologischen Bild kommt ein Generationenwechsel in der Dichtkunst zum Ausdruck, der den vorangegangenen noch erheblich steigert, denn mit dem Nachfolger, der die beiden Guidos seinerseits übertreffen wird, meint Dante sich sicher selbst – eine unerhörte Selbstautorisierung im Canto der *superbia*.

Non è il mondan romore altro ch' un fiato
di vento, ch'or vien quinci e or vien quindi,
e muta nome perchè muta lato.
Che voce avrai tu più, se vecchia scindi
da te la carne, che se fossi morto
anzi che tu lasciassi il 'pappo' e 'l 'dindi',
pria che passin mill'anni? ch'è più corto
spazio all'etterno, ch' un muover di ciglia
al cerchio che più tardi in cielo è torto.
Colui che del cammin sì poco piglia
dinanzi a me, Toscana sonò tutta;
e ora a pena in Siena sen pispiglia,
ond'era sire quando fu distrutta
la rabbia fiorentina, che superba
fu a quel tempo sì com'ora è putta.

100 **mondan:** *mondano/a:* weltlich. | **romore:** *fama:* Ruhm. | **fiato:** Hauch. | 101 **quinci:** von hier. | **quindi:** von da. | 102 **muta:** *mutare:* wechseln, ändern. | 103 **voce:** *fama:* Ruhm. | **scindi:** *scịndere:* trennen – hier Umschreibung für alt sterben. | 105 **pappo:** Kindersprache für Essen. | **dindi:** Kindersprache für Geld – hier Umschreibung für jung sterben. | 108 **tardi:** hier: langsam. | **torto:** *tọrcere:* drehen – gemeint ist der langsamste achte Himmelskreis, der Fixsternhimmel, an dessen Bewegung gemessen tausend Jahre wie ein Wimpernschlag sind. | 109 **cammin(o):** Weg. | **piglia:** *pigliare: prẹndere* – hier: derart langsam gehen. | 110 **sonò:** *sonare:* tönen – sein Name war in der Toskana in aller Munde. | 111 **pispiglia:** *bisbiglia: bisbigliare:* flüstern – noch nicht einmal in seiner Heimatstadt spricht man über ihn. | 112 **sire:** Herr – die Rede ist vom Seneser Ghibellinenführer Provenzan Salvani, der am Sieg gegen die Florentiner Guelfen bei Montaperti 1260 beteiligt war und 1269 besiegt und enthauptet wurde. | 114 **putta:** *puttana:* Hure – die Käuflichkeit von Florenz bezieht sich wohl auf die Unterwerfung unter Bonifaz VIII.

La vostra nominanza è color d'erba,
che viene e va, e quei la discolora
per cui ella esce della terra acerba.» 117

Dante erkundigt sich im Nachgang dieser Lektion über Stolz und Demut nach dem Namen des Büßers, Provenzan Salvani, und erfährt, dass dieser zu Lebzeiten durch einen selbstlosen Akt der Demut seine Bußzeit im Purgatorium verkürzt habe. Mit einer dunklen Andeutung kommender Demütigung Dantes (durch sein Exil) schließt der Canto.

Canto XII

Der 12. Canto beschließt den Kreis der *superbia*, erneut mit Zeugnissen von Gottes Bildhauerkunst: Auf dem Boden des Felssimses sind Schreckbilder des Hochmuts eingemeißelt, abwechselnd aus Bibel und Mythos, die den gebeugt gehenden Büßern zwar abschreckende Beispiele bieten, ihnen jedoch auch *tranquillar la via* (14). Vom Sturz Luzifers bis zum Untergang Trojas, von Niobe und Arachne bis zu Holofernes sind alle Szenen täuschend echt nachgebildet und sinnlich erfahrbar. Nach dem freundlichen Empfang durch den Wächterengel des Kreises steigt Dante mit Vergil die enge Treppe zum nächsten Kreis hinauf, die mit dem Aufstieg zur Florentiner Kirche San Miniato al Monte verglichen wird. Während die erste Seligpreisung *Beati pauperes spiritu* erklingt, wundert sich Dante über sein leichteres Fortkommen und fragt gewohnheitsgemäß seinen Führer nach einer Erklärung.

115 **nominaza:** *fama:* Ruhm. | 116 **quei:** *il sole.* | **discolora:** *discolorare:* entfärben. | 117 **acerba:** unreif, früh, also grün – vom biblischen Psalm 90(89).4–6 inspirierter Vergleich zwischen den langen Zyklen der höheren Sphären und dem raschen Welken des Grases und des weltlichen Ruhms.

Rispuose: «Quando i *P* che son rimasi
  ancor nel volto tuo presso che stinti,
  saranno come l'un del tutto rasi,
fier li tuoi piè dal buon voler sì vinti,
  che non pur non fatica sentiranno,
  ma fia diletto loro esser sospinti.»
Allor fec' io come color che vanno
  con cosa in capo non da lor saputa,
  se non che cenni altrui sospecciar fanno;
per che la mano ad accertar s'aiuta,
  e cerca e truova e quello officio adempie
  che non si può fornir per la veduta;
e con le dita della destra scempie
  trovai pur sei le lettere che 'ncise
  quel dalle chiavi a me sovra le tempie:
a che guardando il mio duca sorrise.

121 **P:** die sieben Zeichen für *peccato* auf Dantes Stirn, die er beim Betreten des Purgatoriums erhalten hatte. | **rimasi:** *rimasti.* | 122 **presso che:** *quasi.* | **stinti:** *stịnguere: cancellare.* | 123 **rasi:** *rạdere: cancellare* – das erste P der *superbia* war vom Wächterengel vollständig ausgelöscht worden, die übrigen sind dadurch bereits verblasst, aber noch sichtbar. | 124 **fier:** *fieno: saranno.* | **vinti:** *dominati, guidati.* | 125 **pur:** *soltanto.* | 126 **diletto:** Freude, Vergnügen. | **sospinti:** *spinti (a salire).* | 128 **capo:** Kopf. | 129 **cenni:** *cenno:* Zeichen, Wink, Andeutung. | **sospecciar(e):** hier: misstrauisch, argwöhnisch werden. | 130 **accertar(e):** überprüfen, versichern. | 131 **adempie:** *adẹmpiere:* erfüllen, nachkommen. | 132 **veduta:** *vista.* | 133 **scempie:** *scẹmpio/a:* einfach, hier: einzeln (lat. *simplex*). | 135 **quel dalle chiavi:** der Wächterengel des Purgatoriumstores, der Dante die sieben P in die Stirn geritzt hatte (*incise*). | 136 **a che:** *alla quale cosa* – die naive Geste Dantes, die in ihrer Kindlichkeit auch für seine erfolgreiche Überwindung des Hochmuts spricht, lässt Vergil nachsichtig und zufrieden lächeln.

Canto XIII

Im zweiten Kreis wird der Neid, *la colpa della invidia* (38), gebüßt, hier durch Gegenbeispiele aus der Bibel und der Mythologie, die von unsichtbaren Engelsstimmen vorgetragen werden. Die Seelen lehnen wie Bettler mit zugenähten Augen an der Felswand, deren sprechende Farbe als *lịvido* (9) beschrieben wird, was bläulich und neidisch bedeutet. Der *contrappasso* der Blendung geht wohl auf die (falsche) mittelalterliche Etymologie des Neides aus *in-videre* zurück. Die Sünder rufen alle Heiligen um Fürbitte an, Dante wird bei ihrem Anblick von Mitleid überwältigt und spricht sie mit seiner üblichen Frage nach einer ›italienischen‹ (*latina*, 92) Seele an. Es antwortet eine Sapia aus Siena, die von ihrer Missgunst im Leben erzählt und Dante fragt:

Ma tu chi se' che nostre condizioni
  vai dimandando, e porti li occhi sciolti,
  sì com' io credo, e spirando ragioni?»
«Li occhi» diss' io «mi fieno ancor qui tolti,
  ma picciol tempo, chè poca è l'offesa
  fatta per esser con invidia volti.

131 **dimandando:** *domandando.* | **sciolti:** *sciolto/a:* frei, hier: nicht zugenäht. | 132 **spirando:** *respirando.* | **ragioni:** *ragionare:* hier: sprechen. | 133 **fieno:** *saranno.* | **tolti:** hier: zugenäht (nach dem Tod, beim nächsten Aufenthalt im Purgatorium). | 134 **picciol:** *pịccolo* (kurz). | **offesa:** hier: Kränkung (Gottes), Sünde. | 135 **volti:** *vọlgere:* wenden, drehen.

Troppa è più la paura ond'è sospesa
l'anima mia del tormento di sotto,
che già lo 'ncarco di là giù mi pesa.» 138

Der 13. Gesang endet mit der Bitte der Büßerin, ihr Ansehen in der Heimat zu verbessern.

Canto XIV

Auch der 14. Canto behandelt den zweiten Kreis des Neides, der von akustischen Phänomenen bestimmt ist. Ein Büßer, Guido del Duca, geißelt in einer bewegenden Invektive den Sittenverfall in den Arno-Anrainer-Regionen Toscana und Romagna, dann verkünden laute Stimmen warnende Beispiele bestraften Neides, bevor Vergil abschließend vor der Macht der Sünde warnt. Dante nimmt sich in diesem Gesang weitgehend zurück und verweigert gar aus Bescheidenheit die Nennung seines Namens – wobei die Begründung, *chè 'l nome mio ancor molto non sona* (21), den zukünftigen Dichterruhm eigentlich bereits unbescheiden einschließt …

Canto XV

Von einem freundlichen gleißenden Engel auf den bequemen Weg zum nächsten Kreis gesandt, erläutert Vergil seinem

136 **sospesa/o:** (hängend,) besorgt, ängstlich. | 138 **'ncarco:** *incạrico:* hier: Last. | **pesa:** *pesare:* hier: drücken – Dantes Angst vor der Buße der eigenen *superbia* stellt auch poetologisch eine bemerkenswerte Selbsteinschätzung dar, ist seine *Commedia* als dichterisches Zeugnis der göttlichen Schöpfung doch eine kühne Selbstermächtigung.

Schüler während des Aufstiegs die himmlische Caritas. Auf dem nächsten Sims angekommen, wird Dante unvermittelt von einer Vision (*visïone estatica*, 85–86) ergriffen, in der biblische und antike Beispiele der Milde auf das Thema des dritten Kreises einstimmen: Buße für die Sünde des Zorns (*ira*), der durch schwarzen Rauch verbildlicht wird, der den Wanderern am Ende des 15. Canto die Sicht nimmt.

Canto XVI

Im 16. Canto kämpft sich Dante mit der Hilfe Vergils durch den beißenden Rauch des dritten Kreises, in dem die Zornigen büßen (*d'iracundia van solvendo il nodo*, 24). Die Seelen sind nur als Stimmen zu vernehmen, die um Erbarmen (*misericordia*, 17) flehen. Ein gewisser Marco spricht Dante an und beklagt den Sittenverfall auf Erden, was Dante zu der Frage motiviert, warum die Welt so voller Schlechtigkeit (*malizia*, 60) sei. Die ausführliche Antwort Marcos beginnt mit einer Klage über die Blindheit der Welt: *lo mondo è cieco* (66).

Voi che vivete ogne cagion recate
pur suso al cielo, pur come se tutto
movesse seco di necessitate.

67 **cagion** (f.): *ragione:* Grund. | **recate:** *recare:* hier: zuschreiben. | 68 **pur:** *soltanto.* | **suso:** *su.* | **cielo:** hier die Sterne und ihr Einfluss auf die Handlungen der Menschen. | **pur:** *proprio:* genau, gerade.

Se così fosse, in voi fora distrutto
  libero arbitrio, e non fora giustizia
  per ben letizia, e per male aver lutto.
Lo cielo i vostri movimenti inizia;
  non dico tutti, ma posto ch' i' 'l dica,
  lume v'è dato a bene e a malizia,
e libero voler; che, se fatica
  nelle prime battaglie col ciel dura,
  poi vince tutto, se ben si notrica.
A maggior forza ed a miglior natura
  liberi soggiacete; e quella cria
  la mente in voi, che 'l ciel non ha in sua cura.

70 **fora:** *sarebbe.* | 71 **libero arbitrio:** die Willensfreiheit des Menschen als anthropologische Basis wurde in der Theologie u. a. von Thomas von Aquin (als Geschenk Gottes an die Menschheit) stark gemacht, im Gegensatz zu deterministischen Annahmen, die diese Freiheit und damit moralische Verantwortung des Menschen zugunsten äußerer oder innerer Konditionen begrenzen oder leugnen. | **giustizia:** hier: *giusto.* | 72 **letizia:** Freude. | **lutto:** hier: Leid – Argumentation, die aus der Prämisse fehlender Willensfreiheit einen absurden Schluss zieht (Gott wäre ungerecht, Gutes mit Freude, Böses mit Leid zu vergelten), demnach die Grundannahme als falsch erweist. | 73 **inizia:** *iniziare:* hier: anstoßen. | 74 **posto ch':** angenommen dass, selbst wenn. | 75 **lume** (m.): Licht – des Verstandes zur Unterscheidung von Gut und Böse. | 76–77 **fatica … dura:** *durare fatica:* (große) Mühe haben. | 78 **notrica:** *notricare: nutrire:* hier: stärken, pflegen – nach anfänglichen Schwierigkeiten ist der mit Verstand und Willensfreiheit begabte Mensch demnach in der Lage, den Einflüssen der Sterne und der Instinkte auf seine Entscheidungen zu widerstehen. | 80 **soggiacete:** *soggiacere:* unterstehen, unterworfen sein – mit der höheren Macht ist Gott gemeint. | **cria:** *crea.* | 81 **cura:** Sorge, hier: Gewalt – die Sterne haben keine Macht über den von Gott verliehenen Geist des freien Menschen.

Però, se 'l mondo presente disvia,
in voi è la cagione, in voi si cheggia;
e io te ne sarò or vera spia.
[…]

Die Ursache für die Schlechtigkeit der Welt ist demnach bei den Menschen zu suchen, nicht zuletzt bei ihren Führern (*guida*, 100).

Ben puoi veder che la mala condotta
è la cagion che 'l mondo ha fatto reo,
e non natura che 'n voi sia corrotta.
Soleva Roma, che 'l buon mondo feo,
due soli aver, che l'una e l'altra strada
facean vedere, e del mondo e di Deo.
L'un l'altro ha spento; ed è giunta la spada
col pasturale, e l'un con l'altro inseme
per viva forza mal convien che vada;
però che, giunti, l'un l'altro non teme:
se non mi credi, pon mente alla spiga,
ch'ogn'erba si conosce per lo seme.

103 **condotta:** Führung. | 104 **reo/a:** böse, schlecht. | 106 **Soleva:** *solere:* pflegen. | **feo:** *fece* – *mondo* meint hier das Römische Weltreich. | 108 **facean:** *facẹvano.* | 109 **giunta:** *giụngere:* verbinden. | **spada:** Schwert | 110 **pasturale:** Hirten-, Bischofsstab. | 111 **forza:** hier: (widergöttliche) Gewalt. | **convien:** *convenire:* hier: unvermeidlich sein. | 113 **pon mente:** *porre mente:* (den Geist richten,) achten. | **spiga:** Ähre, hier im Sinne von Frucht, Ergebnis – wie auch *seme* (114) den Samen in der reifen Frucht meint.

In sul paese ch'Adice e Po riga,
solea valore e cortesia trovarsi,
prima che Federigo avesse briga:
or può sicuramente indi passarsi
per qualunque lasciasse, per vergogna
di ragionar coi buoni o d'appressarsi.

Am Ende der langen Figurenrede, die Dante ausdrücklich gutheißt (*bene argomenti*, 130) und damit autorisiert, erhellt sich der Rauch und die Wanderer trennen sich in Erwartung des Wächterengels von den Büßern des Zorns.

115 **riga:** *rigare:* durchströmen, bewässern – mit den Flüssen Ạdige (Etsch) und Po wird die Lombardei umschrieben. | 116 **valore e cortesia:** höfische Tugenden und Sitten. | 117 **briga:** Streit – zwischen Kaiser Friedrich II. und den Päpsten (vor allem Innozenz III., Gregor IX. und Innozenz IV.): Der gesamte Passus ist eine deutliche Stellungnahme Dantes zur Trennung von geistlicher und weltlicher Macht, die nicht gewaltsam (vom Papst) vereint werden dürfe, wie Dante auch in seiner Schrift *De Monarchia* ausführt. Die *due soli* (107) sollten die Menschheit zu den beiden Zielen des ewigen Lebens und des zeitlichen Glücks führen, während der – in Dantes Augen – unrechtmäßige Anspruch des Papsttums auf weltliche Macht zu verheerenden Folgen gerade für die oberitalienischen Territorien geführt habe, in denen die Machtkämpfe zwischen kaisertreuen Ghibellinen und papsttreuen Guelfen wüteten und das höfische Leben zerstörten. | 118 **indi:** dort. | **passarsi / per qualunque** (unpersönliche Passivkonstruktion): [*può*] *passare di là chiunque* [*chi*]. | 119 **lasciasse:** *lasciare:* hier: vermeiden. | 120 **ragionar(e):** hier: sprechen. | **appressarsi:** s. nähern – die komplizierte Terzine umschreibt, dass die Lombardei nunmehr eine Gegend für Übeltäter geworden sei, die dort keine Gefahr liefen, gute Menschen zu treffen.

Canto XVII

Beim Verlassen der Rauchwolke erlebt Dante in einer Vision weitere drei Beispiele des Zorns aus Antike und Bibel, dann löscht ein Engel das dritte P von seiner Stirn und weist den Weg zum vierten Kreis. Dort auf dem Sims der Trägheit (*acedia*) angekommen, machen die Wanderer wegen der einbrechenden Dunkelheit Rast und Vergil erklärt die Buß-Ordnung des Purgatoriums aus dem Begriff der Liebe.

«Nè creator nè creatura mai»
  cominciò el, «figliuol, fu sanza amore,
  o naturale o d'animo; e tu 'l sai.
Lo naturale è sempre sanza errore,
  ma l'altro puote errar per malo obietto
  o per troppo o per poco di vigore.
Mentre ch'elli è nel primo ben diretto,
  e ne' secondi sè stesso misura,
  esser non può cagion di mal diletto;

93 **d'animo:** geistig, auf den menschlichen Intellekt und Willen bezogen, wie Dante im Anschluss an Aristoteles in seinem *Convivio* erläutert (IV. XXII.10), während die erste instinktive Form der Liebe von der Natur, also von Gott, allen Lebewesen gegeben wurde. | 95 **errare:** irren. | **obietto:** *oggetto:* Gegenstand, Objekt – die Sünden der *superbia*, *invidia* und *ira*. | 96 **vigore:** Stärke, Kraft, Nachdruck – die Sünden der *acedia* (zu wenig Einsatz für das Gute) und *avaritia*, *gula*, *luxuria* (zu viel Einsatz für irdische Güter). | 97 **primo ben(e):** das erste, primäre Gut, also Gott. | **diretto/a:** gerichtet. | 98 **misura:** *misurarsi:* s. mäßigen, Maß halten. | 99 **cagion** (f.): *ragione:* Grund. | **diletto:** Vergnügen, Genuss.

ma quando al mal si torce, o con più cura
o con men che non dee corre nel bene,
contra 'l fattore adovra sua fattura.
Quinci comprender puoi ch'esser convene
amor sementa in voi d'ogni virtute
e d'ogne operazion che merta pene.
Or, perchè mai non può dalla salute
amor del suo subietto volger viso,
dall'odio proprio son le cose tute;
e perchè intender non si può diviso,
e per sè stante, alcuno esser dal primo,
da quello odiare ogni effetto è deciso.
Resta, se dividendo bene stimo,
che 'l mal che s'ama è del prossimo; ed esso
amor nasce in tre modi in vostro limo.

100 **torce:** *tọrcersi:* s. (zu)wenden. | **cura:** Sorge, Eifer. | 101 **dee:** *deve.* | 102 **fattore:** Schöpfer (Gott). | **adovra:** *adovrare: adoperare:* handeln, s. einsetzen. | **fattura:** hier: Schöpfung. | 103 **Quinci:** von hier, daher. | **convene:** *convenire:* hier (und 123): notwendig sein. | 104 **sementa:** Samen, Saat. | 105 **merta:** *merita.* | 106 **salute** (f.): Heil, Wohl. | 107 **vọlger(e):** abwenden. | 108 **tute:** *tuto/a:* sicher, geschützt – da die Liebe sich nie vom eigenen Subjekt abwendet, sind alle Geschöpfe (*cose*) vor dem Selbsthass geschützt. | 109 **diviso/a:** getrennt. | 111 **effetto:** hier: Geschöpf. | **deciso/a:** hier: getrennt, entfernt – da kein Geschöpf sich vom *primo essere*, dem ersten Seienden, also Gott, getrennt konzipieren kann, ist es auch vor dem Hass auf Gott gefeit. | 112 **dividendo:** *divịdere:* unterteilen. | **stimo:** *stimare:* hier: einschätzen, urteilen. | 114 **limo:** Schlamm, hier: der Mensch, nach der *Genesis* (2.7) aus Erde (*limo terrae*) geschaffen.

È chi per esser suo vicin soppresso
spera eccellenza, e sol per questo brama
ch'el sia di sua grandezza in basso messo:
è chi podere, grazia, onore e fama
teme di perder perch'altri sormonti,
onde s'attrista sì che 'l contrario ama;
ed è chi per ingiuria par ch'aonti,
sì che si fa della vendetta ghiotto,
e tal convien che il male altrui impronti.
Questo triforme amor qua giù di sotto
si piange: or vo' che tu dell'altro intende
che corre al ben con ordine corrotto.

115 **soppresso:** *sopprịmere:* unterdrücken – nach seinem Schluss, dass die Liebe zum Bösen sich gegen den Nächsten richten müsse, definiert Vergil in den folgenden Terzinen je eine Todsünde, hier zunächst *superbia*, die durch Erniedrigung des Nächsten nach Selbsterhöhung strebt. | 116 **brama:** *bramare:* begehren. | 118 **grazia:** hier: Gunst. | **fama:** Ansehen, Ruhm. | 119 **sormonti:** *sormontare:* emporsteigen. | 120 **s'attrista:** *attristarsi:* s. grämen, traurig werden – die zweite Sünde ist also *invidia*, die aus Angst um die eigene weltliche Stellung dem Mitmenschen Schlechtes wünscht, um nicht übertroffen zu werden. | 121 **ingiuria:** Beleidigung, Kränkung. | **par(e):** *sembra.* | **aonti:** *adontarsi:* übelnehmen, s. beleidigt fühlen. | 122 **ghiotto/a:** gefräßig, gierig. | 123 **impronti:** *improntare:* (vor)bereiten – die dritte Sünde *ira* sinnt auf Rache für Kränkungen. | 124 **triforme:** dreiförmig. | 125 **piange:** *pịangere:* hier und öfters: büßen – in den bereits durchschrittenen ersten drei Kreisen des Purgatoriums. | **vo':** *voglio.* | **intende:** *intẹndere:* hören, erfahren. | 126 **corrotto/a:** verdorben, verkommen – es geht nun um die andere Form der Liebe, die ungeordnet, nicht im rechten Maß dem Guten zustrebt.

Ciascun confusamente un bene apprende
  nel qual si queti l'animo, e disira;
  per che di giugner lui ciascun contende.
Se lento amore in lui veder vi tira,
  o a lui acquistar, questa cornice,
  dopo giusto penter, ve ne martira.
Altro ben è che non fa l'uom felice;
  non è felicità, non è la bona
  essenza, d'ogni ben frutto e radice.
L'amor ch'ad esso troppo s'abbandona,
  di sovr'a noi si piange per tre cerchi;
  ma come tripartito si ragiona,
tacciolo, acciò che tu per te ne cerchi.»

Canto XVIII

Dantes Wissensdurst ist noch nicht befriedigt, deshalb setzt Vergil das Lehrgespräch über seine Amor-Philosophie im 18. Canto fort.

127 **apprende:** *apprẹndere:* hier: konzipieren, ersinnen. | 128 **queti:** *qu(i)etarsi:* s. beruhigen, Ruhe finden. | **disira:** *desịdera.* | 129 **giugner:** *giụngere:* erreichen. | **contende:** *contẹndere:* hier: s. bemühen, anstrengen. | 130 **lento/a:** hier: träge, schwach – angesprochen ist die Sünde der *acedia.* | **in lui veder vi tira:** *vi trae a vederlo.* | 131 **cornice:** hier: Sims, Kreis des Purgatoriums. | 132 **martira:** *martirare:* martern, strafen, büßen. | 135 **essenza:** Wesen (hier: Gott) – mit diesem anderen Gut, das nicht wahrhaft glücklich macht, sind die unvollkommenen weltlichen Güter gemeint, deren übermäßiges Begehren die Sünden *avaritia, gula* und *luxuria* hervorruft, die Vergil an dieser Stelle lediglich andeutet. | 136 **s'abbandona:** *abbandonarsi:* s. ergeben, hingeben. | 138 **tripartito:** dreiteilig. | 139 **acciò che:** damit.

Posto avea fine al suo ragionamento
l'alto dottore, ed attento guardava
nella mia vista s' io parea contento;
e io, cui nova sete ancor frugava,
di fuor tacea, e dentro dicea: 'Forse
lo troppo dimandar ch' io fo li grava.'
Ma quel padre verace, che s'accorse
del timido voler che non s'apriva,
parlando, di parlare ardir mi porse.
Ond' io: «Maestro, il mio veder s'avviva
sì nel tuo lume, ch' io discerno chiaro
quanto la tua ragion parta o descriva.
Però ti prego, dolce padre caro,
che mi dimostri amore, a cui reduci
ogni buono operare e 'l suo contraro.»
«Drizza» disse «ver me l'agute luci
dello 'ntelletto, e fieti manifesto
l'error dei ciechi che si fanno duci.

1 **fine** (m.): Ende. | 3 **parea:** *parere: sembrare.* | 4 **frugava:** *frugare:* quälen, plagen. | 6 **fo:** *faccio.* | **grava:** *gravare:* belasten, lästig sein. | 7 **verace:** wahr. | 9 **ardir(e)** (m.): Mut. | 10 **s'avviva:** *avvivarsi:* s. beleben, schärfen. | 11 **lume** (m.): Licht. | **discerno:** *discernere:* erkennen. | 12 **parta:** *partire:* hier: unterscheiden. | 13 **prego:** *pregare:* bitten. | 14 **reduci:** *redurre:* zurückführen. | 15 **operare:** Handeln. | 16 **Drizza:** *drizzare:* richten. | **ver:** *verso:* auf, nach. | **agute:** *aguto/a: acuto/a:* scharf, scharfsichtig. | 17 **'ntelletto:** *intelletto:* Verstand. | **fieti:** *ti sarà.* | 18 **duci:** *duce:* Führer.

L'animo, ch'è creato ad amar presto,
ad ogni cosa è mobile che piace,
tosto che dal piacere in atto è desto.
Vostra apprensiva da esser verace
tragge intenzione, e dentro a voi la spiega,
sì che l'animo ad essa volger face;
e se, rivolto, inver di lei si piega,
quel piegare è amor, quell'è natura
che per piacer di novo in voi si lega.
Poi, come 'l foco movesi in altura
per la sua forma ch'è nata a salire
là dove più in sua matera dura,

19 **presto:** hier: bereit. | 21 **tosto che:** sobald. | **in atto:** zum Handeln, Akt (phil. Gegenbegriff zu Potenz in der aristotelistischen Scholastik). | **desto/a:** wach, (auf)geweckt – Vergils Amorlehre ist generell Aristoteles und Thomas von Aquin verpflichtet, hier auch dem bekannten Traktat *De amore* (1184) von Andreas Capellanus und dem Diskurs der höfischen Liebeslyrik bis zum *dolce stil novo* – mit dem entscheidenden Unterschied, dass dessen Determinismus abgelehnt wird. | 22 **apprensiva:** ergänze *facoltà:* Aufnahmevermögen. | 23 **tragge:** *trarre:* hier: herausziehen, entnehmen. | **intenzione:** hier: Abbild (thomistischer Begriff der *intentio*). | **spiega:** *spiegare:* hier: entfalten. | 24 **essa:** *l'intenzione.* | **vọlger(e):** zuwenden. | 25 **inver(so):** nach, zu (*lei: l'intenzione*). | **piega:** *piegare:* s. neigen, zuneigen. | 27 **di novo:** zuerst. | **lega:** *legarsi:* s. (ver)binden, errichtet werden – poetisch beschrieben wird hier das erste Stadium der Liebe nach Thomas von Aquin, das Wohlgefallen (*complacentia*), verstanden als Aktualisierung des natürlichen Potenzials durch das Abbild des liebenswürdigen Objekts. | 30 **matera:** *materia* – gemeint ist die nach mittelalterlicher Auffassung natürliche Sphäre jedes Elements, nach der es strebt, im Falle des Feuers der Mondhimmel.

così l'animo preso entra in disire,
ch'è moto spiritale, e mai non posa
fin che la cosa amata il fa gioire.
Or ti puote apparer quant'è nascosa
la veritate alla gente ch'avvera
ciascun amore in sè laudabil cosa,
però che forse appar la sua matera
sempre esser buona; ma non ciascun segno
è buono, ancor che buona sia la cera.»
«Le tue parole e 'l mio seguace ingegno»
rispuos' io lui «m' hanno amor discoverto,
ma ciò m' ha fatto di dubbiar più pregno;

31 **preso:** hier: von Liebe ergriffen. | **disire:** *desiderio:* Begehren – entspricht dem zweiten Stadium der Liebe nach Thomas, *desiderium*, verstanden als geistige Bewegung (*motus*) zum Erstrebten, im Gegensatz zur materialen notwendigen Bewegung des Feuers, die ihr Ziel nicht wählen kann. | 32 **moto:** Bewegung. | **posa:** *posare:* ruhen. | 33 **gioire:** s. erfreuen, genießen – das dritte thomistische Stadium stellt die Ruhe (*quies*) der Freude (*gaudium*) dar, aber nicht das Ende der Liebe. | 34 **puote:** *può.* | **nascosa:** *nascosta/o:* verborgen. | 35 **avvera:** *avverare:* (bewahrheiten,) für wahr halten, als Wahrheit ausgeben – gemeint sind die oben kritisierten *ciechi che si fanno duci* (18). | 36 **laudabil(e):** *lodẹvole:* lobenswert. | 38 **segno:** hier: Abdruck, Ausprägung, Siegel. | 39 **cera:** Wachs symbolisiert schon bei Platon und Aristoteles die Beziehung zwischen Stoff (*materia*) und Form, hier wird bekräftigt, dass die Liebe zwar als Disposition (Potenz) immer positiv ist, nicht jedoch jede Aktualisierung, jede Ausprägung als konkrete Wahl des Liebesobjekts. | 40 **seguace:** folgend, aufmerksam. | **ingegno:** *ingenium*, Geist – Dante betont seine geistige Leistung des Verstehens. | 41 **discoverto:** *scoperto.* | 42 **dubbiar(e):** *dubitare.* | **pregno/a:** (schwanger,) voll.

chè s'amore è di fuori a noi offerto,
e l'anima non va con altro piede,
se dritta o torta va, non è suo merto.»
Ed elli a me: «Quanto ragion qui vede
dir ti poss' io; da indi in là t'aspetta
pur a Beatrice, ch'è opra di fede.
Ogni forma sustanzïal, che setta
è da matera ed e con lei unita,
specifica virtù ha in sè colletta,
la qual sanza operar non è sentita,
nè si dimostra mai che per effetto,
come per verdi fronde in pianta vita.

44 **piede:** gemeint ist: wenn die Seele diesem Anstoß von außen folgen muss. | 45 **torta/o:** krumm. | **merto:** *mẹrito* – Dantes Zweifel drückt das deterministische Gegenargument aus: Wie kann die Seele für eine (falsche oder richtige) Bewegung in der Liebe verantwortlich gemacht werden, wenn sie machtlos einem Impuls von außen folgt? Die Fatalität der Liebe ist ein Axiom der gesamten Liebesdichtung, nicht zuletzt des *dolce stil novo*, in dem Dante selbst dichtete, was er in der *Commedia* zugunsten der Willensfreiheit relativiert, wenn nicht gar selbstkritisch revoziert. | 47 **indi:** dort. | 48 **opra:** *opera:* Werk – Vergil erklärt sich nur für die philosophischen Aspekte der Frage zuständig, für die theologischen, die jenseits der menschlichen Vernunft liegen, verweist er auf Beatrice, die geoffenbarte Wahrheiten verkünden kann. | 49 **sustanzïal(e):** substantiell, Wesens- (Gegenbegriff zu akzidentiell). | **setta:** *separata* – mit dieser Wesensform ist die menschliche Seele gemeint. | 51 **virtù:** lat. *virtus:* Fähigkeit, Kraft, Potenz. | **colletta:** *raccolta* – die Seele besitzt die beiden Eigenschaften Intellekt (*intelletto*) und Willen (*affetto*). | 54 **fronde:** *fronda:* Laub, Blätter – botanischer Vergleich für die Potenz, die sich erst im Akt, in ihrem Effekt zeigt.

Però, là onde vegna lo intelletto
delle prime notizie, omo non sape,
e de' primi appetibili l'affetto,
che sono in voi, sì come studio in ape
di far lo mele; e questa prima voglia
merto di lode o di biasmo non cape.
Or perchè a questa ogn'altra si raccoglia,
innata v'è la virtù che consiglia,
e dell'assenso de' tener la soglia.
Quest'è il principio là onde si piglia
ragion di meritare in voi, secondo
che buoni e rei amori accoglie e viglia.
Color che ragionando andaro al fondo,
s'accorser d'esta innata libertate;
però moralità lasciaro al mondo.

55 **là onde:** woher. | **vegna:** *venga.* | **intelletto:** hier: Verständnis, Einsicht, Kenntnis. | 56 **notizie:** *principi* – die Grundprinzipien des (logischen) Denkens, Universalien. | **sape:** *sa.* | 57 **appetibili:** *appetibile:* begehrenswert – die ersten erstrebenswerten Güter wie das Gute, das Wahre, das Glück. | **affetto:** *desiderio* – der Mensch kann den Ursprung seines Denkens und Wollens nicht rational-philosophisch erklären. | 58 **studio:** hier: Anlage, Neigung. | 60 **biasmo:** Tadel. | **cape:** *contiene* – der Vergleich mit den Bienen (aus der sensitiven Natur) verdeutlicht, dass der Mensch für dieses erste natürliche Wollen nicht verantwortlich (zu machen) ist. | 61 **raccoglia:** *raccọgliersi:* hier: s. angleichen – jeder weitere Willensakt soll sich am ersten Wollen orientieren. | 62 **innata/o:** angeboren. | 63 **assenso:** Zustimmung. | **de':** *deve.* | **soglia:** die Urteilsfähigkeit, die auf der Schwelle zur Einwilligung wacht, ist der freie Wille, *liberum arbitrium.* | 64 **piglia:** *pigliare:* nehmen, hier: ableiten. | 66 **rei:** *reo/a:* böse, schlecht. | **viglia:** *vigliare:* aussondern, auslesen – bäuerlicher Terminus der Trennung der Spreu vom Weizen und christliches Bild der Fähigkeit und Freiheit zur moralischen Unterscheidung. | 67 **Color:** *coloro* – gemeint sind die antiken Philosophen, Begründer der Moralphilosophie, nicht zuletzt durch die *Ethik* des Aristoteles. | **andaro:** *andarono.*

Onde, poniam che di necessitate
surga ogni amor che dentro a voi s'accende,
di ritenerlo è in voi la podestate.
La nobile virtù Beatrice intende
per lo libero arbitrio, e però guarda
che l'abbi a mente, s'a parlar ten prende.»

Von Vergils Ausführungen befriedigt, aber ermüdet, wird Dante beim Schein des Mondes schläfrig, jedoch von einer Schar von Seelen aufgeschreckt, die durch eiliges Laufen ihre irdische Trägheit abbüßen und ohne stehen zu bleiben den Weg zum Aufstieg weisen. Dantes Nachdenken über die Beispiele eilfertigen Handelns geht in Traum über.

Canto XIX

Der 19. Canto beginnt mit einer Traumvision Dantes, in der ihm eine alte Hexe (*antica strega*, 58) erscheint, Verkörperung des Geizes, die sich in eine verführerische Sirene verwandelt, aber von einer ungenannten *donna* (26) mit Hilfe Vergils in ihrer

71 **surga:** *sụrgere/sọrgere:* s. erheben, entstehen. | **s'accende:** *accẹndersi:* s. entzünden, hier phil.: aktualisieren. | 72 **ritenerlo:** *ritenere:* hier: zurückhalten. | **podestate:** *potere:* Macht – angenommen, jede Liebe würde notwendigerweise, d. h. nicht aus freier Entscheidung induziert, so hätte der Mensch doch immer noch die Willensfreiheit, gegen böses Begehren anzugehen. | 74 **lịbero arbịtrio:** die Willensfreiheit des Menschen, die als Konzept bereits in der antiken Philosophie entwickelt war, in der christlichen Theologie eine zentrale Position erhielt und, nachdem sie schon zuvor angesprochen worden war (XVI.71), an dieser Stelle ausführlich rational begründet wird – im *Paradiso* (v. 19 f.) wird Beatrice darauf zurückkommen und den Ursprung dieser Freiheit theologisch als geoffenbarte Glaubenswahrheit erklären.

Hässlichkeit entlarvt wird. Von Vergil geweckt und dem Wächterengel zum nächsten Kreis geleitet, sieht Dante im *quinto giro* (70) der *avaritia* die Büßer gefesselt bäuchlings am Boden liegen. Auf Dantes Wunsch erzählt eine Seele, Papst Hadrian v., von seinem weltlichen Ehrgeiz und dem gerechten *contrappasso* und bittet schließlich um Fürbitte für seine Nichte Alagia.

Canto xx

Auch der 20. Canto verbleibt im Kreis des Geizes, der *maledetta lupa* (10), die Dante bereits im *Inferno* (1.49) als Symboltier eingeführt hatte. Dante trifft unter den Büßern dort Hugo Capet, den Begründer der Kapetinger-Dynastie, dem er eine polemische Abrechnung mit der – besonders für Italien verheerenden – Politik des französischen Königshauses in den Mund legt. Als selbstkritische *radice della mala pianta* (43) lässt der büßende Stammvater kein gutes Haar an seinen Nachkommen (darunter Karl i., Philipp iv. und Karl von Valois). Teil der Bußübungen der Seelen ist die Erinnerung an abschreckende Beispiele der Habsucht aus Mythologie, Bibel und römischer Geschichte (von Midas bis Crassus). Beim Weitergehen erschüttert ein Beben den Purgatoriumsberg, was Dante in ängstliches Grübeln stürzt.

Canto xxi

Weiterhin im fünften Kreis bringt der 21. Canto Antwort auf die Frage nach dem Ursprung des Bebens: Eine zunächst ungenannte Seele spricht die Wanderer an und erklärt die Bewegung des Berges als göttliches Echo auf ihr Erreichen der folgenden Läuterungsstufe, nachdem sie *cinquecent'anni e più* (68) auf diesem Sims gebüßt habe. Es handelt sich um den römischen Dichter Statius, der auf Vergils Bitte seine Geschichte erzählt.

«Nel tempo che 'l buon Tito, con l'aiuto
del sommo rege, vendicò le fora
ond'uscì 'l sangue per Giuda venduto, 84
col nome che più dura e più onora
era io di là» rispuose quello spirto
«famoso assai, ma non con fede ancora. 87
Tanto fu dolce mio vocale spirto,
che, tolosano, a sè mi trasse Roma,
dove mertai le tempie ornar di mirto. 90
Stazio la gente ancor di là mi noma:
cantai di Tebe, e poi del grande Achille;
ma caddi in via con la seconda soma. 93

82 **Tito:** der römische Kaiser (79–81) Titus Flavius Vespasianus (*39) wurde von (zeitgenössischen) Historikern äußerst positiv beurteilt, die von ihm veranlasste Zerstörung Jerusalems und des jüdischen Tempels im Jahr 70 von christlicher Seite später als göttliche Strafe für die Kreuzigung Jesu interpretiert, eine mittelalterliche Missdeutung, der Dante fraglos folgt. | 83 **sommo/a:** höchste/r. | **rege:** König, also Gott. | **fora:** *fori:* Löcher – gemeint sind die Wundmale Christi. | 85 **nome:** *poeta*, der Name, der andauernden Ruhm verschafft. | 88 **vocale spirto:** Stimmhauch, Gesang, Dichtungston. | 88 **tolosano:** irrtümlich wurde Toulouse (statt Neapel) als Geburtsort des Dichters überliefert. | 90 **mertai:** *meritai.* | **mirto:** Myrte – gemeint ist die Dichterkrone, in diesem Fall nicht aus Lorbeer, sondern aus Zweigen der Pflanze, die Venus heilig und für die Liebesdichtung reserviert ist. | 91 **Stazio:** Publius Papinius Statius (45–96), dessen Epen *Thebais* und *Achilleis* (unvollendet) Dante und das gesamte MA kannte, nicht jedoch seine erst später wiederentdeckte Lyriksammlung *Silvae.* | **noma:** *nomina.* | 93 **soma:** Last – gemeint ist sein Tod ›unterwegs‹, vor Vollendung des zweiten Werks (oder des zweiten Buchs der *Achilleis*).

Al mio ardor fuor seme le faville,
che mi scaldar, della divina fiamma
onde sono allumati più di mille;
dell'Eneïda dico, la qual mamma
fummi e fummi nutrice poetando:
sanz'essa non fermai peso di dramma.
E per esser vivuto di là quando
visse Virgilio, assentirei un sole
più che non deggio al mio uscir di bando.»
Volser Virgilio a me queste parole
con viso che, tacendo, disse 'Taci';
ma non può tutto la virtù che vole;
chè riso e pianto son tanto seguaci
alla passion di che ciascun si spicca,
che men seguon voler ne' più veraci.

94 **ardor(e):** Feuer, Leidenschaft – für die Dichtkunst. | **fuor:** *furono.* | **faville:** *favilla:* Funke. | 95 **scaldar:** *scaldarono.* | 96 **allumati:** *allumare* (Gallizismus): *accendere, infiammare, illuminare.* | 97 **Eneïda:** Vergils *Aeneis*, die Statius in seinen eigenen Worten *divina* und unerreichten poetischen Ansporn für ihn und unzählige Dichter nennt. | 98 **fummi:** *mi fu.* | **nutrice:** Amme, Nährmutter. | 99 **fermai:** *fermare:* hier: zustande bringen. | **dramma:** (Drachme), Quentchen, kleinste Gewichtseinheit. | 100 **vivuto:** *vissuto* – Vergil starb ja bereits 19 v. Chr. | 101 **assentirei:** *assentire:* zustimmen. | **sole:** hier: Sonnenumlauf, also Jahr. | 102 **deggio:** *debbo.* | **bando:** Bann, hier: Aufenthalt im Purgatorium. | 103 **Volser:** *volgere:* wenden, drehen – Statius' Worte bewirkten, dass Vergil sich Dante zuwandte, um ihn aus Bescheidenheit zum Schweigen zu bewegen. | 106 **seguaci:** *seguace:* folgend. | 107 **spicca:** *spiccarsi:* entspringen. | 108 **veraci:** *verace:* wahr – hier offene und ehrliche Menschen, die ihre Gefühlsregungen noch weniger durch den Willen kontrollieren können.

Io pur sorrisi come l'uom ch'ammicca;
per che l'ombra si tacque, e riguardommi
nelli occhi ove 'l sembiante più si ficca;
e «Se tanto labore in bene assommi»
disse, «perchè la tua faccia testeso
un lampeggiar di riso dimostrommi?»
Or son io d'una parte e d'altra preso:
l'una mi fa tacer, l'altra scongiura
ch' io dica; ond' io sospiro, e sono inteso
dal mio maestro, e «Non aver paura»
mi dice «di parlar; ma parla e digli
quel ch'e' dimanda con cotanta cura.»
Ond' io: «Forse che tu ti maravigli,
antico spirto, del rider ch' io fei;
ma più d'ammirazion vo' che ti pigli.
Questi che guida in alto li occhi miei,
è quel Virgilio dal qual tu togliesti
forte a cantar delli uomini e de' dei.
Se cagion altra al mio rider credesti,
lasciala per non vera, ed esser credi
quelle parole che di lui dicesti.»
Già s' inchinava ad abbracciar li piedi
al mio dottor, ma el li disse: «Frate,
non far, chè tu se' ombra e ombra vedi.»

109 **ammicca:** *ammiccare:* zwinkern, blinzeln. | 111 **sembiante** (m.): Ausdruck (der seelischen Stimmung). | **ficca:** *ficcarsi:* stecken, also sichtbar wird. | 112 **Se:** hier augurativ, Ausdruck eines Wunsches, mit Konjunktiv wiedergegeben. | **labore** (lat.): *fatica.* | **assommi:** *assommare:* (emporziehen), vollenden. | 113 **testeso:** *testé:* soeben, jetzt. | 116 **scongiura:** *scongiurare:* beschwören, bitten. | 120 **e':** *egli.* | **cura:** hier: Eifer. | 122 **fei:** *feci.* | 123 **pigli:** *pigliare:* nehmen, ergreifen. | 125–6 **togliesti forte:** *ricevesti forza* – Vergil als Kraftquelle für Statius. | 127 **cagion** (f.): *ragione:* Grund. | 130 **s'inchinava:** *inchinarsi:* s. neigen, bücken.

Ed ei surgendo: «Or puoi la quantitate
  comprender dell'amor ch'a te mi scalda,
  quand' io dismento nostra vanitate,
trattando l'ombre come cosa salda.»

Canto XXII

Der 22. Canto schließt unmittelbar an den vorangegangenen an, das Passieren des Wächterengels und der Beginn des Aufstiegs zum sechsten Kreis, in dem die Gefräßigen Buße für ihre *gula* tun, wird nur kurz erwähnt. Im Zentrum steht hier das Gespräch der beiden befreundeten Dichter Vergil und Statius. Letzterer klärt zunächst ein Missverständnis auf: Er hat im fünften Kreis seine Verschwendungssucht abgebüßt, nicht etwa Geiz.

«Or quando tu cantasti le crude armi
  della doppia tristizia di Iocasta»
  disse 'l cantor de' bucolici carmi,
«per quello che Cliò teco lì tasta,
  non par che ti facesse ancor fedele
  la fede, sanza qual ben far non basta.

133 **surgendo:** *sụrgere/sọrgere:* s. erheben, aufrichten. | 135 **dismento:** *dimẹntico.* | **vanitate:** *vanità:* Leere, Körperlosigkeit. | 136 **salda/o:** fest. | 55 **crude:** *crudeli.* | 56 **Iocasta:** Iokaste, Mutter und Gattin des Ödipus, Mutter von diesem der Brüder Eteokles und Polyneikes, die sich im Kampf um Theben gegenseitig töteten, was Gegenstand der *Thebais* des Statius ist – komplexe Periphrase für die Zeit der Arbeit an diesem Werk. | 57 **cantor de' bucolici carmi:** der Dichter der *Bucolica*, also Vergil. | 58 **Cliò:** Klio, die Muse der Geschichtsschreibung. | **tasta:** *tocca, tratta* (behandeln). | 59 **par(e):** *parere: sembrare.*

Se così è, qual sole o quai candele
ti stenebraron, sì che tu drizzasti
poscia di retro al pescator le vele?»
Ed elli a lui: «Tu prima m' invïasti
verso Parnaso a ber nelle sue grotte,
e prima appresso Dio m'alluminasti.
Facesti come quei che va di notte,
che porta il lume dietro e sè non giova,
ma dopo sè fa le persone dotte,
quando dicesti: 'Secol si rinova;
torna giustizia e primo tempo umano,
e progenïe scende da ciel nova.'
Per te poeta fui, per te cristiano:
ma perchè veggi mei ciò ch' io disegno,
a colorar distenderò la mano.

62 **stenebraron(o):** *stenebrare:* erhellen, der Dunkelheit (*tenebre*) entreißen – Dantes Eigenbildung. | **drizzasti:** *drizzare:* (auf)richten. | 63 **pọscia:** danach. | **retro:** *dietro.* | **pescator:** der Apostel Petrus, Fischer und Menschenfischer (Mt 4.19). | 65 **Parnaso:** Parnass, der griechische Musenberg mit der Quelle Kastalia – Umschreibung für Dichtung. | 66 **appresso:** hier: (den Weg) zu. | **alluminasti:** *illuminasti* – Vergil habe Statius demnach zum Dichter und zum Christen gemacht. | 68 **lume** (m.): Licht, Laterne. | **giova:** *giovare:* nützen, dienen. | 69 **dotte:** *dotto/a:* gebildet, kenntnisreich, erfahren – verbreitetes Bild für das Verhältnis von antiker Vorläufer-Kultur und christlicher Welt des Heils, von dem Vergil ausgeschlossen ist, was ihn zur tragischen Figur macht. | 72 **progẹnïe:** Geschlecht – Dante übersetzt in dieser Terzine eine berühmte Stelle aus Vergils vierter Ekloge, die von der Wiederkehr des Goldenen Zeitalters in einer neuen Zeit der Gerechtigkeit und der Geburt eines Kindes kündet und bereits früh christlich als Prophezeiung der Ankunft Christi umgedeutet wurde, was dem Ansehen Vergils im MA großen Vorschub leistete. | 74 **mei:** *meglio.*

Già era 'l mondo tutto quanto pregno
della vera credenza, seminata
per li messaggi dell'etterno regno;
e la parola tua sopra toccata
si consonava a' nuovi predicanti;
ond' io a visitarli presi usata.
Vennermi poi parendo tanto santi,
che quando Domizian li perseguette,
sanza mio lacrimar non fur lor pianti;
e mentre che di là per me si stette,
io li sovvenni, e i lor dritti costumi
fer dispregiare a me tutte altre sette.
E pria ch' io conducessi i Greci a' fiumi
di Tebe poetando, ebb' io battesmo;
ma per paura chiuso cristian fu'mi,

76 **pregno/a:** (schwanger,) voll, erfüllt. | 78 **messaggi:** *messagieri:* die Apostel, die den christlichen ›wahren‹ Glauben verkündeten (*predicanti*). | 80 **consonava:** *consonare:* zusammenklingen, übereinstimmen. | 81 **usata:** *uso, abitụdine.* | 83 **Domizian:** der römische Kaiser (81–96) Domitian, dem das MA massive Christenverfolgungen nachsagte. | **perseguette:** *perseguitò: perseguire:* verfolgen. | 85 **mentre che:** solange. | **per me si stette** (pass.): *vissi.* | 86 **sovvenni:** *sovvenire:* helfen, beistehen. | **dritti:** *dritto/a:* recht, redlich. | 87 **fer:** *fẹcero.* | **dispregiare:** *disprezzare.* | **sette:** *setta:* Glaubensrichtung, religiöses Bekenntnis – neutral, im Gegensatz zur heutigen Bedeutung ›Sekte‹. | 89 **Tebe:** Ereignisse im IX. Buch der *Thebais* des Statius – gemeint ist: während der Arbeit an diesem Epos. | 90 **chiuso:** hier: heimlich – Dante macht Statius in dieser fiktiven Biographie zum Christen, der getauft war, aber kein öffentlicher Glaubenszeuge, was seine in der folgenden Terzine erwähnte Buße im vierten Kreis der *acedia* erklärt.

lungamente mostrando paganesmo;
e questa tepidezza il quarto cerchio
cerchiar mi fè più che ’l quarto centesmo.
Tu dunque che levato hai il coperchio
che m’ascondeva quanto bene io dico,
mentre che del salire avem soverchio,
dimmi dov’è Terenzio nostro antico,
Cecilio e Plauto e Vario, se lo sai:
dimmi se son dannati, ed in qual vico.»
«Costoro e Persio e io e altri assai»
rispuose il duca mio «siam con quel greco
che le Muse lattar più ch’altro mai
nel primo cinghio del carcere cieco:
spesse fïate ragioniam del monte
che sempre ha le nutrici nostre seco.

91 **paganesmo:** *paganesimo:* Heidentum. | 92 **tepidezza:** *tiepidezza:* Lauheit. | 93 **cerchiar(e):** kreisen. | 95 **ascondeva:** *(n)ascọndere:* verbergen. | 96 **avem(o):** *abbiamo.* | **soverchio:** Übermaß, verbleibende Zeit. | 97 **Terenzio:** Statius fragt nach den berühmten römischen (Komödien-) Dichtern Terenz (195–159 v. Chr.) und Plautus (254–184 v. Chr.) sowie den kaum überlieferten Caecilius Statius († 168 v. Chr.) und Lucius Varius Rufus († 15 v. Chr.), die Auswahl ist wohl einer Stelle (53–55) der *Ars poetica* des Horaz verpflichtet. | 99 **vico:** Gegend, hier: Höllenkreis. | 100 **Persio:** der römische Satiriker Persius (34–62). | 101 **greco:** Homer. | 102 **lattar(ono):** *(al)lattare:* stillen, säugen. | 103 **cinghio:** (Gürtel), Kreis. | 104 **fïate:** *fiata:* Mal → oftmals. | 105 **nutrici:** *nutrice:* Amme, hier: die Musen auf dem Parnass (*monte*).

Euripide v'è nosco e Antifonte,
Simonide, Agatone e altri piùe
greci che già di lauro ornar la fronte.
Quivi si veggion delle genti tue
Antigonè, Deïfilè e Argia,
e Ismenè sì trista come fue.
Vedeisi quella che mostrò Langìa:
evvi la figlia di Tiresia e Teti
e con le suore sue Deïdamìa.»

106 **Euripide:** der griechische Tragiker Euripides (um 480–406 v. Chr.), weiterhin die kaum überlieferten Tragiker Antiphon und Agathon des 4./5. Jh. v. Chr. und der Lyriker Simonides von Keos (556–468 v. Chr.) bilden zusammen mit Homer eine kleine Auswahl griechischer Autoren. | 106 **nosco:** *con noi.* | 108 **lauro:** Lorbeer, Zeichen des Dichterruhms. | **ornar:** *ornarono: ornare:* schmücken. | 109 **veggion:** *vẹdono.* | **genti:** hier Personen aus dem Epos des Statius (*tue*), die natürlich auch aus anderen Werken bekannt waren. | 110 **Antigonè:** Antigone, Tochter des Ödipus, von Kreon zum Tode verurteilt, weil sie verbotswidrig den Leichnam ihres Bruders Polyneikes bestattet hatte. | **Deïfile:** Deiphile, die Gattin des Tydeus, eines der Sieben gegen Theben. | **Argia:** Argia, die Schwester der Deiphile und Gattin des Polyneikes. | 111 **Ismenè:** Ismene, Schwester Antigones, mit ihr getötet. | 112 **Vedeisi:** *vi si vede.* | **Langìa:** *Isifile*/Hypsipyle, bereits in *Inferno* XVIII.92 erwähnt, die den Sieben gegen Theben die Quelle Langia zeigte. | 113 **figlia di Tiresia:** die Tochter des Sehers Tiresias ist Manto, die Dante jedoch als Wahrsagerin in den siebten Höllenkreis verbannt hatte (*Inferno* XX.55) – als Ausweg aus diesem Dilemma schlägt die Philologie eine Konjektur vor: *figlia di Nereo*, also *Teti*/Thetis, die Tochter des Nereus und Mutter des Achill, die als nächste im Text genannt wird. | 114 **Deïdamìa:** die bereits in *Inferno* XXVI.62 erwähnte Königstochter Deidamia, die Geliebte des Achill.

Tacevansi ambedue già li poeti,
di novo attenti a riguardar dintorno,
liberi da saliri e da' pareti;

Auf dem Sims des sechsten Kreises angelangt, verstummt das Dichtergespräch (*le dolci ragioni*, 130), dem Dante ehrfürchtig lauscht, beim Anblick eines wunderbaren Baumes mit verlockenden Früchten, aus dem heraus jedoch eine Stimme Beispiele der Mäßigung verkündet.

Canto XXIII

Während die Dichtergruppe im 23. Canto auf dem sechsten Sims der *gula* weitergeht, begegnet ihnen eine Büßerschar, deren abgemagerter und schorfiger Anblick Dante erschreckt. Sein Jugendfreund Forese Donati befindet sich darunter und erläutert ihm den *contrappasso* für die Gefräßigkeit im Leben: rigides Fasten im Purgatorium, was die Seelen indes als *diletto e doglia* (12) und *pena – sollazzo* (72) oxymorotisch preisen. Der erst kürzlich verstorbene Forese verdankt es den Fürbitten seiner Frau Nella, dass er so rasch ›über die Runden‹ gekommen ist, wie Dante feststellt, setzt dann jedoch zu einer harschen Strafpredigt gegen die sittenlosen Florentinerinnen (*mostrando con le poppe il petto*, 102) an. Dante stellt dem Freund schließlich seinen Führer Vergil vor.

115 **ambedue:** beide. | 117 **saliri** (Pl. des substantivierten Infinitivs *salire*): Stufen – der Aufstieg durch die enge Treppe zum sechsten Kreis ist geschafft.

Canto XXIV

In Begleitung seines Jugendfreundes Forese Donati bewegt sich Dante im 24. Canto weiter im sechsten Kreis der Gefräßigen, von denen ihm einige namentlich vorgestellt werden, nicht zuletzt der Lyriker *Bonagiunta* [Orbicciani] *da Lucca* (20) (um 1220–1290), Notar und Dichter der Übergangszeit von der Sizilianischen Dichterschule zur toskanischen Lyrik, der ihn nach seiner Poetik befragt.

Ma dì s' i' veggio qui colui che fore
  trasse le nove rime, cominciando
  Donne ch'avete intelletto d'amore.»
E io a lui: «I' mi son un, che quando
  Amor mi spira, noto, e a quel modo
  ch'e' ditta dentro vo significando.»

49 **veggio:** *vedo.* | 50 **rime:** im Sinne von Dichtung. | 51 **intelletto:** hier: Verständnis, Einsicht, Kenntnis – der Vers zitiert den Beginn der ersten Kanzone aus Dantes *Vita Nova.* | 53 **spira:** *(i)spirare:* einhauchen, inspirieren – Amor als göttliche Inspiration des Dichters, der Dante genau zu folgen angibt. | **noto:** *notare:* bemerken und aufschreiben/notieren – beide Bedeutungen sind möglich. | 54 **e':** *egli.* | **ditta:** *dittare/dettare:* diktieren, vorschreiben, verfassen. | **significando:** *significare:* zeichenhaft ausdrücken, kundtun, in Worten sagen, dichten.

«O frate, issa vegg' io» diss'elli «il nodo
che 'l Notaro e Guittone e me ritenne
di qua dal dolce stil novo ch' i' odo!
Io veggio ben come le vostre penne
di retro al dittator sen vanno strette,
che delle nostre certo non avvenne;

55 **issa** (Dialekt von Lucca): *ora.* | **nodo:** hier: Hindernis. | 56 **Notaro:** Giacomo da Lentini (1210–1260), Notar und bedeutender Dichter der *scuola siciliana*, gilt als Erfinder des Sonetts. | **Guittone:** Guittone d'Arezzo (um 1230–1294), toskanischer Dichter und gebildeter Ordensbruder, der in seiner Dichtung sizilianische und provenzalische Muster aufgreift, neben Liebes- auch politische und religiös-moralische Gedichte verfasst und als wichtige Vermittlungsinstanz die Entwicklung der italienischen Lyrik weitaus stärker beeinflusst, als Dante es hier suggerieren möchte. | **ritenne:** *ritenere:* zurück-, abhalten. | 57 **dolce stil novo:** der ›süße neue Stil‹ wurde durch diese Dante-Stelle zur quasi offiziellen Bezeichnung einer Dichtung der nicht-sinnlichen Hohen Minne, einer raffiniert artifiziellen philosophischen Gruppenlyrik der *fedeli d'amore,* die eine neuplatonisch inspirierte Amor-Theologie kultivierten und die Geliebte dabei zum engelsgleichen Medium vergöttlichten. Mit *novo* ist der überbietende Innovationsanspruch und auch die christlich-geistige Erneuerung des Menschen gemeint, während *dolce* als Stilprädikat melodisch-ästhetische und intellektuelle Qualitäten vereint. Damit stellt Dante in einem kaum kaschierten Akt der Selbstautorisierung alle Vorläufer als überwundene, formal und inhaltlich minder ausgereifte Dichter dar. | **odo:** *sento* (hören). | 58 **penne:** *penna:* Feder. | 59 **di retro:** *dietro.* | **dittator:** Diktator nicht im heutigen Sinne eines tyrannischen politischen Befehlshabers, gemeint ist derjenige, der diktiert, demnach das Sagen hat, was, wie eine Parallelstelle aus Dantes *De Monarchia* (III. IV.11) verdeutlicht, im mittelalterlich-christlichen Verständnis vor allem Gott war, der den Schreibern seine heiligen Worte diktierte. | 60 **avvenne:** *avvenire:* geschehen.

e qual più a gradire oltre si mette,
non vede più dall' uno all'altro stilo»;
e, quasi contentato, si tacette.

Forese Donati trennt sich von Dante, nachdem er noch den baldigen Tod eines schwarzen Guelfen, seines eigenen gewalttätigen Bruders, vorhergesagt hat, und nimmt seinen Bußlauf wieder auf. Die drei Wanderdichter passieren einen weiteren Wunderbaum, einen Ableger des Baums der Erkenntnis aus dem Paradies, dessen Früchte für die mageren Seelen der Gefräßigen unerreichbar bleiben und aus dessen Laub mahnende Exempel bestrafter *gula* ertönen. Der Wächterengel weist den Weg zum Aufstieg und befreit Dantes Stirn vom sechsten P.

Canto XXV

Im 25. Canto drängt sich Dante während des raschen Aufstiegs zum siebten Kreis der *luxuria* die Frage nach der Empfindungsmöglichkeit der unkörperlichen Seelen im Jenseits auf. Der Christ Statius hebt auf Bitten Vergils zu einer ausführlichen Erklärung an, die dem *figliuolo* (58) Dante zunächst die Zeugung in biblisch-scholastischer Terminologie umschreibt, ohne die Sexualorgane zu benennen, *ov'è più bello / tacer che dire* (43–44). Auf dieser Grundlage kommt Statius zum Akt der Beseelung des Embryos durch Gott und damit zur eigentlichen Problematik:

61 **qual:** *chiunque.* | **gradire** (lat.): voranschreiten. | 62 **stilo:** gemeint ist: der ältere und der neue Stil unterscheiden sich, wie eben definiert, nur in der inneren Einstellung der absoluten Treue zur Inspiration Amors, während Themen und Formelemente sich gleichen können. | 63 **quasi:** komparativ: so wie – Bonagiunta ist mit seiner Einsicht offensichtlich zufrieden.

Quando Lachèsis non ha più del lino,
solvesi dalla carne, ed in virtute
ne porta seco e l'umano e 'l divino:
l'altre potenze tutte quante mute;
memoria, intelligenza e volontade
in atto molto più che prima agute.
Sanza restarsi, per sè stessa cade
mirabilmente all'una delle rive:
quivi conosce prima le sue strade.
Tosto che loco lì la circunscrive,
la virtù informativa raggia intorno
così e quanto nelle membra vive:

79 **Lachèsis:** eine der drei Schicksalsgöttinen (römisch: Parzen, griechisch: Moiren): Klotho, die den Lebensfaden spinnt, Lachesis, die dessen Länge bestimmt, und Atropos, die ihn abschneidet. | **lino:** Flachs, Leinen, hier: Faden des Lebens. | 80 **solvesi:** *sọlversi:* s. lösen, befreien – zu ergänzen ist das Subjekt: die Seele. | **virtute:** *virtù* (lat. *virtus*): Fähigkeit, Kraft, Potenz – *in virtute* also hier: virtuell, als Potenzen der Seele. | 82 **potenze:** Fähigkeiten, Potenzen – vom irdischen Körper befreit behält die Seele, die als ein Ganzes betrachtet wird, ihren vegetativen und sensitiven (*umano*) Teil sowie den intellektiven (*divino*), dessen Seelenkräfte (*facultates animae*) nun, da die anderen ihrer körperlichen Organe beraubt sind, umso schärfer ausgeprägt, umso aktiver sind: Gedächtnis, Intelligenz und Willen. | 84 **atto:** Handeln, Akt (phil. Gegenbegriff zu Potenz in der Scholastik). | **agute:** *aguto/a: acuto/a:* scharf. | 86 **mirabilmente:** auf wunderbare Weise (und aus eigenem Antrieb: *per sè stessa*). | **rive:** die beiden Ufer, von denen die Reise ins Jenseits beginnt: der Acheron für die Verdammten, der Tiber, nach alter Überlieferung, für die geretteten Seelen. | 87 **strade:** *destino.* | 88 **Tosto che:** sobald. | **circunscrive:** *circoscrịvere:* begrenzen, umgeben. | 89 **virtù informativa:** *virtus formativa:* Form-, Gestaltungskraft der Seele. | **raggia:** *raggiare:* strahlen. | 90 **membra:** *membro:* Glied – die Seele wirkt also mit ihrer Kraft auf ihre Umgebung in gleicher Art und Intensität wie im menschlichen Körper.

e come l'aere, quand'è ben pïorno,
per l'altrui raggio che 'n sè si reflette,
di diversi color diventa adorno; 93
così l'aere vicin quivi si mette
in quella forma che in lui suggella
virtüalmente l'alma che ristette; 96
e simigliante poi alla fiammella
che segue il foco là 'vunque si muta,
segue lo spirto sua forma novella. 99
Però che quindi ha poscia sua paruta,
è chiamata ombra; e quindi organa poi
ciascun sentire infino alla veduta. 102
Quindi parliamo e quindi ridiam noi;
quindi facciam le lacrime e' sospiri
che per lo monte aver sentiti puoi. 105
Secondo che ci affliggono i disiri
e li altri affetti, l'ombra si figura;
e quest'è la cagion di che tu miri.» 108

91 **ạere:** *aria.* | **pïorno:** *piovorno: piovoso/a:* regnerisch, regennass. | 93 **adorno/a:** geschmückt – umschrieben ist der Regenbogen. | 95 **suggella:** *suggellare:* (siegeln,) auf-, einprägen. | 96 **alma:** *ạnima.* | **ristette:** *ristare:* bleiben. | 97 **simigliante:** ähnlich – zweiter Vergleich: die Flamme folgt dem Feuer wie die neue (Körper-)Form der Seele, die sie hervorbringt. | 98 **muta:** *mutare:* verändern, verwandeln. | 100 **quindi:** davon, damit, daher. | **pọscia:** danach, seitdem. | **paruta** (*parere*): Anschein, Aussehen. | 101 **organa:** *organare:* Organe formen, ›organisieren‹. | 102 **sentire:** Sinn. | **veduta:** Sehen, Sehsinn. | 105 **monte:** *del purgatorio.* | 106 **affliggono:** *affliggere:* betrüben, quälen, zusetzen. | **disiri:** *desideri.* | 107 **affetti:** *affetto:* Affekt, Gefühl. | **figura:** *figurarsi:* hier: s. formen, Gestalt gewinnen. | 108 **cagion:** *ragione* (f.): Grund. | **miri:** *mirare:* s. wundern, verwundern – der Schattenleib ist also sichtbarer Ausdruck der Gefühle und Leiden der Seele.

Nach dieser Erläuterung irdischer und jenseitiger Körperlichkeit erwartet die Purgatoriumsbergwanderer auf dem siebten Sims Feuer, das aus der Felswand strömt und sie zwingt, aufmerksam zwischen Flammen und Abgrund weiterzugehen. Im Feuer büßen die Wollüstigen, indem sie Hymnen singen und Exempel der Keuschheit zitieren.

Canto XXVI

Weiterhin im feurigen siebten Kreis der Wollüstigen wird Dantes Körperlichkeit im 26. Canto von den im Feuer büßenden Seelen bestaunt, während sich dieser über eine weitere Gruppe von Büßern wundert, die in entgegengesetzter Richtung heraneilen, eilige Küsse austauschen, warnende Exempel sexueller Ausschweifung rufen und weiterlaufen. Eine Seele erklärt Dante dieses Verhalten als Buße für ihre Homosexualität und gibt sich ihm anschließend zu erkennen:

Farotti ben di me volere scemo:
son Guido Guinizelli; e già mi purgo,
per ben dolermi prima ch'allo stremo.»
Quali nella tristizia di Licurgo
si fer due figli a riveder la madre,
tal mi fec' io, ma non a tanto insurgo,
quand' io odo nomar sè stesso il padre
mio e delli altri miei miglior che mai
rime d'amore usar dolci e leggiadre;
e sanza udire e dir pensoso andai
lunga fïata rimirando lui,
nè, per lo foco, in là più m'appressai.

91 **Farotti:** *ti farò.* | **scemo:** hier: frei – der elliptische Satz meint: Ich befreie dich gern davon, über mich (etwas wissen) zu wollen (also sage dir gern, wer ich bin). | 92 **Guido Guinizelli:** der Bologneser Jurist und Dichter (1230–1276) war Schüler von Guittone d'Arezzo, entwickelte das Konzept der *gentilezza* (Seelenadel & Bildungsaristokratie) und wurde so, wie bereits in XI.97 angesprochen, zum Vorläufer und Vorbild Dantes und der Stilnovisten. | **purgo:** *purgarsi:* s. reinigen, läutern. | 93 **dolermi:** *dolersi:* bedauern, bereuen. | **allo stremo:** am äußersten Ende (des Lebens). | 94 **Licurgo:** Dante verkürzt hier zum Vergleich eine Stelle aus der *Thebais* des Statius, in der Hypsipyle (vgl. XXII.112) den Sohn des Lykurgos, König von Nemea, unbeaufsichtigt ließ, der deshalb an einem Schlangenbiss starb, vor der Rache des Vaters jedoch durch ihre beiden Söhne gerettet wurde, die durch die Wachen zu ihr stürzten – während Dante sich nicht in die Flammen wirft. | 95 **fer:** *fẹcero.* | 96 **insurgo:** *insụrgere:* s. erheben, aufstehen – im Sinne von: so weit gehen. | 97 **nomar:** *nominare.* | 99 **usar:** *usạrono.* | **leggiadre:** *leggiadro/a:* anmutig, elegant – Dante bezeichnet Guido hier ehrfürchtig als ›Vater‹ von sich und anderen, bescheiden formuliert, besseren Liebesdichtern, also als Vorläufer des *dolce stil novo.* | 101 **fïata:** Mal, hier: Weile. | **rimirando:** *rimirare:* betrachten, ansehen. | 102 **m'appressai:** *appressarsi:* s. nähern.

Poi che di riguardar pasciuto fui,
tutto m'offersi pronto al suo servigio
con l'affermar che fa credere altrui.
Ed elli a me: «Tu lasci tal vestigio,
per quel ch' i' odo, in me e tanto chiaro,
che Letè nol può torre nè far bigio.
Ma se le tue parole or ver giuraro,
dimmi che è cagion per che dimostri
nel dire e nel guardare avermi caro.»
E io a lui: «Li dolci detti vostri,
che, quanto durerà l'uso moderno,
faranno cari ancora i loro incostri.»
«O frate,» disse, «questi ch' io ti cerno
col dito,» e additò un spirto innanzi,
«fu miglior fabbro del parlar materno.

103 **pasciuto** (*pạscere*): genährt, befriedigt. | 104 **servigio:** *servizio:* Dienst. | 105 **affermar(e):** beteuern, beschwören. | 106 **vestigio:** Spur. | 108 **Letè:** Lethe, der antike Fluss des Vergessens. | **torre:** *tọgliere:* wegnehmen, auslöschen. | **bigio/a:** grau, dunkel. | 109 **ver:** *vero* (auch 121 und 126). | 110 **cagion** (f.): *ragione:* Grund. | 112 **detti:** *versi, poesie.* | 113 **uso moderno:** das Dichten in der (italienischen) Volkssprache. | 114 **incostri:** *inchiostri: inchiostro:* Tinte – metonymisch für das beschriebene Papier, die Schrift. | 115 **cerno:** *cẹrnere:* unterscheiden, auswählen, hier: zeigen. | 116 **additò:** *additare:* mit dem Finger zeigen. | 117 **fabbro:** Schmied – vielzitierte Metapher für verehrte Dichter. | **parlar materno:** Muttersprache.

Versi d'amore e prose di romanzi
soverchiò tutti; e lascia dir li stolti
che quel di Lemosì credon ch'avanzi.
A voce più ch'al ver drizzan li volti,
e così ferman sua oppinïone
prima ch'arte o ragion per lor s'ascolti.
Così fer molti antichi di Guittone,
di grido in grido pur lui dando pregio,
fin che l' ha vinto il ver con più persone.
Or se tu hai sì ampio privilegio,
che licito ti sia l'andare al chiostro
nel quale è Cristo abate del collegio,
falli per me un dir d'un paternostro,
quanto bisogna a noi di questo mondo,
dove poter peccar non è più nostro.»

119 **soverchiò:** *soverchiare:* überragen, übertreffen – der so gelobte Dichter ist der provenzalische Trobador Arnaut Daniel (Ende 12. Jh.), der besonders für seine Minnelyrik im schwierigen dunklen Stil (*trobar clus*) bekannt war, als Erfinder der Sestine gilt und von Dante auch in seiner Schrift *De vulgari eloquentia* gelobt wird; Prosaromane in nordfranzösischer Sprache sind von ihm jedoch nicht bekannt. | 119 **stolti:** *stolto/a:* dumm, töricht. | 120 **quel di Lemosì:** ›der aus dem Limousin‹ ist der Trobador Giraut de Bornelh, Arnauts Zeitgenosse. | **avanzi:** *avanzare:* überholen, übertreffen. | **drizzan:** *drizzare:* richten, wenden. | 122 **ferman:** *fissano.* | 124 **Guittone:** der bereits oben (XXIV.56) angesprochene Guittone d'Arezzo, den die ältere Dichtergeneration weiterhin lobte, bis sich der *dolce stil novo* allgemein durchgesetzt habe. | 125 **grido:** hier: *bocca* – von Mund zu Mund. | 128 **lịcito:** *lẹcito/a:* erlaubt. | **chiostro:** Kloster – gemeint ist das Paradies. | 129 **abate:** Abt. | **collegio:** hier: Gemeinschaft. | 130 **falli … paternostro:** *recita per me, davanti a lui, un paternostro* (Vaterunser) – soweit im Purgatorium nötig, wo eine Versuchung zur Sünde ja nicht mehr zu befürchten ist.

Poi, forse per dar luogo altrui secondo
che presso avea, disparve per lo foco,
come per l'acqua il pesce andando al fondo.
Io mi feci al mostrato innanzi un poco,
e dissi ch'al suo nome il mio disire
apparecchiava grazïoso loco.
El cominciò liberamente a dire:
«Tan m'abellis vostre cortes deman,
qu' ieu no me puesc ni voill a vos cobrire.
Ieu sui Arnaut, que plor e vau cantan;
consiros vei la passada folor,
e vei jausen lo joi qu'esper, denan.
Ara vos prec, per aquella valor
que vos guida al som de l'escalina,
sovenha vos a temps de ma dolor!»
Poi s'ascose nel foco che li affina.

136 **innanzi:** (vorn), *farsi innanzi:* s. nähern. | 137 **disire:** *desiderio:* Wunsch. | 138 **apparecchiava:** *apparecchiare:* bereiten. | **grazïoso/a:** anmutig, freundlich. | 140 **Tan … dolor:** Die lange Figurenrede dichtet Dante als Ausdruck besonderer Würdigung auf Altprovenzalisch, wobei er intertextuelle Bezüge zu Gedichten Arnauts und anderer Trobadors einflicht. Hier die italienische Übersetzung: *Tanto mi è gradita la vostra cortese domanda, ch'io non mi posso né voglio nascondere* (verbergen) *a voi. Io sono Arnaut, che piango e vado cantando*; *guardo pensoso la passata follia, e guardo con gioia, davanti a me, la felicità celeste* (himmlisch) *che spero. Ora vi prego, in nome di quella virtù / grazia divina, che vi guida al sommo* (Gipfel) *di questa scala, vi sovvenga* (erinnern), *a tempo debito* (*di fronte a Dio*), *del mio dolore.* | 148 **s'ascose:** (*n*)*ascọndersi:* s. verbergen. | **affina:** *affinare:* läutern, reinigen.

Canto XXVII

Vor dem nächsten Aufstieg erwartet Dante im 27. Canto noch eine Prüfung, der Gang durch das reinigende Feuer, den er als offenbar von der *luxuria* Betroffener durchleiden soll. Erst nach langem Zureden und durch Erwähnung des Namens *Beatrice* (36) gelingt es Vergil, seinen ängstlichen Zögling zu überreden. Nach überstandener Feuerprobe bricht die Nacht herein, so dass die Wanderer auf der engen Treppe lagern müssen, *io come capra, ed ei come pastori* (86). Im Traum erscheint Dante die biblische Lea, Allegorie der *vita activa*. Am Morgen verheißt Vergil den baldigen Anblick des Baums des Lebens im Paradies, wodurch der Aufstieg rasch abgeschlossen wird.

Come la scala tutta sotto noi
  fu corsa e fummo in su 'l grado superno,
  in me ficcò Virgilio li occhi suoi, 126
e disse: «Il temporal foco e l'etterno
  veduto hai, figlio; e se' venuto in parte
  dov' io per me più oltre non discerno. 129
Tratto t' ho qui con ingegno e con arte;
  lo tuo piacere omai prendi per duce:
  fuor se' dell'erte vie, fuor se' dell'arte. 132

125 **grado superno:** höchste Stufe. | 126 **ficcò:** *ficcare:* heften, richten. | 127 **temporal(e):** zeitlich – das zeitlich begrenzte Feuer des Purgatoriums. | **etterno/a:** ewig – das immerwährende Feuer des *Inferno.* | 128 **veduto:** *visto.* | **parte:** *regione, luogo.* | 129 **discerno:** *discẹrnere:* erkennen, beurteilen – Vergils Kompetenz reicht, wie er bereits zu Beginn angekündigt hatte (*Inferno* I.121–3), bis an die Grenzen der menschlichen Vernunft. | 130 **ingegno:** Geist, Begabung, Intellekt. | **arte:** Kunst(fertigkeit), Kenntnis. | 131 **duce:** Führer. | 132 **erte:** *erto/a:* steil. | **arte:** *arto/a:* eng.

Vedi lo sol che in fronte ti riluce;
vedi l'erbetta, i fiori e li arbuscelli
che qui la terra sol da sè produce.
Mentre che vegnan lieti li occhi belli
che, lacrimando, a te venir mi fenno,
seder ti puoi e puoi andar tra elli.
Non aspettar mio dir più nè mio cenno:
libero, dritto e sano è tuo arbitrio,
e fallo fora non fare a suo senno:
per ch' io te sovra te corono e mitrio.»

Canto XXVIII

Dante betritt im 28. Canto frei das Irdische Paradies.

Vago già di cercar dentro e dintorno
la divina foresta spessa e viva,
ch'alli occhi temperava il novo giorno,

133 **riluce:** *rilụcere:* leuchten (Sonne). | 134 **arbuscelli** (dim.): *ạlberi.* | 136 **Mentre che:** solange bis. | **occhi belli:** *di Beatrice.* | 137 **fenno:** *fẹcero.* | 139 **cenno:** Zeichen. | 140 **arbitrio:** Wille. | 141 **fallo:** Fehler. | **fora:** *sarebbe.* | **senno:** Verstand, Sinn, Willen. | 142 **sovra te:** (Herr, Herrscher) über dich. | **corono:** *coronare:* krönen. | **mitrio:** *mitriare:* mit der Mitra krönen – Doppelformel der Königskrönung, jedoch nicht als Kombination weltlicher und geistlicher Macht verstanden. Am Ende seiner Aufgabe spricht Vergil seinen Schüler frei, ernennt ihn zum freien Menschen, der alles rational Zugängliche gelernt und die Tugenden der Antike verinnerlicht hat, aus christlicher Sicht aber noch nicht vollkommen ist. Die Krönung drückt erhebliches Selbstbewusstsein aus und korrespondiert mit der Demutsgeste des Schilfgürtens im ersten Canto. | 1 **Vago/a:** lustvoll, begierig. | **cercar(e):** hier: erkunden. | 2 **divina foresta:** deutlicher Gegensatz zur *selva oscura* am Beginn der Wanderung (*Inferno* 1.2). | 3 **temperava:** *temperare:* mildern, dämpfen.

sanza più aspettar, lasciai la riva,
  prendendo la campagna lento lento
  su per lo suol che d'ogni parte auliva.
Un'aura dolce, sanza mutamento
  avere in sè, mi ferìa per la fronte
  non di più colpo che soave vento;
per cui le fronde, tremolando, pronte
  tutte quante piegavano alla parte
  u' la prim'ombra gitta il santo monte;
non però dal loro esser dritto sparte
  tanto, che li augelletti per le cime
  lasciasser d'operare ogni lor arte;
ma con piena letizia l'ore prime,
  cantando, ricevìeno intra le foglie,
  che tenevan bordone alle sue rime,
tal qual di ramo in ramo si raccoglie
  per la pineta in su 'l lito di Chiassi,
  quand'Eolo Scilocco fuor discioglie.

6 **auliva:** *aulire* (rar): duften. | 7 **aura:** Luft, Lufthauch. | 7 **mutamento:** Veränderung. | 8 **ferìa:** *ferire:* treffen. | 9 **soave:** sanft. | 10 **fronde:** *fronda:* Laub, Blätter. | **tremolando:** *tremolare:* zittern. | 11 **piegavano:** *piegare:* biegen, neigen. | 12 **u':** *dove.* | **gitta:** *gittare/gettare:* werfen – Schattenwurf nach Westen, der Wind kommt also aus Osten, von Gott. | 13 **dritto/a:** gerade, senkrecht. | **sparte:** *spartire:* trennen – die Bäume waren demnach nicht zu sehr gebogen. | 14 **augelletti:** *uccellini.* | 15 **operare:** handeln, ausführen – die *arte* der Vögel ist natürlich der Gesang. | 16 **letizia:** Freude. | **ore:** eher *aure* (Lüfte) als Stunden. | 17 **ricevìeno:** *ricevevano.* | 18 **bordone:** Bordun, Bassbegleitung. | 20 **lito:** Strand. | **Chiassi:** Classe, römischer Hafen bei Ravenna an der Adria. | 21 **Eolo:** Äolos, mythischer König der Insel Aiolia und Beherrscher der Winde, die er in einer Höhle ankettete, so Vergil in seiner *Aeneis* (I.52–7), der Dante in diesem Abschiedsgesang besonders verpflichtet ist. | **Scilocco:** Scirocco, Südostwind. | **discioglie:** *disciogliere:* lösen, befreien.

Già m'avean trasportato i lenti passi
dentro alla selva antica tanto, ch' io
non potea rivedere ond' io mi 'ntrassi;
ed ecco più andar mi tolse un rio,
che 'nver sinistra con sue picciole onde
piegava l'erba che 'n sua ripa uscìo.
Tutte l'acque che son di qua più monde,
parrìeno avere in sè mistura alcuna,
verso di quella, che nulla nasconde,
avvegna che si mova bruna bruna
sotto l'ombra perpetüa, che mai
raggiar non lascia sole ivi nè luna.
Coi piè ristetti e con li occhi passai
di là dal fiumicello, per mirare
la gran varïazion di freschi mai;
e là m'apparve, sì com'elli appare
subitamente cosa che disvia
per maraviglia tutto altro pensare,

23 **selva:** Wald. | 25 **più andar mi tolse:** hinderte mich am Weitergehen. | **rio:** Bach. | 26 **'nver:** nach, gen. | 27 **ripa:** Ufer. | **uscìo:** *uscì.* | 28 **di qua:** im Diesseits. | **monde:** *mondo/a:* rein, klar. | 29 **parrìeno:** *sembrerẹbbero.* | **mistura:** Unreinheit, Mischung, Trübung. | 30 **verso di:** gegen, im Vergleich mit. | **nasconde:** *nascọndere:* verbergen. | 31 **avvegna che:** obwohl. | **bruna/o:** dunkel. | 33 **raggiar(e):** strahlen. | 34 **ristetti:** *ristare:* stehen bleiben. | 36 **mai** (Plural von *maio/maggio*): Maiblüten. | 38 **disvia:** *disviare:* ablenken, verdrängen.

una donna soletta che si gìa
cantando e scegliendo fior da fiore
ond'era pinta tutta la sua via.
«Deh, bella donna, che a' raggi d'amore
ti scaldi, s' i' vo' credere a' sembianti
che soglion esser testimon del core,
vegnati in voglia di trarreti avanti»
diss' io a lei «verso questa rivera,
tanto ch' io possa intender che tu canti.
Tu mi fai rimembrar dove e qual era
Proserpina nel tempo che perdette
la madre lei, ed ella primavera.»

40 **donna:** die zauberhaft schöne Frauengestalt, Verkörperung des glücklichen Lebens im Paradies, ist deutlich stilnovistisch modelliert, nicht zuletzt nach Guido Cavalcantis Pastorelle *In un boschetto trova' pasturella,* in der es ja, der Gattung entsprechend, um die erotische Begegnung mit einer schönen Hirtin und den unbeschwerten Liebesgenuss geht, was der christlichen Figur einen bemerkenswert sinnlichen Zug verleiht. Ihr Name wird erst später verraten: *Matelda* (XXXIII.119). | **gìa:** *gire:* gehen. | 42 **pinta:** *pingere:* malen, färben, ausschmücken. | 44 **sembianti:** *sembiante* (m.): Aussehen, Ausdruck. | 45 **soglion(o):** *solere:* pflegen, gewöhnlich tun/sein. | 46 **vegnati in voglia:** *non ti dispiaccia* – elegante höfische Bitte. | **trarreti:** *venire.* | 47 **verso:** zu, nach. | **rivera** (Gallizismus): Fluss. | 49 **rimembrar(e):** (s.) erinnern. | 50 **Proserpina:** Persephone/Proserpina, Tochter der Demeter/Ceres und des Zeus/Jupiter, wurde beim Blumenpflücken von Hades/Pluto in die Unterwelt entführt. Ihre verzweifelte Mutter suchte sie auf der ganzen Welt und vernachlässigte dadurch die Vegetation. Zum Schutz der hungernden Menschheit befahl Zeus die Rückgabe der Geraubten, Hades steckte ihr jedoch einen Granatapfelkern in den Mund, um so die Rückkehr der (nicht mehr nüchternen) Geliebten zu verhindern. Als Kompromiss muss sie ein Drittel des Jahres in der Unterwelt verbringen. Dante gestaltet die Stelle in engem Bezug auf Ovids *Metamorphosen* (V.391–5). | 51 **primavera:** hier die Frühlingsblumen, die Proserpina beim Raub verliert.

Come si volge con le piante strette
a terra ed intra sè donna che balli,
e piede innanzi piede a pena mette,
volsesi in su i vermigli ed in su i gialli
fioretti verso me non altrimenti
che vergine che li occhi onesti avvalli;
e fece i prieghi miei esser contenti,
sì appressando sè, che 'l dolce sono
veniva a me co' suoi intendimenti.
Tosto che fu là dove l'erbe sono
bagnate già dall'onde del bel fiume,
di levar li occhi suoi mi fece dono:
non credo che splendesse tanto lume
sotto le ciglia a Venere, trafitta
dal figlio fuor di tutto suo costume.

52 **volge:** *vọlgersi:* s. drehen, wenden. | **piante:** *pianta:* hier: Fußsohle. | **strette** (*strịngere*): fest, nah, eng, verbunden, geschlossen – am Boden und gegeneinander. | 55 **vermigli:** *vermiglio/a:* rot. | 57 **avvalli:** *abbassi* (niederschlagen). | 58 **prieghi:** *priego:* Bitte. | **appressando:** *appressarsi:* s. nähern. | 59 **sono:** *suono.* | **intendimenti:** *senso, significato.* | 61 **Tosto che:** sobald. | 63 **levar(e):** heben. | **dono:** Geschenk. | 64 **lume** (m): Licht. | 65 **trafitta:** *trafiggere:* durchbohren, stechen. | 66 **costume:** Brauch, Sitte, Gewohnheit – wiederum nach Ovids *Metamorphosen* (x.525–8) spielt Dante auf die Verletzung der Venus durch einen Pfeil ihres Sohns Amor an, die sie dazu bringt, sich in den schönen Adonis, Sohn der Myrrha, zu verlieben, der später von einem Eber getötet wird.

Ella ridea dall'altra riva dritta,
trattando più color con le sue mani,
che l'alta terra sanza seme gitta.

Matelda erklärt nun Dante lächelnd das paradiesische Klima mit seiner üppigen autarken Vegetation, die auch für das Pflanzenwachstum auf der Erde verantwortlich zeichne, sowie die im Paradies entspringenden Flüsse Lethe und Eunoë, die Vergessen (der Sünden) und Erinnerung (an gute Taten) bewirken. Die antike Vorstellung eines Goldenen Zeitalters rühre ebenfalls von diesem Paradies her – was die beiden antiken Dichter im Hintergrund mit zustimmendem Lächeln verfolgen.

Canto XXIX

Der Eingangsvers des 29. Canto stellt ein modelliertes Zitat aus Guido Cavalcantis Gedicht *In un boschetto trova' pasturella* dar, was Dantes kühne Kombination erotischer und christlicher, ästhetischer und intellektueller Aspekte in der Figur der Matelda bestätigt: *Cantando come donna innamorata* (1) verfolgt sie ihren Weg den Lethe entlang, und Dante folgt der mit *ninfe* (4) verglichenen Personifikation des paradiesischen Glücks bereitwillig am anderen Ufer. Der Wanderer zürnt angesichts der Freuden des Irdischen Paradieses der sündigen Eva, als Lichterscheinungen und Klänge ein paradiesisches Ereignis ankündigen:

67 **dritta:** *drizzata:* aufgerichtet. | 68 **trattando:** *muovendo.* | **color(i):** *fiori.* | 69 **alta terra:** das Irdische Paradies auf dem Gipfel des Purgatoriums. | **gitta:** *gittare/gettare:* (werfen), keimen, hervorbringen – der samenlose (*sanza seme*) Wuchs der paradiesischen Flora, der im Folgenden erklärt wird, verbindet biblische Vorstellungen mit dem antiken Mythos des Goldenen Zeitalters (Ovid: *Metamorphosen* 1.89).

O sacrosante Vergini, se fami,
freddi o vigilie mai per voi soffersi,
cagion mi sprona ch' io mercè vi chiami.
Or convien che Elicona per me versi,
e Uranìa m'aiuti col suo coro
forti cose a pensar mettere in versi.

Das folgende, nach biblischen Quellen (*Ezechiel* und *Apokalypse*) gezeichnete Spektakel ist ein allegorischer Triumphzug der Kirche mit ihren Insignien, der Dante – wie auch Vergil – in Staunen versetzt. Im Glanz von sieben Leuchtern und strahlenden Farberscheinungen und unter Hosianna-Gesängen ziehen Personifikationen der 24 Bücher des Alten Testaments, der vier Evangelisten, von Christus als Greif (Symbol seiner göttlich-menschlichen Doppelnatur) vor einem Triumphwagen, der drei geistlichen und vier weltlichen Tugenden sowie von sieben Büchern des Neuen Testaments vorbei. Mit einem Donnerschlag bleibt die Prozession der *Ecclesia triumphans* stehen.

37 **Vergini:** hier die Musen, deren Anruf der Dichter angesichts unglaublicher Eindrücke, die zu schildern nun ansteht, einfügt. | 38 **vigilie:** *vigilia:* hier: Nachtwache (eine der Entbehrungen des nächtlich arbeitenden Dichters). | 39 **cagion:** *ragione* (f.): Grund. | **sprona:** *spronare:* anspornen, antreiben. | **mercè:** Hilfe, Gnade, Gunst. | 40 **Elicona:** Helikon, Berg in Böotien, Sitz der Musen mit zwei Quellen, die dichterische Inspiration verströmen. | **versi:** *versare:* (ver/ein)gießen. | 41 **Uranìa:** Urania, Muse der Astronomie, als Hinweis auf kommendes Himmlisches. | 42 **forti:** *forte:* schwer (zu denken und zu beschreiben).

Canto XXX

Lange erwartet und durch die Begegnung mit Matelda vorbereitet erscheint Beatrice im 30. Canto umgeben von einer Blumenwolke und nimmt ihren Platz auf dem Triumphwagen ein. Dem überwältigten Dante bereitet sie indes einen strengen Empfang.

Quando il settentrïon del primo cielo,
  che nè occaso mai seppe nè orto
  nè d'altra nebbia che di colpa velo,
e che faceva lì ciascuno accorto
  di suo dover, come 'l più basso face
  qual temon gira per venire a porto,
fermo s'affisse, la gente verace
  venuta prima tra 'l grifone ed esso,
  al carro volse sè come a sua pace;

1 **settentrïon:** Siebengestirn des Großen Bären oder Wagen (*Ursa Major*) am nördlichen Sternenhimmel, steht hier auch für die sieben Tugenden des obersten *primo cielo*, im Triumphzug symbolisiert durch die sieben Leuchter. | 2 **occaso:** Untergang. | **orto:** Aufgang. | 3 **velo:** gemeint ist, dass diese ewige Konstellation, die im Gegensatz zu den auf Erden sichtbaren Sternbildern nicht auf- und untergeht, nur durch menschliche Schuld und nicht aus atmosphärischen Gründen von Nebel verhüllt wurde. | 4 **accorto/a:** klug, verständig, erfahren. | 6 **qual:** *qualunque, chiunque.* | **temon:** *timone:* Steuer – das ›untere‹ Sternbild *Ursa Major* dient dem Steuermann auf See zur Orientierung. | 7 **s'affisse:** *affiggersi:* stehenbleiben. | **verace:** wahr – gemeint sind die 24 *seniori* (XXIX.83), die Verkörperungen der Schriften des AT, die nach den Leuchtern des Siebengestirns (*esso*, 8) und vor dem Triumphwagen geschritten sind. | 8 **grifone:** Greif – Personifikation Christi. | 9 **volse:** *vọlgersi:* s. umwenden. | **pace:** Christus – Zitat aus dem Paulusbrief an die *Epheser* (2.14).

e un di loro, quasi da ciel messo,
Veni, sponsa, de Libano cantando
gridò tre volte, e tutti li altri appresso.
Quali i beati al novissimo bando
surgeran presti ognun di sua caverna,
la revestita voce alleluiando;
cotali in su la divina basterna
si levar cento, ad vocem tanti senis,
ministri e messaggier di vita etterna.

10 **messo:** Bote. | 11 **Veni, sponsa, de Libano** (lat.): Komm, Braut, vom Libanon – Zitat aus dem *Hohelied*, dem erotisch-mystischen Buch des AT (4.8), dessen Personifikation singt; Dante setzt die ›Braut‹ hier nicht, wie üblich, allegorisch mit der Kirche, sondern mit der göttlichen Weisheit (*divina scienza*) gleich, so wie in seinem *Convivio* (II. XIV.20). | 12 **appresso:** danach. | 13 **beati:** *beato/a:* selig. | **bando:** Bekanntmachung, Aufruf – die letzte (*novissimo*) Posaune des Jüngsten Gerichts, bei der fleischlichen Auferstehung der Toten. | 14 **surgeran(o):** *sụrgere/ sọrgere:* s. erheben, aufstehen. | **caverna:** Höhle, hier: Grab. | 15 **revestita:** *rivestita/o:* bekleidet, hier: wiedererlangt (Stimme). | **alleluiando:** *alleluiare:* mit Halleluja besingen, bejubeln. | 16 **cotali:** hier: so – nach *Quali* (wie) die zweite Vergleichspartikel. | **basterna:** Sänfte, hier: Wagen. | 17 **levar(ono):** *levarsi:* s. erheben. | **ad vocem tanti senis** (lat): bei der Stimme eines so bedeutenden Greises – dieser feierliche Canto integriert in besonderem Maße lateinische und latinisierende Ausdrücke. | 18 **ministri:** *ministro:* hier: Diener. | **messagier(i):** *messagiere:* Bote, also Engel.

Tutti dicean: *Benedictus qui venis!*,
e fior gittando di sopra e dintorno,
Manibus, oh, date lilïa plenis!
Io vidi già nel cominciar del giorno
la parte orïental tutta rosata,
e l'altro ciel di bel sereno adorno;
e la faccia del sol nascere ombrata,
sì che, per temperanza di vapori,
l'occhio la sostenea lunga fïata:
così dentro una nuvola di fiori
che dalle mani angeliche saliva
e ricadeva in giù dentro e di fori,

19 **Benedictus qui venis** (lat.): gesegnet seist du, der du kommst – Fortsetzung der in XXIX.51 zitierten Stelle aus dem *Matthäusevangelium* (21.9) über Jesu Einzug in Jerusalem; die Verbform ist leicht abgewandelt, das männliche *Benedictus* wird als Bibelzitat jedoch nicht angepasst, obwohl ja eine Frau erwartet wird und Christus in der Gestalt des Greifen bereits anwesend ist. | **gittando:** *gittare/gettare:* werfen. | 21 **Manibus, oh, date lilia plenis** (lat): spendet Lilien mit vollen Händen – Zitat aus der *Aeneis* (VI.883), aus metrischen Gründen um die Silbe *oh* erweitert, und letzte Reverenz an Vergil, dessen Dichtung damit erneut deutlich mit der christlichen Heilsbotschaft verknüpft (und der dort angesprochene Marcellus zur *figura Christi*) wird, während der Autor in den Limbus verbannt bleibt. | 22 **già:** hier: einst. | 24 **adorno/a:** geschmückt. | 25 **ombrata/o:** beschattet, verschleiert. | 26 **temperanza:** Abmilderung, Dämpfung. | 27 **sostenea:** *sostenere:* hier: aushalten, ertragen. | **fïata:** Mal, hier: Weile. | 29 **saliva:** *salire:* hier: aufsteigen.

sovra candido vel cinta d'uliva
donna m'apparve, sotto verde manto
vestita di color di fiamma viva.
E lo spirito mio, che già cotanto
tempo era stato che alla sua presenza
non era di stupor, tremando, affranto,
sanza delli occhi aver più conoscenza,
per occulta virtù che da lei mosse,
d'antico amor sentì la gran potenza.
Tosto che nella vista mi percosse
l'alta virtù che già m'avea trafitto
prima ch' io fuor di puerizia fosse,
volsimi alla sinistra col rispitto
col quale il fantolin corre alla mamma
quando ha paura o quando elli è afflitto,

31 **cạndido/a:** schneeweiß. | **cinta/o:** umgeben, umgürtet, hier: bekränzt. | **uliva:** *olivo:* Olivenbaum, heiliger Baum der Athene/Minerva, Göttin der Weisheit, so in Vers 68 expliziert. | 32 **manto:** Mantel – die farbige Kleidung der *donna* greift die Farbsymbolik der drei ›theologischen‹ Tugenden aus XXIX.121–126 auf: Glaube (weiß), Hoffnung (grün), Liebe (rot). | 34 **cotanto:** so viel, so lange. | 36 **affranto:** *affrạngere:* hier: zu Boden/niederwerfen. | 38 **virtù:** hier: Kraft, Macht (auch 41) – die verborgene Kraft Beatrices übt wie bereits zu Lebzeiten durch bloße Annäherung ungeheure Macht auf Dante aus. | 40 **Tosto che:** sobald. | **percosse:** *percuọtere:* treffen. | 41 **trafitto:** *trafiggere:* durchbohren. | 42 **puerizia:** Kindheit, Kindesalter – Dantes erste Begegnung mit Beatrice fand im Alter von neun Jahren statt, wie er in der *Vita Nova* schreibt (II.1). | 43 **volsimi:** *vọlgersi:* s. wenden. | **rispitto:** schwer zu interpretierendes Wort, wohl ein Gallizismus, mögliche Bedeutungen: Zögern, Respekt, Achtung, Ehrfurcht, hier wahrscheinlich: Vertrauen. | 44 **fantolin(o):** Kind. | 45 **afflitto/a:** traurig, betrübt.

per dicere a Virgilio: 'Men che dramma
di sangue m'è rimaso che non tremi:
conosco i segni dell'antica fiamma;'
ma Virgilio n'avea lasciati scemi
di sè, Virgilio dolcissimo patre,
Virgilio a cui per mia salute die'mi;
nè quantunque perdeo l'antica matre,
valse alle guance nette di rugiada,
che, lacrimando, non tornasser atre.
«Dante, perchè Virgilio se ne vada,
non pianger anco, non piangere ancora;
chè pianger ti conven per altra spada.»
Quasi ammiraglio che in poppa ed in prora
viene a veder la gente che ministra
per li altri legni, e a ben far l'incora;

46 **dịcere:** *dire.* | **dramma:** (Drachme), Quentchen, kleinste Einheit. | 47 **rimaso:** *rimasto.* | 49 **scemi:** *scemo/a:* hier: ohne – *ne: ci* meint hier Dante und Statius. | 51 **salute** (f.): Heil. | **die'mi:** *mi diede* – Vergils lange angekündigter Abschied erschüttert Dante trotzdem zu Tränen, noch die dreimalige Namensnennung lässt sich als Echo einer Orpheus-Stelle aus Vergils *Georgica* (IV.525–7) lesen und untermauert die essentielle Bedeutung des antiken Meisters für Dante. | 52 **quantunque:** wie viel. | **perdeo** (ant. Perf.): *perse.* | **antica matre:** die Urmutter Eva, die das Irdische Paradies (Subjekt des Verbs *valere* im folgenden Vers) vertat. | 53 **nette:** *nettare:* reinigen. | **rugiada:** Tau – Dantes Reinigung mit Tau durch Vergil bei der Ankunft am Purgatorium (I.121). | 54 **atre:** *atro/a:* dunkel. | 55 **Dante:** die einzige Namensnennung im Werk unterstreicht die Bedeutung des Folgenden und geschieht nicht zum Ruhm des Genannten, sondern *di necessità* (63) zu seiner heilbringenden Demütigung. | 56 **anco:** *ancora:* (nicht) schon, jetzt noch (nicht). | 57 **spada:** Schwert, hier: Strafe, Schlag. | 58 **Quasi:** komparativ: so wie. | **ammiraglio:** Admiral – der Vergleich mit einem Kriegskapitän verdeutlicht die Strenge und Überlegenheit Beatrices. | **poppa:** Heck. | **prora:** (*prua*) Bug. | 59 **ministra:** *ministrare:* dienen. | 60 **legni:** *navi* (metonymisch). | **incora:** *incora(ggia)re:* ermutigen, anspornen.

in su la sponda del carro sinistra,
quando mi volsi al suon del nome mio,
che di necessità qui si registra,
vidi la donna che pria m'apparìo
velata sotto l'angelica festa,
drizzar li occhi ver me di qua dal rio.
Tutto che 'l vel che le scendea di testa,
cerchiato delle fronde di Minerva,
non la lasciasse parer manifesta,
regalmente nell'atto ancor proterva
continüò come colui che dice
e 'l più caldo parlar dietro reserva:
«Guardaci ben! Ben son, ben son Beatrice.
Come degnasti d'accedere al monte?
non sapei tu che qui è l'uom felice?»

61 **sponda:** hier: Brüstung, Geländer (des Triumphwagens). | 65 **festa:** gemeint ist die Blumenwolke, die von Engeln erzeugt wurde (28–30). | 66 **drizzar(e):** richten, lenken. | **ver:** *verso:* auf. | **rio:** Bach, Fluss (Lethe). | 67 **Tutto che:** obwohl. | 68 **cerchiato/a:** umgeben, bereift, bekränzt. | **fronde:** *fronda:* Laub, Blätter. | 69 **parer(e):** erscheinen, sichtbar werden, erkennen. | 70 **regalmente:** königlich. | **atto:** Haltung. | **proterva/o:** hochmütig, stolz. | 72 **dietro:** hier: bis zum Schluss (der Rede aufsparen). | 73 **Guardaci:** schwierige Textstelle, *ci* ist entweder als Ortsadverb (›hierher‹) zu lesen oder als Personalpronomen (›uns‹), im zweiten Fall spräche Beatrice im *pluralis majestatis*, was durch ihr königliches Auftreten und die Mehrzahl der Überlieferungsträger gedeckt wäre, die statt *son* die Pluralform *sem* aufweisen – beides ist möglich, auch wenn Beatrices Rede in der ersten Person Singular weitergeht, was die erste Lesart stützt. | 74 **degnasti:** *degnare:* (würdigen,) hier am sinnvollsten: s. für würdig halten – eine weitere umstrittene Textstelle. | **accedere:** s. begeben, kommen – auf den Purgatoriumsberg (*monte*). | 75 **sapei:** *sapevi* – der Vers meint, dass im Irdischen Paradies nur unschuldige Menschen leben, keine Sünder wie Dante.

Li occhi mi cadder giù nel chiaro fonte;
ma veggendomi in esso, i trassi all'erba,
tanta vergogna mi gravò la fronte.
Così la madre al figlio par superba,
com'ella parve a me; perchè d'amaro
sent' il sapor della pietade acerba.
Ella si tacque; e li angeli cantaro
di subito *In te, Domine, speravi*;
ma oltre *pedes meos* non passaro.
Sì come neve tra le vive travi
per lo dosso d'Italia si congela.
soffiata e stretta dalli venti schiavi,
poi, liquefatta, in sè stessa trapela,
pur che la terra che perde ombra spiri,
sì che par foco fonder la candela;

76 **fonte:** hier der Fluss Lethe. | 77 **trassi:** *trarre:* hier: abziehen, abwenden – die Augen (*i*) vom Spiegelbild im Wasser weg zum Gras. | 78 **gravò:** *gravare:* bedrücken, belasten. | 79 **par(e):** *parere: sembrare.* | **superba/o:** hochmütig, erhaben, streng. | 81 **pietade:** hier (nach lat. *pietas*): Liebe, Mutterliebe. | **acerba/o:** herb, bitter, unreif. | **di sụbito:** plötzlich. | **In te, Domine, speravi:** Auf dich, Herr, hoffte ich – Beginn des Psalms 31(30), in dem Gott vertrauensvoll um Hilfe in Bedrängnis angefleht wird, hier nur bis zum neunten Vers *pedes meos* (meinen Füßen) von den Engeln zu Dantes Beistand gesungen, da der Fortgang des Psalms nicht mehr zur aktuellen Situation passt. | 85 **travi:** *trave:* Balken – hier Bäume. | 86 **dosso d'Italia:** der Apennin, quasi der Rücken (*dosso*) Italiens. | **congela:** *congelarsi:* gefrieren. | 87 **stretta/o:** hier: verhärtet (durch den eisigen Wind). | **schiavi:** *schiavoni:* aus Slawonien (heute Slowenien), für kalte Nordostwinde. | 88 **liquefatta/o:** verflüssigt, flüssig. | **trapela:** *trapelare:* sickern, tropfen. | 89 **terra:** Afrika, wo die Nähe zum Äquator die Schatten verkürzt. | **spiri:** *spirare:* wehen, hier transitiv: (heißen) Wind senden.

così fui sanza lacrime e sospiri
anzi 'l cantar di quei che notan sempre
dietro alle note delli etterni giri;
ma poi ch' i' 'ntesi nelle dolci tempre
lor compatire a me, più che se detto
avesser: 'Donna, perchè sì lo stempre?',
lo gel che m'era intorno al cor ristretto,
spirito e acqua fessi, e con angoscia
della bocca e delli occhi uscì del petto.
Ella, pur ferma in su la detta coscia
del carro stando, alle sustanze pie
volse le sue parole così poscia:
«Voi vigilate nell'etterno dìe,
sì che notte nè sonno a voi non fura
passo che faccia il secol per sue vie;
onde la mia risposta è con più cura
che m' intenda colui che di là piagne,
perchè sia colpa e duol d'una misura.

92 **anzi:** vor. | **notan:** *notare:* hier: singen – unter genauer Beachtung der Noten (*note*), die den Willen der ewigen Kreise (*giri*), also Gottes, ausdrücken, singen hier die Engel (*quei*). | 94 **'ntesi:** *intẹndere:* hören, verstehen. | **tempre:** *tempra:* hier: Akkord, Harmonie. | 95 **compatire:** *compassione:* Mitleid. | 96 **stempre** (2. Ps. Sg.): *stemperare:* auflösen, zerstören, entmutigen. | 97 **ristretto:** *ristrịngere:* zusammendrücken, einengen. | 98 **spirito e acqua:** *lacrime e sospiri* (91) – im Chiasmus umgekehrt. | **fessi:** *si fece.* | **angoscia:** Angst, Beklemmung. | 100 **coscia:** hier: Seite. | 101 **sustanze pie:** (fromme) mitleidige Wesen, hier die Engel, an die sich Beatrice nun, wie bei einer Gerichtsrede, wendet. | 102 **volse:** *vọlgere:* richten, wenden. | **pọscia:** dann, danach. | 103 **vigilate:** *vigilare:* wachen. | **dìe:** *giorno* – die Engel wachen im ewigen Licht Gottes und schlafen nie. | 104 **fura:** *furare:* rauben, entziehen. | 105 **secol(o):** hier: Welt, Zeitlichkeit. | 106 **cura:** Sorge. | 108 **d'una misura:** von gleichem Maß, ausgewogen.

Non pur per ovra delle rote magne,
  che drizzan ciascun seme ad alcun fine
  secondo che le stelle son compagne,
ma per larghezza di grazie divine,
  che sì alti vapori hanno a lor piova,
  che nostre viste là non van vicine,
questi fu tal nella sua vita nova
  virtüalmente, ch'ogni abito destro
  fatto averebbe in lui mirabil prova.
Ma tanto più maligno e più silvestro
  si fa 'l terren col mal seme e non colto,
  quant'elli ha più di buon vigor terrestro.
Alcun tempo il sostenni col mio volto:
  mostrando li occhi giovanetti a lui,
  meco il menava in dritta parte volto.

109 **pur(e):** nur. | **ovra:** *opera:* Werk, Wirkung. | **rote magne:** *grandi ruote* – die Himmelssphären, deren astrologischer Einfluss auf die Menschen nicht abgestritten, aber durch die göttliche Gnade (112) relativiert wird. | 110 **fine** (m.): Ziel, Zweck. | 111 **secondo che:** je nachdem. | **compagne:** *compagno/a:* Begleiter*in, hier die Sternenkonstellation bei der Geburt. | 112 **larghezza:** Großzügigkeit, Freigebigkeit, Fülle. | **piova:** *pioggia* – gemeint ist die göttliche Gnade, die aus solcher Höhe herabströmt, dass sie für das Auge unerreichbar, also unergründlich ist. | 115 **vita nova:** *gioventù.* | 116 **virtüalmente:** potentiell. | **abito:** Veranlagung, Begabung. | **destro/a:** recht, gut, günstig. | 117 **mirạbil(e):** wunderbar. | **prova:** Probe, Leistung – das Lob des hervorragenden Potentials bereitet die folgende Kritik an den ungenutzten Möglichkeiten vor. | 118 **silvestro/a:** *selvaggio.* | 121 **sostenni:** *sostenere:* stützen, helfen, schützen. | 123 **menava:** *menare:* führen (in die rechte Richtung) – die Terzine bezieht sich auf die Lebensjahre Beatrices, in denen sie durch ihre Präsenz, ihre Augen Dante den rechten Weg weisen konnte, nach der Stilisierung in der *Vita Nova* die Jahre 1274–1290. | **volto:** *vọlgere:* wenden, drehen.

Sì tosto come in su la soglia fui
di mia seconda etade e mutai vita,
questi si tolse a me, e diessi altrui.
Quando di carne a spirto era salita
e bellezza e virtù cresciuta m'era,
fu' io a lui men cara e men gradita;
e volse i passi suoi per via non vera,
imagini di ben seguendo false,
che nulla promission rendono intera.
Nè l'impetrare ispirazion mi valse,
con le quali ed in sogno e altrimenti
lo rivocai; sì poco a lui ne calse!
Tanto giù cadde, che tutti argomenti
alla salute sua eran già corti,
fuor che mostrarli le perdute genti.

125 **seconda etade:** das zweite Lebensalter, das mit 25 Jahren beginnt. | **mutai:** *mutare:* wechseln, ändern – gemeint ist ihr Tod, der Übergang ins andere ewige Leben. | 126 **tolse:** *tọgliersi:* hier: s. entziehen. | **diessi:** *si diede* – wer mit *altrui* gemeint ist, ob intellektuelle oder amouröse Abirrungen vom rechten Weg, die Philosophie oder andere Geliebte, bleibt vage. | 127 **era:** *ero.* | 128 **bellezza:** nicht nur Tugend, sondern auch Schönheit nimmt im ewigen Leben zu. | 132 **promission(e):** *promessa* – angelehnt an Boethius werden die Irrwege auf der Suche nach dem Glück beklagt. | 133 **impetrare:** erbitten, erflehen. | **ispirazion(i):** Erleuchtungen, Eingebungen. | **valse:** *valere:* nützen, helfen. | 135 **rivocai:** *rivocare:* zurückrufen. | **calse:** *calẹre* (impers.): Bedeutung haben, am Herzen liegen. | 136 **argomenti:** hier: Mittel. | 137 **salute** (f.): Heil, Rettung. | **corti:** hier im Sinne von: vergeblich. | 138 **fuor che:** außer. | **perdute genti:** die Verlorenen im *Inferno* – hier knüpft Beatrice an den Beginn von Dantes Jenseitswanderung an, der von ihr indirekt initiiert wurde.

Per questo visitai l'uscio de' morti,
e a colui che l' ha qua su condotto,
li preghi miei, piangendo, furon porti.
Alto fato di Dio sarebbe rotto,
se Letè si passasse e tal vivanda
fosse gustata sanza alcuno scotto
di pentimento che lagrime spanda.»

Canto XXXI

Beatrices Strafpredigt geht im 31. Canto ohne Pause weiter, in direkter Ansprache fordert sie Dante nun zum Geständnis seiner Schuld auf, woraufhin dieser nur Stammeln und Tränen hervorbringt.

Ond'ella a me: «Per entro i mie' disiri,
che ti menavano ad amar lo bene
di là dal qual non è a che s'aspiri,
quai fossi attraversati o quai catene
trovasti, per che del passare innanzi
dovessiti così spogliar la spene?

139 **ụscio:** Tür, Eingang. | 141 **preghi:** *prego:* Bitte – mit *colui* ist natürlich Vergil gemeint. | 142 **fato:** *fatum*, christlich interpretiert als Gottes Gesetz, Bestimmung. | 143 **vivanda:** Speise. | 144 **gustata:** *gustare:* kosten. | **scotto:** Zeche, Entgelt. | 145 **spanda:** *spạndere:* vergießen. | 22 **Ond':** weshalb. | **Per entro:** innerhalb, durch. | **disiri:** *desideri* – hier die von Beatrice eingegebenen guten Begierden/Bestrebungen, die ihn zu Gott (*lo bene*) führen sollten. | 23 **menavano:** *menare:* führen. | 24 **s'aspiri:** *aspirare:* streben. | 25 **fossi attraversati:** Quergräben (im Festungsbau), wie die folgenden *catene* also Hindernisse. | 26 **innanzi:** voran, vorwärts. | 27 **spogliar(si):** hier: verlieren. | **spene** (f.): *speme:* Hoffnung.

E quali agevolezze o quali avanzi
nella fronte delli altri si mostraro,
per che dovessi lor passeggiare anzi?»
Dopo la tratta d'un sospiro amaro,
a pena ebbi la voce che rispose,
e le labbra a fatica la formaro.
Piangendo dissi: «Le presenti cose
col falso lor piacer volser miei passi,
tosto che 'l vostro viso si nascose.»
Ed ella: «Se tacessi o se negassi
ciò che confessi, non fora men nota
la colpa tua: da tal giudice sassi!
Ma quando scoppia della propria gota
l'accusa del peccato, in nostra corte
rivolge sè contra 'l taglio la rota.
Tuttavia, perchè mo vergogna porte
del tuo errore, e perchè altra volta,
udendo le serene, sie più forte,

28 **agevolezze:** *agevolezza:* Erleichterung. | **avanzi:** *avanzo:* Ersparnis, Überschuss, hier: Vorteil. | 29 **altri:** *altri beni* (vgl. 23). | 30 **anzi:** vor – der Ausdruck meint hier wohl konkret das Herumspazieren vor dem Haus der Geliebten, im Sinne von ›den Hof machen‹. | 30 **tratta:** hier: Ausstoß (Seufzer). | 35 **volser(o):** *vọlgere:* hier: abbringen, auf Abwege bringen. | **tosto che:** sobald. | 36 **nascose:** *nascọndersi:* s. verbergen. | 38 **fora:** *sarebbe.* | 39 **sassi:** *si* (verstärkender ethischer Dativ) *sa* – Gott (*tal giụdice*) ist allwissend. | 40 **gota:** Wange. | 42 **rivolge:** *rivọlgersi:* s. (um)drehen. | **taglio:** Schnitt, Schneide, Schliff – das (bereits biblische) Schwert der göttlichen Gerechtigkeit wird durch das Sündenbekenntnis in die andere Richtung geschliffen, also stumpfer und damit milder im Urteil. | 43 **mo:** *ora.* | **porte** (2. Ps. Sg.): *portare:* hier: empfinden. | 45 **serene:** Sirenen (vor deren verführerischem Gesang Dante bereits in seiner Traumvision XIX.19 gewarnt wurde). | **sie:** *sia.*

pon giù il seme del piangere ed ascolta:
sì udirai come in contraria parte
mover dovìeti mia carne sepolta.
Mai non t'appresentò natura o arte
piacer, quanto le belle membra in ch' io
rinchiusa fui, e sono in terra sparte;
e se 'l sommo piacer sì ti fallìo
per la mia morte, qual cosa mortale
dovea poi trarre te nel suo disio?
Ben ti dovevi, per lo primo strale
delle cose fallaci, levar suso
di retro a me che non era più tale.
Non ti dovea gravar le penne in giuso,
ad aspettar più colpi, o pargoletta
o altra vanità con sì breve uso.

46 **seme del piangere:** Tränen, nach Psalm 125(126).5–6. | 47 **sì:** *così.* | 48 **dovìeti:** *ti doveva.* | 49 **appresentò:** *appresentare:* geben. | 50 **membra:** *membro:* Glied – Beatrices schöner Körper. | 51 **rinchiusa:** *rinchiụdere:* einschließen. | **sparte:** *sparse: spạrgere:* verstreuen – im Grab. | 52 **sommo/a:** höchste/r. | **falliò:** *fallire:* hier: verloren gehen. | 54 **disịo:** *desiderio* – Beatrice argumentiert mit ihrer eigenen unvergleichlichen, aber vergänglichen Schönheit, deren Verlust im Tod Dante von anderen weltlichen Begierden hätte abbringen müssen. | 55 **strale** (m.): Pfeil – der Tod Beatrices. | 56 **fallaci:** *fallace:* trügerisch. | **levar:** *levarsi:* s. erheben. | **suso:** *su.* | 57 **di retro:** *dietro.* | **tale:** *fallace* – nach dem Tod. | 58 **gravar(e):** belasten, beschweren. | **penne:** *penna:* Feder. | **giuso:** *giù.* | 59 **pargoletta:** Mädchen, junge Frau – Terminus der höfischen Liebesdichtung, von Dante an drei Stellen in seinen *Rime* für eine andere Frau als Beatrice benutzt, demnach eine andere Geliebte. | 60 **vanità:** Eitelkeit, Eitles – andere Lesart der Stelle: *novità.* | **uso:** hier: Gebrauch, Genuss, Dauer.

Novo augelletto due o tre aspetta;
ma dinanzi dalli occhi di pennuti
rete si spiega indarno o si saetta.» 63
[...]

Dante steht beschämt vor Beatrices Vorwürfen da, als sie ihn auffordert, sie anzusehen. Der Blütenregen der Engel hat aufgehört und Dante sieht seine verschleierte Geliebte jenseits des Flusses, was seine Reue noch verstärkt.

Tanta riconoscenza il cor mi morse,
ch' io caddi vinto; e quale allora femmi,
salsi colei che la cagion mi porse. 90
Poi, quando il cor virtù di fuor rendemmi,
la donna ch' io avea trovata sola
sopra me vidi, e dicea: «Tiemmi, tiemmi!» 93
Tratto m'avea nel fiume infin la gola,
e tirandosi me dietro sen giva
sovresso l'acqua lieve come scola. 96

61 **augelletto** (dim.): *uccello* – der junge unerfahrene Vogel wartet vielleicht mehrere *colpi* ab, der ältere befiederte sollte den Nachstellungen zu entgehen gelernt haben. | 62 **pennuti:** *pennuto/a:* gefiedert. | 63 **spiega:** *spiegare:* hier: ausbreiten. | **indarno:** vergeblich, umsonst. | **saetta:** *saettare:* mit Pfeilen schießen. | 88 **riconoscenza:** Erkenntnis (der Schuld). | 89 **caddi:** *cadere:* hier: in Ohnmacht fallen. | **femmi:** *mi feci* – was aus mir wurde (*farsi: diventare*). | 90 **salsi:** *lo sa* (*colei:* Beatrice). | **cagion** (f.): *ragione:* Grund. | 91 **virtù:** hier: Kraft – der Ausdruck meint: zu sich kommen. | 93 **Tiemmi:** *tienimi, tieniti a me.* | 95 **sen giva:** *se ne andava* – Matelda (*la donna*) taucht Dante wie bei der sündenvergebenden Taufe in den Lethe-Fluss. | 96 **sovresso:** *sopra.* | **lieve:** leicht. | **scola:** *spola:* Kahn, Nachen.

Quando fui presso alla beata riva,
Asperges me sì dolcemente udissi,
che nol so rimembrar, non ch' io lo scriva.
La bella donna nelle braccia aprissi;
abbracciommi la testa e mi sommerse
ove convenne ch' io l'acqua inghiottissi.
Indi mi tolse, e bagnato m'offerse
dentro alla danza delle quattro belle;
e ciascuna del braccio mi coperse.
«Noi siam qui ninfe e nel ciel siamo stelle:
pria che Beatrice discendesse al mondo,
fummo ordinate a lei per sue ancelle.
Merrenti alli occhi suoi; ma nel giocondo
lume ch'è dentro aguzzeranno i tuoi
le tre di là, che miran più profondo.»
Così cantando cominciaro; e poi
al petto del grifon seco menarmi,
ove Beatrice stava volta a noi,

97 **beata/o:** selig. | 98 **Asperges me:** Besprenge mich (mit Ysop, so werde ich rein) – Zitat aus dem Bußpsalm 51(50).9. | 99 **rimembrar(e):** (s.) erinnern. | **non ch':** hier: geschweige denn. | 100 **nelle braccia aprissi:** *aprì le braccia* (ungewöhnliche Konstruktion). | 101 **sommerse:** *sommẹrgere:* untertauchen. | 102 **ove:** hier: weshalb, dass. | **inghiottissi:** *inghiottire:* schlucken. | 103 **Indi:** dann. | **tolse:** gemeint: aus dem Wasser. | 104 **quattro belle:** die vier Kardinaltugenden, die auf der linken Seite des Triumphwagens tanzen. | 108 **ancelle:** *ancella:* Magd, Dienerin. | 109 **Merrenti:** *ti meneremo* (*menare:* führen). | **giocondo/a:** heiter, fröhlich, ergötzend. | 110 **lume** (m.): Licht. | **aguzzeranno:** *aguzzare:* spitzen, schärfen (den Blick). | 111 **le tre:** die drei ›theologischen‹ Tugenden, die auf der rechten Seite des Triumphwagens tanzen. | **miran:** *mirare:* sehen. | 113 **grifon(e):** Greif – Personifikation Christi. | **menarmi:** *mi menarono.* | 114 **volta:** *vọlgere:* wenden, drehen, richten.

disser: «Fa che le viste non risparmi:
posto t'avem dinanzi alli smeraldi
ond' Amor già ti trasse le sue armi.»
Mille disiri più che fiamma caldi
strinsermi li occhi alli occhi rilucenti,
che pur sopra 'l grifone stavan saldi.
Come in lo specchio sol, non altrimenti
la doppia fiera dentro vi raggiava,
or con altri, or con altri reggimenti.
Pensa, lettor, s' io mi maravigliava,
quando vedea la cosa in sè star queta,
e nell'idolo suo si trasmutava.
Mentre che piena di stupore e lieta
l'anima mia gustava di quel cibo
che, saziando di sè, di sè asseta,

115 **viste:** *vista:* hier: Blick. | 116 **smeraldi:** *smeraldo:* Smaragd (für die Augen Beatrices). | 117 **ond':** von wo, woher, aus denen. | **trasse:** *trarre:* hier: schießen – Amors Pfeile, die aus den Augen der Geliebten schießen, sind ein konventionelles Bild der höfischen Liebeslyrik. | 118 **disiri:** *desideri.* | 119 **rilucenti:** *rilucente:* leuchtend, funkelnd. | 120 **saldi:** *salda/o:* fest (gerichtet). | 122 **doppia fiera:** der Greif, Symbol der göttlich-menschlichen Doppelnatur Christi. | **raggiava:** *raggiare:* strahlen. | 123 **reggimenti:** *reggimento:* hier: Verhalten, Wesen – der Greif ist ein Mischwesen aus Löwe und Adler, der Mensch Dante kann (in diesem Moment) jedoch nur entweder die eine oder die andere Natur erkennen, noch nicht das Mysterium ihrer Einheit. | 125 **queta:** *qu(i)eto/a:* ruhig. | 126 **ịdolo:** Bild (in der Bedeutung des griechischen Etymons) – das geschilderte Wunder besagt, dass der Mensch zur Erkenntnis der Glaubensgeheimnisse der Vermittlung bedarf, hier durch das Spiegelbild in Beatrices Augen; so bereits im 1. *Korintherbrief* (13.12). | **trasmutava:** *trasmutarsi:* s. (ver)wandeln. | 127 **Mentre che:** während. | 128 **gustava:** *gustare:* kosten. | 129 **saziando:** *saziare:* sättigen. | **asseta:** *assetare:* dürsten, durstig machen – der Vers greift eine Stelle aus dem biblischen Buch *Jesus Sirach* (24.21) auf, dort spricht – passenderweise – die göttliche Weisheit.

sè dimostrando di più alto tribo
nelli atti, l'altre tre si fero avanti,
danzando al loro angelico caribo.
«Volgi, Beatrice, volgi li occhi santi»
era la sua canzone «al tuo fedele
che, per vederti, ha mossi passi tanti!
Per grazia fa noi grazia che disvele
a lui la bocca tua, sì che discerna
la seconda bellezza che tu cele.»
O isplendor di viva luce etterna,
chi palido si fece sotto l'ombra
sì di Parnaso, o bevve in sua cisterna,
che non paresse aver la mente ingombra,
tentando a render te qual tu paresti
là dove armonizzando il ciel t'adombra,
quando nell'aere aperto ti solvesti?

130 **tribo** (lat. *tribus*): Ordnung, Klasse. | 131 **atti:** *atto:* Handeln, Haltung. | **l'altre tre:** die ›theologischen‹ Tugenden. | **fero:** *fecero.* | 132 **caribo:** Tanzlied (nach dem provenzalischen *garib*). | 136 **disvele** (2. Ps. Sg. Konj.): *(di)svelare:* entschleiern. | 137 **discerna:** *discẹrnere:* erkennen – der Mund wird als zweite Schönheit bezeichnet, nach der ersten, den Augen. | 138 **cele** (2. Ps. Sg.): *celare:* verbergen. | 141 **Parnaso:** Parnass, der griechische Musenberg mit der Quelle Kastalia (*cisterna*), dient der Umschreibung der hart arbeitenden, deshalb bleichen (*pạl(l)ido*) Dichter, die allesamt nicht in der Lage wären, die himmlische Schönheit zu beschreiben – Topos der Unsagbarkeit. | 142 **paresse:** *parere:* scheinen, erscheinen. | **ingombra/o:** versperrt, überfüllt, überlastet. | 144 **armonizzando:** *armonizzare:* harmonisieren, in Einklang bringen. | **t'adombra:** *adombrare:* andeuten, schattieren – auch unter den idealen Bedingungen des Irdischen Paradieses (*là*) bleibt das Geschaute ein schwächeres Abbild der göttlichen Herrlichkeit. | 145 **solvesti:** *sọlversi:* s. lösen, befreien (vom Schleier).

Canto XXXII

Während Dante zu Beginn des 32. Canto noch in die Betrachtung Beatrices versunken ist, zieht der Triumphzug weiter, Dante und Statius folgen ihm. Der Greif belebt den abgestorbenen Baum der Erkenntnis wieder, Dante fällt vor Erstaunen in den Schlaf und sieht beim Erwachen Beatrice unter diesem Baum, die zurückgeblieben ist, um den Wagen, Symbol der Kirche, mit Hilfe der Tugenden zu bewachen. Es folgt eine allegorisch-apokalyptische Kirchenkritik, die der Autor, so Beatrices Aufforderung, zum Nutzen der Welt aufschreiben soll (*fa che tu scrive*, 105): Sieben Zeichen leisten Zerstörungsarbeit am Wagen der Kirche: ein Adler (Christenverfolgungen zu römischer Zeit), ein Fuchs (Häresien), erneut der Adler, der den Wagen mit Federn bedeckt (Konstantinische Schenkung), ein Drache (Abspaltungen, Schismen), Unkraut (weitere Versuchungen der weltlichen Macht der Kirche), Verwandlung in das siebenköpfige zehnfach gehörnte Monster des Antichristen (die sieben Todsünden) und schließlich eine Hure (*puttana*, 149), die als Anti-Beatrice auf dem Wagen thront, mit einem Riesen (dem französischen König Philipp IV.) buhlt und von ihm mitsamt dem Wagen wegzogen wird (die ›babylonische Gefangenschaft‹ der Kirche in Avignon).

Canto XXXIII

Zu Beginn des 33., des letzten Canto des *Purgatorio* beklagen Beatrice und die sieben Tugenden den soeben allegorisierten Verfall der Kirche, auf ihrem weiteren Weg durch das Irdische Paradies äußert Beatrice eine dunkle Prophezeiung über die Zukunft der Kirche und einen Retter (Heinrich VII.?). Dante wird von ihr für seine geringe Auffassungsgabe scharf getadelt und fragt nach dem Grund für seine Verständnisschwierigkeiten.

«Perchè conoschi» disse «quella scola
c' hai seguitata, e veggi sua dottrina
come può seguitar la mia parola;
e veggi vostra via dalla divina
distar cotanto, quanto si discorda
da terra il ciel che più alto festina.»
Ond' io rispuosi lei: «Non mi ricorda
ch' i' stranïasse me già mai da voi,
nè honne coscïenza che rimorda.»
«E se tu ricordar non te ne puoi»
sorridendo rispuose, «or ti rammenta
come bevesti di Letè ancoi;
e se dal fummo foco s'argomenta
cotesta oblivïon chiaro conchiude
colpa nella tua voglia altrove attenta.

85 **conoschi:** *conosca.* | **scola:** *scuola,* hier Philosophenschule, vielleicht der Averroismus, jedenfalls die Verabsolutierung der menschlichen Vernunft, die christliches Offenbarungswissen nicht erlangen kann (oder anstrebt). | 86 **seguitata:** *seguitare: seguire.* | **veggi:** *veda.* | 89 **distar(e):** entfernt sein. | **discorda:** *discordarsi:* verschieden, hier: entfernt sein. | 90 **festina:** *festinare* (Latinismus): eilen, s. beeilen – gemeint ist der neunte, oberste Himmel, *primum mobile,* der sich am schnellsten dreht. | 91 **Ond':** worauf. | **ricorda** (unpersönliche Form): *ricordo.* | 92 **stranïasse:** *straniarsi:* s. entfernen. | 93 **honne:** *ne ho.* | **rimorda:** *rimordere:* beißen (Gewissen), quälen, reuen. | 95 **rammenta:** *rammentarsi:* s. erinnern. | 96 **ancoi:** *oggi.* | 97 **fummo:** *fumo:* Rauch. | **s'argomenta:** *argomentare:* hier: folgern, schließen. | 98 **oblivïon(e):** Vergessen. | **conchiude:** *conchuidere: concludere:* schließen, folgern (lassen) – logisch nicht völlig überzeugender Vergleich und Schluss von fehlender Erinnerung auf nachgewiesene Schuld, jedenfalls Ausdruck von Beatrices herablassender Beurteilung von Dantes Kapazitäten.

Veramente oramai saranno nude
  le mie parole, quanto converrassi
  quelle scovrire alla tua vista rude.»
[…]

Zur Mittagszeit erreicht die Gruppe eine Quelle, deren Wasser sich in zwei Flussläufe aufteilt und die Dantes fragendes Interesse erweckt.

Per cotal priego detto mi fu: «Prega
  Matelda che 'l ti dica.» E qui rispose,
  come fa chi da colpa si dislega,
la bella donna: «Questo e altre cose
  dette li son per me; e son sicura
  che l'acqua di Letè non lil nascose.»
E Beatrice: «Forse maggior cura,
  che spesse volte la memoria priva,
  fatt' ha la mente sua nelli occhi oscura.

101 **converrassi:** *si converrà.* | 102 **scovrire:** *scoprire:* hier: enthüllen, sichtbar (zugänglich) machen. | **rude:** roh – gemeint ist die unzureichende intellektuelle Sehkraft Dantes. | 118 **priego:** Bitte. | 119 **Matelda:** erst an dieser Stelle wird der Name der *bella donna* genannt, die Dante bereits im 28. Canto (XXVIII.40) getroffen hatte. | 120 **dislega:** *dislegarsi:* s. befreien. | 122 **dette … son:** *sono state dette* (latinisierendes Perfekt Passiv) – Matelda hatte Dante tatsächlich bereits über die Flüsse informiert (XXVIII.121–133). | 123 **lil:** *glielo.* | **nascose:** *nascọndere:* verbergen, hier: aus dem Gedächtnis löschen. | 124 **maggior(e):** größer. | **cura:** Sorge, Beschäftigung. | 125 **priva:** *privare:* (be)rauben, entziehen.

Ma vedi Eünoè che là diriva:
menalo ad esso, e come tu se' usa,
la tramortita sua virtù ravviva.»
Come anima gentil, che non fa scusa,
ma fa sua voglia della voglia altrui
tosto che è per segno fuor dischiusa;
così, poi che da essa preso fui,
la bella donna mossesi, e a Stazio
donnescamente disse: «Vien con lui.»
S' io avessi, lettor, più lungo spazio
da scrivere i' pur cantere' in parte
lo dolce ber che mai non m'avrìa sazio;
ma perchè piene son tutte le carte
ordite a questa cantica seconda,
non mi lascia più ir lo fren dell'arte.

127 **Eünoè:** Eunoë, der Purgatoriumsfluss, der Erinnerung an gute Taten bewirkt. | **diriva:** *derivare:* entspringen. | 128 **menalo:** *menare:* führen. | **usa:** *usata/o:* gewohnt – Mateldas Aufgabe in Dantes *Purgatorio* bestand demnach in der Behandlung der Seelen mit den Wassern von Lethe und Eunoë. | 129 **tramortita/o:** betäubt. | **virtù:** Kraft. | **ravviva:** *ravvivare:* wiederbeleben. | 130 **gentil(e):** edel. | 132 **tosto che:** sobald. | **dischiusa/o:** offenbart, enthüllt. | 133 **preso:** *preso per mano.* | 135 **donnescamente:** Bedeutungsspektrum von fraulich-anmutig bis herrschaftlich-vornehm-gebieterisch. | 138 **avrìa:** *avrebbe.* | **sazio:** *saziato* (gesättigt). | 140 **ordite:** *ordire:* herstellen, anzetteln, flechten. | **cạntica:** von Dante für die drei Teile seiner *Commedia* geprägter Ausdruck nach lat. *canticum.* | 141 **ir(e):** *andare.* | **fren(o):** (Bremse), Zügel – die selbstgewählte Beschränkung der Kunst im harmonischen Aufbau der 100 *Canti.*

Io ritornai dalla santissima onda
rifatto sì come piante novelle
rinovellate di novella fronda,
puro e disposto a salire alle stelle.

143 **novelle:** *novello/a:* jung, neu. | 144 **rinovellate:** *rinovellare:* erneuern – dreimal wird die physisch-psychische Erneuerung mit biblischem Anklang gepriesen. | **fronda:** Laub, Blätter. | 145 **disposto/a:** bereit. | **salire:** hier: aufsteigen, emporsteigen.

Paradiso

Canto I

Im einleitenden ersten Canto des *Paradiso*, dem Exordium des dritten Teils der *Divina Commedia*, steigt Dante mit Beatrice ins Licht des Himmels auf. Da es in dieser Sphäre umso mehr gilt, Unsagbares, ja Übermenschliches zu berichten, erfolgt der traditionelle Musenanruf hier an Apoll selbst und recht ausführlich.

La gloria di colui che tutto move
   per l'universo penetra e risplende
   in una parte più e meno altrove.
Nel ciel che più della sua luce prende
   fu' io, e vidi cose che ridire
   nè sa nè può chi di là su discende;
perchè appressando sè al suo disire,
   nostro intelletto si profonda tanto,
   che dietro la memoria non può ire.

1 **gloria:** Herrlichkeit (Gottes, des ersten All-Bewegers). | 2 **penetra:** *penetrare:* (durch)dringen. | **risplende:** *risplẹndere:* glänzen, leuchten, strahlen. | 3 **altrove:** anderswo. | 4 **ciel:** gemeint ist das Empyreum, der Feuerhimmel, der im 30. Canto erreicht wird. | 5 **ridire:** wieder sagen, erzählen, wiedergeben – die Unsagbarkeit begründet sich, wie Dante auch in seinem Brief an Cangrande della Scala erklärt, also zweifach: im Nicht-Wissen (*nè sa*), da das Erlebte das menschliche Gedächtnis übersteigt, also vergessen wird, und im Nicht-Können (*nè può*), da die mangelhafte menschliche Sprache versagt (*nescit quia oblitus, nequit quia, si recordatur et contentum tenet, sermo tamen deficit*, 83). Vgl. auch die Paradiesvision des Paulus im 2. *Korintherbrief* (12.4), dessen *raptus* in den dritten Himmel ihn Unsagbares vernehmen ließ. | 7 **appressando:** *appressarsi:* s. nähern. | **disire:** *desiderio:* Begehren, hier das Begehrte, Ersehnte. | 8 **profonda:** *profondarsi:* s. versenken, vertiefen. | 9 **ire:** *andare.*

Veramente quant' io del regno santo
nella mia mente potei far tesoro,
sarà ora matera del mio canto.
O buono Apollo, all'ultimo lavoro
fammi del tuo valor sì fatto vaso,
come dimandi a dar l'amato alloro.
Infino a qui l'un giogo di Parnaso
assai mi fu; ma or con amendue
m'è uopo intrar nell'aringo rimaso.

11 **mente** (f.): Geist, Erinnerung, *memoria.* | **far tesoro:** wörtlich: als Schatz bewahren (in der Erinnerung), als Wendung: s. zu eigen machen, s. aneignen – der vorangegangenen Einschränkung zum Trotz (*veramente*) bildet das im Himmel Geschaute nun den Stoff (*matera*) für den *canto* Dantes. | 13 **Apollo:** der traditionelle Musenanruf der epischen Dichtung gilt im *Paradiso* dem ›Musenführer‹ Apoll selbst, dem griechischen Gott der Dichtkunst und der Musik. | 14 **valor(e):** Kraft. | **vaso:** Gefäß (der göttlichen Inspiration Apollos) – Dante bringt mit diesem Ausdruck erneut auch die biblische Bezeichnung für den Apostel Paulus, *vas electionis*, und dessen Jenseitsreise in Erinnerung. | 15 **dimandi:** *domandi* (fordern, verlangen). | **alloro:** Lorbeer, Symbol des Dichterruhms, nach der bekannten Verwandlungserzählung Ovids: Die Nymphe Daphne, Tochter des Flussgottes Peneios, wurde, aufgrund von Amors Pfeilen, von Apoll begehrt und entzog sich dessen Nachstellungen durch Verwandlung in einen Lorbeerbaum, der seitdem vom Gott verehrt wird (*Metamorphosen* 1.452–567). Die antike Tradition der Dichterkrönung mit dem Lorbeerkranz wurde im *Trecento* wiederbelebt, der Paduaner Frühhumanist Albertino Mussato erfuhr 1315 diese Ehrung, Petrarca 1341 in Rom, während Dante von seiner Heimatstadt Florenz ja nicht gekrönt, sondern verbannt wurde – eine bittere persönliche Note des verhinderten *poeta laureatus* mag also im Spiel sein. | 16 **giogo:** Joch, Bergrücken, Gipfel. | **Parnaso:** Parnass, der zweigipflige griechische Berg, Apoll und den Musen heilig. | 17 **amendue:** *ambedue:* beide. | 18 **uopo:** Notwendigkeit (*essere d'uopo:* nötig sein) – die Musen als Inspirationsquelle für weltliche Dichtung müssen für die folgende ›himmlische‹ Dichtung durch die göttliche Inspiration Apolls ergänzt werden. | **aringo:** Turnierplatz; Wettstreit, Kampf. | **rimaso:** *rimasto.*

Entra nel petto mio, e spira tue
sì come quando Marsïa traesti
della vagina delle membra sue.
O divina virtù, se mi ti presti
tanto che l'ombra del beato regno
segnata nel mio capo io manifesti,
venir vedra' mi al tuo diletto legno,
e coronarmi allor di quelle foglie
che la matera e tu mi farai degno.
Sì rade volte, padre, se ne coglie
per triunfare o cesare o poeta,
colpa e vergogna dell'umane voglie,

19 **spira:** *(i)spirare:* einhauchen, inspirieren – Parallelstelle ist *Purgatorio* XXIV.53, wo Dante seine Poesie als von Amor inspiriert beschrieb. | **tue:** *tue parole.* | 20 **Marsïa:** der Satyr Marsyas forderte mit seinem Flötenspiel den Lyraspieler und Sänger Apoll heraus, unterlag und wurde vom Gott zur Strafe gehäutet (Ovid: *Metamorphosen* VI.382–400) – eindrucksvolle Demonstration der Macht Apolls, die deshalb hier angerufen wird, wobei die Warnung vor Vermessenheit in göttlichen Dingen durchaus mitschwingt. | 21 **vagina:** hier: Schwertscheide, Hülle, Haut. | **membra** (Pl.): *membro:* Glied, Körperteil. | 22 **virtù:** hier: Kraft, Macht (ebenso 56, 125). | 23 **ombra:** hier: Schattenbild (schwaches Abbild des himmlischen Reiches im Gedächtnis). | **beato/a:** selig. | 24 **manifesti:** *manifestare:* offenbaren, kundtun. | 25 **diletto/a:** geliebt. | **legno:** metonymisch für Baum, hier *l'amato alloro* (15), der Lorbeer Apolls. | 27 **degno/a:** würdig – aufgrund des erhabenen Stoffs (*matera*) und der göttlichen Inspiration (*tu*). | 28 **rade:** *rare* → selten. | 29 **triunfare:** hier: einen Triumphzug bereiten, mit Lorbeer krönen – was Herrschern (metonymisch *cẹsare*) und Dichtern zukam. | 30 **voglie:** *voglia:* Begierde, Bestreben – schuldhaft und schandbar, weil anderen Zielen zugeneigt.

che parturir letizia in su la lieta
delfica deità dovrìa la fronda
peneia, quando alcun di sè asseta.
Poca favilla gran fiamma seconda:
forse di retro a me con miglior voci
si pregherà perchè Cirra risponda.
Surge ai mortali per diverse foci
la lucerna del mondo; ma da quella
che quattro cerchi giugne con tre croci,

31 **parturir:** *partorire:* hier: erzeugen, erregen. | **letizia:** Freude. | **in su:** *a.* | 32 **delfica deità:** delphische Gottheit: Apoll, nach Delphi, der Stadt des bekannten Orakels. | **fronda:** Laub, Blätter – Subjekt des grammatikalisch komplexen Satzes, aufgenommen im *sè* (33). | 33 **peneia:** peneisch, nach dem Flussgott Peneios, dem Vater Daphnes. | **asseta:** *assetare:* dürsten – Apoll müsste es freuen, wenn jemand nach Dichterruhm strebt. | 34 **favilla:** Funke (Objekt des Verbs). | **seconda:** *secondare:* folgen – die große Flamme auf den kleinen Funken. | 35 **retro:** *dietro.* | 36 **Cirra:** Cirrha, Stadt am Parnass, in der Antike jedoch oft Name des zweiten Berggipfels, daher metonymisch für die dort lokalisierte Gottheit: Apoll. | 37 **Surge:** *sụrgere/sọrgere:* emporsteigen. | **mortali:** *mortale:* sterblich. | **foci:** *foce* (f.): Mündung, hier: Eingang, Aufgangspunkt der Sonne (*lucerna del mondo*) am Horizont. | 38 **lucerna:** Licht, Lampe. | 39 **giugne:** *giụngere:* verbinden – ausladende astronomische Periphrase zur kosmischen Zeitangabe: Die Sonne war an diesem glücklichen Tag von Dantes Aufstieg ins Paradies am Schnittpunkt von drei Kreislinien aufgegangen, nämlich Himmelsäquator, Äquinoktialkolure (Meridian der Tag-und-Nacht-Gleiche im Frühjahr) und Ekliptik, die zusammen mit dem Horizont dieses Punktes, dem vierten Kreis, eine Kugel definieren, wobei drei Linien (ohne die Ekliptik) drei Kreuze der Verbindungslinien durch den Erdmittelpunkt entstehen lassen (die astronomische Präzisierung der Stelle ist schwierig, die graphischen Umsetzungen differieren); christologisch können die Kreise für die Göttlichkeit, die Kreuze für die Menschlichkeit Christi stehen. Die beschriebene Konjunktion bestand am 21. März, das aktuelle Datum von Dantes Jenseitsreise ist an dieser Stelle jedoch der 13. April, eine leichte Abweichung, die das relativierende *quasi* (44) erklären könnte.

con miglior corso e con migliore stella
esce congiunta, e la mondana cera
più a suo modo tempera e suggella.
Fatto avea di là mane e di qua sera
tal foce, e quasi tutto era là bianco
quello emisperio, e l'altra parte nera,
quando Beatrice in sul sinistro fianco
vidi rivolta e riguardar nel sóle:
aquila sì non li s'affisse unquanco.
E sì come secondo raggio sòle
uscir del primo e risalire in suso,
pur come pellegrin che tornar vole,

40 **stella:** der ›bessere‹ Stern meint das Sternbild Aries (Widder), Zeichen des Frühlingsbeginns. | 41 **congiunta/o:** verbunden, vereint. | **mondana/o:** weltlich, Welt-. | 42 **tempera:** *temperare:* formen, weich machen. | **suggella:** *suggellare:* siegeln – topische Metapher für die Schöpfung der Welt und den Einfluss der Sterne auf die Erde, deren, durch die Sonne formbare, Materie mit Wachs verglichen wird. | 43 **mane:** *mattina.* | 45 **emisperio:** Hemisphäre – die Uhrzeit ist demnach die Mittagsstunde, die hier symbolisch für die Zeit der Erfüllung im *Paradiso* steht, während das *Inferno* in der traurigen Abenddämmerung und das *Purgatorio* im hoffnungsvollen Morgengrauen betreten wurde. | 47 **rivolta:** *rivọlgere:* wenden, drehen. | 48 **s'affisse:** *affiggersi:* fest blicken, fixieren – nach antiker und mittelalterlicher Naturvorstellung konnte der Adler die Sonne fixieren, was in christlicher Mystik auf das Verhältnis der Seele zu Gott übertragen wurde. | **unquanco:** noch nie. | 49 **sòle:** *suole: solere:* pflegen, gewöhnlich tun. | 50 **suso:** *su* – gemeint ist die Lichtreflexion. | 51 **pur:** genau, so. | **pellegrin(o):** Pilger – zweiter (weniger geometrischer) Vergleich mit einem Pilger, der nach Erreichen seines Ziels nach Hause zurückkehren möchte.

così dell'atto suo, per li occhi infuso
nell'imagine mia, il mio si fece,
e fissi li occhi al sole oltre nostr' uso.
Molto è licito là, che qui non lece
alle nostre virtù, mercè del loco
fatto per proprio dell'umana spece.
Io nol soffersi molto, nè sì poco,
ch' io nol vedessi sfavillar dintorno,
com ferro che bogliente esce del foco;
e di subito parve giorno a giorno
essere aggiunto, come quei che puote
avesse il ciel d'un altro sole adorno.
Beatrice tutta nell'etterne rote
fissa con li occhi stava; ed io in lei
le luci fissi, di là su remote.

52 **atto:** Handeln, Akt, Haltung – Beatrices Schauen in die Sonne, das Dante übernimmt. | **infuso:** *infọndere:* einflößen, gießen. | 53 **imạgine:** *immaginazione, facoltà immaginativa.* | 55 **lịcito:** *lẹcito/a:* erlaubt. | **lece:** erlaubt ist (nur die 3. Ps. Sg. von *lẹcere* ist gebräuchlich). | 56 **mercè:** dank, wegen. | 57 **spece:** *specie* – die menschlichen Fähigkeiten waren vor dem Sündenfall im Paradies, am eigentlich für die Menschen gedachten Ort, also ausgeprägter. | 58 **soffersi:** *soffrire:* ertragen – den Anblick der Sonne. | 59 **sfavillar(e):** Funken sprühen, funkeln. | **dintorno:** ringsum. | 60 **bogliente:** *bollente:* glühend. | 61 **parve:** *parere: sembrare.* | **giorno:** hier: Tageslicht, Sonne. | 62 **puote:** *può* – umschrieben ist Gott. | 63 **adorno:** *adornato: adornare:* schmücken – der optische Eindruck zweier Sonnen rührt wie das Funkensprühen von der Annäherung an die Sphäre des Feuers her, die zwischen Erde und Mondhimmel liegt. | 64 **rote:** *ruote:* hier: Himmelssphären. | 66 **luci:** *occhi.* | **remote:** *rimuọvere:* hier: abwenden – von der Sonne; Beatrice schaut Gott also direkt und Dante indirekt vermittelt durch sie.

Nel suo aspetto tal dentro mi fei,
qual si fè Glauco nel gustar dell'erba
che 'l fè consorte in mar delli altri Dei.
Trasumanar significar per verba
non si porìa; però l'essemplo basti
a cui esperïenza grazia serba.
S' i' era sol di me quel che creasti
novellamente, amor che 'l ciel governi,
tu 'l sai, che col tuo lume mi levasti.

67 **aspetto:** Anblick, Anblicken (von Beatrice). | **tal:** so (*qual:* wie). | **fei:** *feci, divenni.* | 68 **Glauco:** Ovid erzählt die Verwandlung des Fischers Glaukos/Glaucus in eine Meeresgottheit durch den Genuss eines Krautes und den Zauber der Götter (*Metamorphosen* XIII.898–968). | **gustar(e):** kosten. | 69 **consorte:** Schicksalsgefährte – im Mythos wird demnach, analog zu Dantes Verwandlung, ein *raptus*, ein Überschreiten der menschlichen Natur erzählt. | 70 **Trasumanar:** Wortschöpfung Dantes aus *tras* und *umano/a*, ein einzigartiges Verb für eine unsagbare, da unmögliche Tätigkeit: ein ›Übermenschlichen‹, ein Überschreiten des Menschlichen, der *conditio humana.* | **significar(e):** zeichenhaft ausdrücken, kundtun, in Worten (*per verba*, lat.) sagen. | 71 **porìa:** *potrebbe.* | **essemplo:** *esempio.* | 72 **serba:** *serbare:* aufbewahren, reservieren – nach dem Tod besteht also die Möglichkeit, das hier als Beispiel Erzählte gnadenhaft selbst zu erleben. | 73 **era sol di me:** *ero soltanto quella parte di me* – der Teil des Menschen, der zuletzt von Gott geschaffen wurde, ist die Seele (vgl. *Genesis* 2.7). | 74 **novellamente:** *per ultima.* | **governi:** *governare:* hier: regeln, lenken. | 75 **lume** (m): Licht – Gott allein weiß, ob Dante nur als Seele oder mit seinem Körper in den Himmel erhoben wird, Parallelstelle ist wiederum der Zweifel des Paulus, der offen lässt, ob er leiblich oder ekstatisch in den Himmel entrückt wurde (2 Kor 12.3) – wobei die Körperlichkeit der Jenseitsreise jedoch elementarer Teil der Fiktion der *Commedia* ist. | **levasti:** *levare:* erheben.

Quando la rota che tu sempiterni
desiderato, a sè mi fece atteso
con l'armonia che temperi e discerni,
parvemi tanto allor del cielo acceso
della fiamma del sol, che pioggia o fiume
lago non fece mai tanto disteso.
La novità del suono e 'l grande lume
di lor cagion m'accesero un disio
mai non sentito di cotanto acume.
Ond'ella, che vedea me sì com' io,
a quïetarmi l'animo commosso,
pria ch' io a dimandar, la bocca aprìo,
e cominciò: «Tu stesso ti fai grosso
col falso imaginar, sì che non vedi
ciò che vedresti se l'avessi scosso.

76 **rota:** *rotazione, ruotare* – die Drehung der Himmel. | **sempiterni:** *sempiternare:* verewigen, ewig machen (Dantes Eigenbildung). | 77 **desiderato:** ersehnt, begehrt, erstrebt – in äußerster Verdichtung der Sprache wird hier das Prinzip der Himmelsbewegungen mit dem ewigen Streben der Sphären zu Gott hin erklärt. | **atteso:** *attento.* | 78 **armonia:** Sphärenharmonie, die Musik der in Zahlen geordneten Klänge der Himmelssphären, von der antiken Philosophie (Pythagoras, Platon, dann Cicero und Boethius) entwickelt, im MA eine universitäre Disziplin im *Quadrivium* der *Sieben Freien Künste.* | **temperi:** *temperare:* regeln, stimmen. | **discerni:** *discẹrnere:* unterscheiden. | 79 **parvemi:** *parere: sembrare.* | **tanto ... del cielo:** *tanta parte del cielo* (partitiv). | 81 **disteso/a:** ausgebreitet – Vergleich der Lichtmenge mit einer riesigen Wasseransammlung. | 83 **cagion** (f.): *ragione:* Grund, Ursache. | **disịo:** *desiderio* – Verlangen, die Ursache von Klang und Licht zu kennen. | 84 **cotanto:** so viel, groß. | **acume:** *acutezza:* Schärfe. | 85 **Ond':** weswegen, weshalb. | 86 **quïetarmi:** *quietare:* beruhigen. | 87 **dimandar:** *domandare.* | **aprìo:** *aprì.* | 88 **grosso:** *grossolano:* grob, stumpf, begriffsstutzig. | 90 **scosso:** *scuọtere:* abschütteln.

Tu non se' in terra, sì come tu credi;
ma folgore, fuggendo il proprio sito,
non corse come tu ch'ad esso riedi.» 93
S' io fui del primo dubbio disvestito
per le sorrise parolette brevi,
dentro ad un nuovo più fu' inretito, 96
e dissi: «Già contento requïevi
di grande ammirazion; ma ora ammiro
com' io trascenda questi corpi levi.» 99
Ond'ella, appresso d'un pio sospiro,
li occhi drizzò ver me con quel sembiante
che madre fa sovra figlio deliro, 102
e cominciò: «Le cose tutte quante
hanno ordine tra loro, e questo è forma
che l'universo a Dio fa simigliante. 105
Qui veggion l'alte creature l'orma
dell'etterno valore, il qual è fine
al quale è fatta la toccata norma. 108

92 **fọlgore** (f.): Blitz. | 93 **riedi:** *redire:* zurückkehren – der eigentliche Ort (*proprio sito*) der Seele ist der Himmel, während der Blitz seinen Sitz in der Feuersphäre hat: Vergleich der Geschwindigkeiten in umgekehrter Richtung. | 94 **disvestito:** *disvestire:* entkleiden (vom Zweifel befreien). | 95 **sorrise:** lächelnd gesprochen (Beatrices Worte). | 96 **inretito:** verstrickt, im Netz (*rete*) gefangen – eines neuen (*nuovo*) Zweifels. | 97 **requïevi** (lat.): Perfekt von *requiescere:* ruhen, s. beruhigen. | 98 **ammirazion(e):** hier: Verwunderung (lat. konstruiert als Relationsobjekt: in Bezug auf). | 99 **trascenda:** *trascẹndere:* hier: durchdringen, aufsteigen durch. | **corpi:** *elementi.* | **levi:** *l(i)eve:* leicht (die leichten Elemente Luft und Feuer nach antik-mittelalterlicher Vorstellung). | 100 **appresso:** nach. | **pio:** *pietoso.* | 101 **drizzò:** *drizzare:* wenden, richten. | **ver:** *verso:* auf. | **sembiante** (m.): Ausdruck, Miene. | 102 **deliro:** *delirante:* (im Fieber) phantasierend, faselnd. | 105 **simigliante:** ähnlich. | 106 **veggion:** *vẹdono.* | **orma:** Spur. | 107 **valore:** Kraft, Macht, hier: Gott. | 108 **toccata/o:** berührt, hier: besagt. | **norma:** Regel, Ordnung (des Universums).

Nell'ordine ch' io dico sono accline
tutte nature, per diverse sorti,
più al principio loro e men vicine;
onde si muovono a diversi porti
per lo gran mar dell'essere, e ciascuna
con istinto a lei dato che la porti.
Questi ne porta il foco inver la luna;
questi ne' cor mortali è permotore;
questi la terra in sè stringe e aduna:
nè pur le creature che son fore
d'intelligenza quest'arco saetta,
ma quelle c' hanno intelletto ed amore.
La provedenza, che cotanto assetta,
del suo lume fa 'l ciel sempre quïeto
nel qual si volge quel c' ha maggior fretta;

109 **accline** (lat.): *inclinate:* geneigt, ausgerichtet – die zahlreichen lat. Ausdrücke zeigen die Nähe dieses Diskurses zu theologischen Werken, vor allem zu Thomas von Aquin. | 111 **principio:** Ursprung – alle Geschöpfe sind mehr oder weniger (*più e men*) auf ihren Ursprung ausgerichtet und ihm mehr oder weniger nah (*vicine*). | 114 **istinto:** Antrieb, Neigung, Natur. | 115 **inver:** nach, gen, zu – erstes Beispiel: das Feuer strebt seiner angestammten Sphäre zu, die unterhalb des Mondhimmels angesiedelt wurde. | 116 **cor:** *cuori* – mit den sterblichen (*mortali*) Herzen sind als zweites Beispiel die Tiere gemeint, deren nur sensitive Seelen im Herzen lokalisiert wurden. | **permotore:** Beweger, Bewegungsantrieb. | 117 **aduna:** *adunare:* versammeln, vereinigen – drittes Beispiel: Gravitationskraft. | 118 **pur(e):** nur. | 119 **saetta:** *saettare:* abschießen, werfen, antreiben. | 120 **intelletto:** Vernunft, Verstand – das geschilderte Wirkprinzip gilt also auch für die Menschen. | 121 **provedenza:** Providenz, Vorsehung. | **cotanto:** so viel, so gut. | **assetta:** *assettare:* ordnen. | 122 **quïeto/a:** ruhig, bewegungslos – gemeint ist das Empyreum, der unbewegte oberste Himmel, innerhalb (nach menschlichem Verständnis unterhalb) dessen sich der schnellste Himmel, das *primum mobile* dreht (der die meiste Eile hat, sich mit seinem Ursprung zu vereinigen). | 123 **volge:** *vọlgersi:* s. drehen.

e ora lì, come a sito decreto,
cen porta la virtù di quella corda
che ciò che scocca drizza in segno lieto.
Vero è che come forma non s'accorda
molte fiate all'intenzion dell'arte,
perch'a risponder la materia è sorda;
così da questo corso si diparte
talor la creatura, c' ha podere
di piegar, così pinta, in altra parte;
e sì come veder si può cadere
foco di nube, sì l'impeto primo
s'atterra torto da falso piacere.
Non dei più ammirar, se bene stimo,
lo tuo salir, se non come d'un rivo
se d'alto monte scende giuso ad imo.

124 **sito:** Ort. | **decreto:** *decretato:* (vor)bestimmt – gemeint ist das Empyreum. | 125 **corda:** hier: Bogensehne. | 126 **scocca:** *scoccare:* abschießen, abschnellen (Pfeil). | **segno:** hier: Zielscheibe, Ziel. | 127 **s'accorda:** *accordarsi:* in Einklang bringen, übereinstimmen. | 128 **fïate:** *fiata:* Mal → oftmals. | 130 **corso:** Bahn, Lauf. | **diparte:** *dipartirsi:* abweichen. | 131 **talor:** zuweilen. | 132 **piegar(e):** abbiegen. | **pinta:** *spinta* (konzessiv konstruiert: obwohl gerade ausgerichtet) – das angesprochene besondere Geschöpf, der Mensch, kann durch seine Willensfreiheit vom vorgesehenen (guten) Weg abweichen (und Böses tun). | 134 **nube:** *nuvola.* | **impeto:** Antrieb, Schwung. | 135 **s'atterra:** *atterrare:* niederwerfen, zur Erde wenden (*s'atterra,* mit Bezug auf *l'impeto,* ist unsichere Lesart, überliefert ist *l'atterra,* bezogen auf *la creatura,* was die Bedeutung leicht nuanciert). | **torto:** *torcere:* verdrehen, fehlleiten – Vergleich zwischen dem Feuer, das entgegen seiner Bestimmung als Blitz zur Erde fährt, und dem Menschen, der von seinem Weg hinauf zu Gott fehlgeleitet werden und sich zur Erde wenden kann. | 136 **dei:** *devi.* | 137 **rivo:** Fluss. | 138 **giuso:** *giù.* | **ad imo:** abwärts, hinunter.

Maraviglia sarebbe in te, se, privo
d'impedimento, giù ti fossi assiso,
com'a terra quïete in foco vivo.»
Quinci rivolse inver lo cielo il viso.

Canto II

Im zweiten Canto erreicht Dante mit Beatrice die erste Sphäre, den Mondhimmel, wo ihnen Seelen begegnen, die ihr Gelübde brachen, also in ihrer Tugend nicht vollkommen waren. Zunächst ergeht jedoch ob der folgenden Verständnisschwierigkeiten eine Warnung an die Leserschaft.

O voi che siete in piccioletta barca,
desiderosi d'ascoltar, seguiti
dietro al mio legno che cantando varca,
tornate a riveder li vostri liti:
non vi mettete in pelago, chè, forse,
perdendo me, rimarreste smarriti.

139 **privo/a:** ohne, -los, frei. | 140 **impedimento:** Behinderung, Hindernis – spielt auf Dantes Reinigung in den Flüssen Lethe und Eunoë an. | **assiso:** *assedersi: sedersi* – erneuter Vergleich mit dem Feuer, das naturgemäß nicht ruhig am Boden bleibt, sondern nach oben strebt, so wie der Mensch. | 142 **Quinci:** *quindi:* dann. | 1 **piccioletta** (dim.): *pịccola.* | 3 **legno:** metonymisch für Schiff – die Odysseus-Fahrt in *Inferno* XXVI ist auch an dieser Stelle im Hintergrund präsent. | **varca:** *varcare:* fahren, durchqueren, überschreiten – die unbefahrene Sphäre des Göttlichen kann mit dem kleinen Boot des menschlichen Verstands nicht durchquert werden, sondern nur mit der Dichtung Dantes (*cantando*), die von göttlicher Weisheit geleitet ist. | 4 **liti:** *lito:* Küste, Ufer. | 5 **pẹlago:** (offenes) Meer. | 6 **smarriti:** *smarrire:* verlieren – greift den Ausdruck aus *Inferno* I.3 auf.

L’acqua ch’ io prendo già mai non si corse;
Minerva spira, e conducemi Apollo,
e nove Muse mi dimostran l’Orse.
Voi altri pochi che drizzaste il collo
per tempo al pan delli angeli, del quale
vivesi qui ma non sen vien satollo,
metter potete ben per l’alto sale
vostro navigio, servando mio solco
dinanzi all’acqua che ritorna equale.
Que’ gloriosi che passaro al Colco
non s’ammiraron come voi farete,
quando Iason vider fatto bifolco.

7 **corse:** *correre:* hier: befahren – erneut der klassische Unsagbarkeitstopos. | 8 **Minerva:** Athene/Minerva, Göttin der Weisheit. | **spira:** *spirare:* wehen, hier transitiv: Wind senden. | **Apollo:** Gott der poetischen Inspiration. | 9 **Muse:** die Musen, göttliche Repräsentantinnen der Künste – Weisheit, Inspiration und Handwerkskunst fließen in dieser Dichtung also zusammen. | **Orse:** die beiden Sternbilder *Ursa Major* und *Minor* mit dem Polarstern, die zur Orientierung dienen und die Richtung weisen. | 10 **drizzaste:** *drizzare:* richten, wenden. | 11 **per tempo:** frühzeitig. | **pan delli angeli:** das Brot der Engel, die himmlische Geistesnahrung ist bereits eine biblische Formulierung (Psalm 78(77).25, *Weisheit* 16.20). | 12 **satollo:** *sazio:* satt – erst im jenseitigen Leben erkennt der Mensch die göttliche Weisheit und Ordnung des Universums. | 13 **sale:** hier: ›Salzflut‹, Meer. | 14 **navigio:** *nave:* Schiff – kein schwaches Boot. | **servando:** *osservando* (beachten, also folgen). | **solco:** (Furche), Spur, Kielwasser. | 15 **dinanzi a:** *prima di.* | **equale:** gleich – gemeint ist: bevor die Kielspur sich schließt und der Anschluss verloren geht. | 16 **Colco:** Kolchis am Schwarzen Meer, Ziel der Argonauten (*Que’ gloriosi*) auf der Suche nach dem Goldenen Vlies; deren Anführer Jason (*Iason*) musste dort zahlreiche Prüfungen absolvieren, u. a. mit zwei feuerschnaubenden Stieren pflügen. Die Argonautenfahrt wird von Dante hier zur Heilssuche uminterpretiert und in XXXIII.96 wieder aufgegriffen – im Kontrast dazu steht das Scheitern des Odysseus. | 17 **s’ammiraron(o):** *ammirarsi:* s. wundern, erstaunen. | 18 **vider:** *videro.* | **bifolco:** Bauer, Ochsenhüter.

La concreata e perpetüa sete
  del deïforme regno cen portava
  veloci quasi come 'l ciel vedete.
Beatrice in suso, e io in lei guardava;
  e forse in tanto in quanto un quadrel posa
  e vola e dalla noce si dischiava,
giunto mi vidi ove mirabil cosa
  mi torse il vịso a sè; e però quella
  cui non potea mia cura essere ascosa,
volta ver me, sì lieta come bella,
  «Drizza la mente in Dio grata» mi disse,
  «che n' ha congiunti con la prima stella.»
Parev' a me che nube ne coprisse
  lucida, spessa, solida e pulita,
  quasi adamante che lo sol ferisse.

19 **concreata/o:** angeboren, mitgeschaffen (gleichzeitig mit der Seele). | **perpẹtüa/o:** ewig, immerwährend. | 20 **deïforme:** gottförmig, gottgestalt – gemeint ist das Empyreum, nach dem es die Seele dürstet. | 22 **suso:** *su.* | 23 **quadrel(lo):** Pfeil, Bolzen. | **posa:** *posare:* ruhen. | 24 **noce:** Nuss, hier: Teil der Armbrust, mit dem die gespannte Sehne gehalten wird. | **dischiava:** *dischiavare:* (aufschließen), lösen, losschnellen (von der *chiave* genannten Haltevorrichtung) – der ›pfeilschnelle‹ Aufstieg Dantes wird hier mit Waffenmetaphorik und in umgekehrter Reihenfolge, als *hysteron proteron*, wiedergegeben, was die enorme Geschwindigkeit des Vorgangs betont. | 25 **giunto:** *giụngere:* ankommen, erreichen. | **mirạbil(e):** wunderbar. | 26 **torse:** *tọrcere:* drehen, wenden. | 27 **cura:** Sorge, Wissbegierde. | **ascosa/o:** verborgen. | 28 **volta:** *vọlgere:* wenden, drehen. | 30 **congiunti:** *congiunto*/a: verbunden, vereint (*n': ci*). | **prima stella:** der Mond. | 31 **Parev':** *parere: sembrare.* | **nube:** *nụvola.* | 32 **pulita/o:** glatt. | 33 **adamante:** Diamant. | **ferisse:** *ferire:* treffen.

Per entro sè l'etterna margarita
ne ricevette, com'acqua recepe
raggio di luce permanendo unita.

Die wunderbar erfahrene Aufhebung physikalischer Gesetze bringt Dante zur Frage nach den Mondflecken, die Beatrice in scholastischer Manier beantwortet: Nicht materialistisch als unterschiedliche Dichte des Mondkörpers, wie Dante in der Rolle des Schülers behauptet, sondern neuplatonisch-theologisch als vielfältige Formkraft des Lichts, das von Gott kommend alle Sphären durchwirkt, lässt sich das von der Erde her unerklärliche Phänomen verstehen.

Canto III

Noch in Beatrices Schönheit und Weisheit vertieft bemerkt Dante schemenhafte Gestalten im Licht und spricht, aufgemuntert durch seine Führerin, eine Seele an. Sie stellt sich als Piccarda vor, die Schwester von Dantes Jugendfreund Forese Donati, von der bereits im *Purgatorio* (XXIV. 10) die Rede war. Sie wurde gewaltsam an der Einhaltung ihres Ordensgelübdes gehindert und deshalb im Paradies der Mondsphäre zugewiesen. Auf Dantes besorgte Frage, ob dies nicht eine Art göttliche Disziplinarmaßnahme sei, antwortet Piccarda lächelnd:

34 **margarita:** Perle. | 35 **recepe** (lat.): *riceve.* | 36 **permanendo:** *permanere:* bleiben – wie Lichtstrahlen dringt Dante mitsamt und trotz seines irdischen Körpers in die Materie der Mondsphäre ein; um die überirdische Durchdringung der verschiedenen Aggregatzustände poetisch ausdrücken zu können, bedient sich Dante wiederholt Edelstein-Metaphern, die bereits in der Liebeslyrik verbreitet waren.

«Frate, la nostra volontà quïeta
virtù di carità, che fa volerne
sol quel ch'avemo, e d'altro non ci asseta.
Se disïassimo esser più superne,
foran discordi li nostri disiri
dal voler di colui che qui ne cerne;
che vedrai non capere in questi giri,
s'essere in carità è qui necesse,
e se la sua natura ben rimiri.
Anzi è formale ad esto beato esse
tenersi dentro alla divina voglia,
per ch' una fansi nostre voglie stesse;
sì che, come noi sem di soglia in soglia
per questo regno, a tutto il regno piace
com'allo re ch'a suo voler ne invoglia.
E 'n la sua volontade è nostra pace:
ell'è quel mare al qual tutto si move
ciò ch'ella cria e che natura face.»

70 **quïeta:** *quietare:* stillen, befriedigen (*volontà* ist vorangestelltes Objekt). | 71 **virtù:** lat. *virtus:* Kraft, Macht. | **carità:** christliche Liebe, Gottesliebe. | 72 **asseta:** *assetare:* dürsten, durstig machen. | 73 **disïassimo:** *desiderassimo.* | **superne:** *superno/a:* hoch. | 74 **foran:** *sarebbero.* | **discordi:** *discorde:* uneinig, widersprechend. | **disiri:** *desideri.* | 75 **ne:** *ci.* | **cerne:** *cẹrnere* (lat.): zuweisen, auswählen, unterscheiden. | 76 **capere** (lat.): hineingehen, enthalten sein. | **giri:** *giro:* Kreis, Sphäre. | 77 **necesse** (lat.): *necessario.* | 78 **rimiri:** *rimirare:* betrachten, ansehen. | 79 **formale:** *essenziale.* | **beato/a:** selig. | **esse** (lat.): Sein (substantivierter Infinitiv). | 81 **fansi:** *si fanno.* | 82 **sem:** *siamo.* | **soglia:** hier: *gradino:* Stufe. | 84 **invoglia:** *invogliare:* anregen, Lust machen (*ne: ci*) – mit dem König (*re*) ist Gott gemeint. 87 **cria:** *crea* – unterschieden wird zwischen direkter Schöpfung Gottes (*ella: la volontà di Dio*), also Engeln und Menschen, und den (indirekten) Geschöpfen der Natur.

Chiaro mi fu allor come ogni dove
in cielo è paradiso, etsi la grazia
del sommo ben d'un modo non vi piove.

Dante fragt Piccarda noch nach den näheren Umständen ihres erzwungenen Gelübdebruchs und lässt sie auf das ähnliche Schicksal einer weiteren Seligen hinweisen, Kaiserin Konstanze von Sizilien (1154–1198), Gattin des Staufers Heinrich VI. und Mutter Friedrichs II., bis zum Schluss Beatrices strahlender Anblick Dante wieder völlig in Beschlag nimmt.

Canto IV

Zu Beginn des vierten Canto beschäftigen Dante zwei Fragen, deren Gewichtung er nicht entscheiden kann und die er sich zu stellen scheut, weshalb Beatrice, die seine Gedanken kennt, ihm zunächst die christliche Deutung von Platons Seelenlehre präsentiert. In dessen *Timaios* (41d–42e) findet sich bekanntlich die Theorie der Rückkehr der präexistenten Seelen zu ihren korrespondierenden Sternen (*tornarsi l'anime alle stelle*, 23) nach einem untadeligen irdischen Leben, während die christliche Lehre in Abgrenzung zu dieser ›Häresie‹ die Beseelung jedes neuen menschlichen Lebens im embryonalen Zustand durch Gott postuliert und also keinen differenzierten prästabilierten Rückkehrort kennt. Im Paradies haben demnach, so Beatrice, alle Seelen einen gleichen idealen Ort, den

88 **dove:** *luogo* (nach dem Vorbild von lat. *ubi* substantiviertes Ortsadverb: Wo). | 89 **etsi** (lat.): *anche se* – Piccarda verwendet eine mit scholastischem Latein durchsetzte Sprache. | 90 **sommo/a:** höchste/r – die Gnade Gottes strömt, ›regnet‹ (*piove*) nicht überall gleich stark, trotzdem herrscht überall vollkommene Seligkeit.

primo giro (34), also das Empyreum, und unterschieden sich nur in ihrer verschiedenen Fähigkeit, den *etterno spiro* (36) der Liebe Gottes zu spüren. Diese Grade der Seligkeit veranschaulichten die verschiedenen Sphären, in denen sich die Seelen zeigten *per far segno* (38), um Metaphysisches zu veranschaulichen, das dem begrenzten menschlichen Geist nur mittelbar zugänglich ist.

Così parlar conviensi al vostro ingegno,
   però che solo da sensato apprende
   ciò che fa poscia d'intelletto degno.
Per questo la Scrittura condescende
   a vostra facultate, e piedi e mano
   attribuisce a Dio, ed altro intende;

Der Platonische *Timaios* verkenne, so argumentiert Beatrice weiter, nun gerade die symbolische Sprache über die Seele, ließe sich jedoch *forse* (55) in die Orthodoxie integrieren, wenn

40 **conviensi:** *convenire:* notwendig sein. | **ingegno:** *ingenium*, Geist, Verstand, Auffassungsgabe. | 41 **però che:** da. | **sensato:** mit den Sinnen erfassbar, sinnlich wahrnehmbar (sensualistische Basis der aristotelischen Scholastik). | 42 **pọscia:** dann, danach. | **intelletto:** Intellekt, Erkenntnis, Kenntnis. | **degno/a:** würdig. | 43 **Scrittura:** die Heilige Schrift, die Bibel. | **condescende:** *condiscẹndere:* s. herablassen, herabsteigen, s. einlassen. | 44 **facultate:** *facoltà:* Vermögen, Fähigkeit. | 45 **intende:** *intẹndere:* meinen, verstehen – die im christlichen Mittelalter diskutierte und von Thomas von Aquin scholastisch bejahte Frage, ob sich Bibel und Theologie bildlicher poetischer Sprache bedienen dürfen, klärt Dante als notwendige Veranschaulichung des Geistigen für die menschliche Auffassungsgabe und damit als Rechtfertigung von Dichtung über Göttliches. Der Aufbau der *Commedia*, gerade die Differenzierung der Seligen im *Paradiso*, leitet sich also nicht nur aus poetisch-kompositorischen, sondern auch aus anthropologischen Gründen her.

man einen gewissen (astrologischen) Einfluss der Sterne auf die Seele zugestehe, wobei das Wirken des einen christlichen Gottes natürlich alles überstrahle. Dantes weitere Frage nach der Beurteilung eines gewaltsam erzwungenen Bruchs des Gelübdes beantwortet Beatrice anschließend ausführlich und differenziert dabei zwischen einem unbedingten unbeugsamen, aber seltenen Willen und einem relativen vernunftbedingten Willen, der der Gewalt in gewissem Maße nachgebe. Solcherart belehrt und befriedigt stellt Dante gleich noch die nächste Frage nach Kompensationsmöglichkeiten für gebrochene Gelübde, deren Beantwortung jedoch aufgeschoben wird.

Canto V

Mit einem Preis des Lichts der Liebe *cominciò Beatrice questo canto* (16) und beendet anschließend ihre Ausführungen zum Gelübde, das als Akt der menschlichen Willensfreiheit niemals gelöst, dessen Inhalt aber mit Dispens der Kirche verändert werden könne und das nicht leichtfertig gegeben werden sollte, wie warnende Beispiele (Jephtah, Agamemnon) zeigen. *Così Beatrice a me com'ïo scrivo* (85), schließt Dante, der weitere Fragen zurückstellt.

[…]
e sì come saetta che nel segno
 percuote pria che sia la corda queta,
 così corremmo nel secondo regno. 93

91 **saetta:** Pfeil. | **segno:** Ziel. | 92 **percuote:** *percuọtere:* treffen. | **corda:** hier: Bogensehne. | **queta:** *qu(i)eto/a:* ruhig, still. | 93 **secondo regno:** der zweite Himmel des Merkur, die Sphäre der Heilsgeschichte, in der sich Seelen zeigen, die Gutes taten des Ruhmes wegen.

Quivi la donna mia vid' io sì lieta,
come nel lume di quel ciel si mise,
che più lucente se ne fè 'l pianeta.
E se la stella si cambiò e rise,
qual mi fec' io che pur da mia natura
trasmutabile son per tutte guise!
Come 'n peschiera ch'è tranquilla e pura
traggonsi i pesci a ciò che vien di fori
per modo che lo stimin lor pastura,
sì vid' io ben più di mille splendori
trarsi ver noi, ed in ciascun s' udìa:
«Ecco chi crescerà li nostri amori.»
E sì come ciascuno a noi venìa,
vedeasi l'ombra piena di letizia
nel fulgor chiaro che di lei uscìa.
Pensa, lettor, se quel che qui s' inizia
non procedesse, come tu avresti
di più savere angosciosa carizia;

96 **lucente:** leuchtend, strahlend. | 99 **trasmutabile:** veränderlich, wandelbar. | **guise:** *guisa:* Art. | 100 **peschiera:** Fischteich. | 101 **traggonsi:** *trarsi: accọrere:* herbeieilen (auch 104). | 102 **stimin(o):** *stimare:* einschätzen, halten. | **pastura:** Futter, Nahrung. | 104 **ver:** *verso:* auf, nach, zu, gen. | 105 **crescerà:** *crẹscere* (*accrẹscere*): vermehren, steigern – wohl den Liebeseifer der Seligen, Dantes Fragen zu beantworten. | 107 **letizia:** Freude – auch im Paradies werden die Seligen noch als Schattenseelen (*ombra*) bezeichnet, trotz der Lichtfülle. | 108 **fulgor(e):** Glanz.
111 **angosciosa/o:** ängstlich, beängstigend. | **carizia:** Mangel – die ungewöhnliche Leserapostrophe vergleicht die Wissbegier des Jenseitswanderers mit derjenigen des partizipierenden Publikums, spielt jedoch auch hypothetisch mit der Verfügungsgewalt des Autors über den Textfortgang.

e per te vederai come da questi
m'era in disio d'udir lor condizioni,
sì come alli occhi mi fur manifesti.

Einer der *spiriti pii* (121) fordert Dante freudig zum Fragen auf, woraufhin sich dieser, unterstützt von Beatrice, nach Namen und paradiesischem Stand der Lichtgestalt erkundigt, deren Antwort *'l seguente canto canta* (139).

Canto VI

Im sechsten Canto, dem zweiten im Merkurhimmel, ergreift *Giustinïano* (10), der byzantinische Kaiser (527–565) Justinian, auf Dantes Frage hin das Wort, stellt sich als bekehrter Staatsreformer vor und präsentiert eine mythische Geschichte des römischen Reiches im Zeichen des Adlers (*aquila*, 1). Diese beginnt mit Aeneas und behandelt ausführlich Caesar, springt dann zu Karl dem Großen und dem Heiligen Römischen Reich.

Omai puoi giudicar di quei cotali
ch' io accusai di sopra e di lor falli,
che son cagion di tutti vostri mali.

112 **questi:** die *splendori*, die herbeieilenden Seelen. | 113 **disịo:** *desiderio.* | **condizioni:** *condizione:* Zustand, Lage, Umstand. | 97 **cotali:** *cotale:* solcher (abwertend). | 98 **falli:** *fallo:* Fehler. | 99 **cagion** (f.): *ragione:* Grund, Ursache.

L'uno al pubblico segno i gigli gialli
oppone, e l'altro appropria quello a parte,
sì ch'è forte a veder chi più si falli.
Faccian li Ghibellin, faccian lor arte
sott'altro segno; chè mal segue quello
sempre chi la giustizia e lui diparte;
e non l'abbatta esto Carlo novello
coi Guelfi suoi; ma tema delli artigli
ch'a più alto leon trasser lo vello.
Molte fïate già pianser li figli
per la colpa del padre, e non si creda
che Dio trasmuti l'arme per suoi gigli!
Questa picciola stella si correda
di buoni spirti che son stati attivi
perchè onore e fama li succeda:

100 **pubblico/a:** hier: universal, allgemeingültig – der Reichsadler. | **gigli gialli:** (gelbe), goldene Lilien, Symbol des französischen Königshauses Anjou, steht hier für die Guelfen. | 101 **appropria:** *appropriarsi:* s. aneignen. | **parte:** hier: Partei – gemeint sind die Ghibellinen. | 102 **forte:** *difficile.* | **falli:** *fallarsi:* fehlen, s. irren. | 103 **arte:** hier abwertend: List, Machenschaft. | 105 **diparte:** *dipartire:* trennen. | 106 **abbatta:** *abbạttere:* niederwerfen, niederreißen – hier im Konjunktiv: er soll sich nicht einbilden, den Adler niederzuwerfen. | **Carlo:** Karl II. von Anjou, König von Neapel (1285–1309), Haupt der guelfischen Partei. | **novello/a:** neu, jung – zur Unterscheidung von seinem gleichnamigen Vater, womöglich auch in abwertender Absicht. | 107 **artigli:** Krallen des Adlers. | 108 **vello:** Fell. | 109 **fïate:** *fiata:* Mal → oftmals. | 111 **trasmuti:** *trasmutare:* tauschen, wechseln. | **l'arme:** *arma:* hier: Wappen, Insignien, Feldzeichen. | 112 **picciola:** *pịccola* – der kleine Stern ist Merkur. | **correda:** *corredarsi.* s. schmücken. | 114 **fama:** Ruhm. | **succeda:** *succẹdere:* (nach)folgen, daraus erfolgen – die guten Geister der *vita activa* sind wegen ihres Strebens nach irdischem Ruhm also mit einem kleinen Makel behaftet.

e quando li disiri poggian quivi,
sì disvïando, pur convien che i raggi
del vero amore in su poggin men vivi.
Ma nel commensurar di nostri gaggi
col merto è parte di nostra letizia,
perchè non li vedem minor nè maggi.
Quindi addolcisce la viva giustizia
in noi l'affetto sì, che non si puote
torcer già mai ad alcuna nequizia.
Diverse voci fanno dolci note;
così diversi scanni in nostra vita
rendon dolce armonia tra queste rote.

Zum Abschluss seiner historischen Vision erwähnt Justinian lobend die verkannten Verdienste des (legendären) Provenzalen Romieu de Villeneuve, der seine Stellung durch Verleumdung verlor und im Alter seinen Lebensunterhalt erbetteln musste – eine *figura auctoris*.

115 **disiri:** *desideri.* | **poggian(o):** *poggiare:* hier: zielen (*quivi:* weltlicher Ruhm). | 116 **disvïando:** *disviare:* ablenken. | **convien:** *convenire:* notwendig sein. | 117 **poggin(o):** *poggiare:* hier: aufsteigen, s. erheben – die Ablenkung vom eigentlichen Ziel, dem Ruhm Gottes, schwächt den Eifer der wahren Liebe, die nach oben (*in su*), zu Gott gerichtet ist. | 118 **commensurar(e):** vergleichen, (be)messen. | **gaggi:** *gaggio:* Lohn. | 119 **merto:** *mẹrito:* Verdienst. | **letizia:** Freude. | 120 **vedem:** *vediamo.* | **maggi:** *maggiori* – weder kleiner noch größer, also ausgeglichen. | 121 **addolcisce:** *addolcire:* mildern, besänftigen. | 122 **puote:** *può.* | 123 **tọrcer(e):** drehen, zuwenden. | **nequịzia:** Bosheit, Gemeinheit. | 125 **scanni:** *scanno:* Sitz, Rang (in der Paradiesordnung). | 126 **rote:** *ruote,* hier: Himmelssphären – durch den Vergleich mit dem Wohlklang polyphoner Musik wird erneut die unterschiedliche Situierung der Seelen bei gleicher Seligkeit im Paradies gerechtfertigt.

Canto VII

Zu Beginn des siebten Canto verabschiedet sich Justinian mit einem Hymnus in die Weiten des Merkurhimmels und Dantes brennende, aber ungestellte Frage nach dem (in VI.92–3 von Justinian angesprochenen) Paradox, dass Jesus als Strafe für die Erbsünde der Menschheit den Tod am Kreuz erlitt, für den wiederum die Juden mit der Zerstörung des Tempels durch Titus bestraft wurden, beantwortet Beatrice mit einer ausführlichen Erläuterung der Heilsgeschichte. Die Menschwerdung Gottes zur Erlösung der sündigen Menschheit stellt Dantes Führerin anschließend in den Kontext der Schöpfung, die scholastisch in mittelbare (Menschen und Engel) und unmittelbare (irdisches Leben) differenziert wird.

Canto VIII

Der achte Canto führt in den dritten, den Venushimmel, die Sphäre des Eros, der (zu sehr) Liebenden.

Solea creder lo mondo in suo periclo
   che la bella Ciprigna il folle amore
   raggiasse, volta nel terzo epiciclo;

1 **Solea:** *solere:* pflegen, gewöhnlich tun. | **periclo:** *perịcolo:* Gefahr – der ewigen Verdammnis. | 2 **Ciprigna:** Zyprierin: Aphrodite/Venus, Göttin der Liebe, vor Zypern aus dem Meer ›schaumgeboren‹ respektive Tochter von Zeus und *Dïone* (7), von Ares/Mars Mutter des Eros/Amor/*Cupido* (7). | 3 **raggiasse:** *raggiare:* (aus)strahlen. | **epiciclo:** Epizykel, Nebenkreis (meint hier die dritte Sphäre der Venus), Element einer (obsoleten) astronomischen Theorie, die Nebenkreise auf dem Hauptkreis annahm, um die Schleifenbewegung der Planeten zu erklären.

per che non pur a lei faceano onore
di sacrificio e di votivo grido
le genti antiche nell'antico errore;
ma Dïone onoravano e Cupido,
questa per madre sua, questo per figlio;
e dicean ch'el sedette in grembo a Dido;
e da costei ond' io principio piglio
pigliavano il vocabol della stella
che 'l sol vagheggia or da coppa, or da ciglio.
Io non m'accorsi del salire in ella;
ma d'esservi entro mi fè assai fede
la donna mia ch' i' vidi far più bella.
[...]

Im Licht erkennt Dante Lichtgestalten, die ihm entgegeneilen.

Indi si fece l'un più presso a noi
e solo incominciò: «Tutti sem presti
al tuo piacer, perchè di noi ti gioi.

4 **pur(e):** nur. | 5 **votivo/a:** Votiv-, Weih-, Gelübde-. | 7 **onoravano:** *onorare:* ehren. | 9 **grembo:** Schoß. | **Dido:** die karthagische Königin Dido, deren tragische Liebe zu Aeneas in Vergils *Aeneis* (IV. Buch) erzählt wird, während die vermittelnde Rolle Cupidos, in Gestalt von Aeneas' Sohn Ascanius, im ersten Buch (I.685) erwähnt wird; die wegen *luxuria* Verdammte begegnete Dante bereits im *Inferno* (V. 61–2). | 10 **principio:** Beginn. | **piglio:** *pigliare:* nehmen (auch 11). | 11 **vocabol(o):** Wort, Name (des Planeten Venus). | 12 **vagheggia:** *vagheggiare:* liebevoll anblicken, anhimmeln. | **coppa:** Nacken – die Sonne sieht Venus als Abendstern (*Vespero*) von hinten, als Morgenstern (*Lucifero*) von vorn. | 13 **salire:** hier: aufsteigen, emporsteigen. | 14 **fede:** *far fede:* bestätigen. | 15 **far:** *farsi: diventare* – Beatrice fungiert auch in ihrer (von Sphäre zu Sphäre zunehmenden) Schönheit als Dantes Bezugspunkt. | 31 **Indi:** dann. | **presso:** nah. | 32 **sem:** *siamo* (auch 38). | **presti:** *pronti.* | 33 **gioi:** *gioiare: gioire:* s. erfreuen, Freude haben.

Noi ci volgiam coi Principi celesti
d'un giro e d'un girare e d'una sete,
ai quali tu del mondo già dicesti:
'*Voi che 'ntendendo il terzo ciel movete*';
e sem sì pien d'amor, che, per piacerti,
non fia men dolce un poco di quïete.»

Die Seele präsentiert sich als Karl Martell (1271–1295), Sohn von Karl II. von Anjou und Maria von Ungarn, den Dante 1294 in Florenz getroffen haben soll. Er beklagt seinen frühen Tod und seine dadurch verhinderte gute Herrschaft in der Provence und Italien. Dantes Frage, wie gute menschliche Erbanlagen ins Böse umschlagen können, beantwortet Karl mit dem Hinweis auf die verschiedenen Anlagen, die die Vorsehung, vermittelt durch die Astralkräfte, den Menschen zumisst, und den schlechten Umgang des willensfreien Einzelnen damit, was sich auch in falscher Berufswahl zeige.

Canto IX

Drei unterschiedlichen von der Liebe geprägten paradiesischen Lichtgestalten begegnet Dante im Venushimmel des neunten Canto: der Trevisaner Adeligen Cunizza da Romano, dem Trobador Folquet de Marselha und der alttestamentari-

34 **volgiam(o):** *vọlgersi:* s. drehen. | **Prịncipi:** hier: Himmelsfürsten, Teil der hierarchischen Engelsordnung. | 37 **'ntendendo:** *intẹndere:* verstehen – bezieht sich hier auf die rein geistige Kraft der Intelligenzen, der Engel, die den dritten Himmel (der Venus) bewegen; der Vers zitiert den Eingangsvers aus Dantes eigener Kanzone, die das zweite Buch seines *Convivio* eröffnet und dort ausführlich nach dem vierfachen Schriftsinn gedeutet wird. | 39 **quïete:** Ruhe, Rasten, Innehalten.

schen Hure Rahab. Nachdem Karl Martells Geschichte beendet ist, tritt sogleich die nächste Lichtseele auskunftsfreudig an Dante heran.

«In quella parte della terra prava
   italica che siede tra Rïalto
   e le fontane di Brenta e di Piava,
si leva un colle, e non surge molt'alto,
   là onde scese già una facella
   che fece alla contrada un grande assalto.
D'una radice nacqui e io ed ella:
   Cunizza fui chiamata, e qui refulgo
   perchè mi vinse il lume d'esta stella;

25 **prava/o:** böse, frevelhaft. | 26 **siede:** *sedere:* hier: liegen. | **Rïalto:** Hauptinsel und alter Name von Venedig. | 27 **fontane:** *fontana:* hier: Quelle. | **Brenta … Piava:** Brenta und Piave sind Flüsse in Nordostitalien – die geographischen Angaben umschreiben die Mark Treviso. | 28 **leva:** *levarsi:* s. erheben. | **colle:** Hügel, Berg. | **surge:** *sụrgere/sọrgere:* emporsteigen, s. erheben. | 29 **là onde:** woher. | **facella:** Fackel – gemeint ist Ezzelino III. da Romano, der als Gewalttäter im Blutstrom Phlegethon des ersten Rings des siebten Kreises im *Inferno* büßt (XII.110). | 30 **contrada:** Gegend. | **assalto:** (Angriff), Schaden, Gewalt. | 32 **Cunizza:** Cunizza da Romano (um 1198–1279), die Schwester des Tyrannen, die mehrfach verheiratet war und der Liebesbeziehungen u. a. mit dem Trobador Sordello nachgesagt wurden; nach einem der irdischen Liebe gewidmeten Leben wandte sie sich im Alter verarmt der Frömmigkeit zu und wurde von Dante – recht antikonformistisch – nicht etwa in den zweiten Kreis des *Inferno* oder auf den siebten Sims des *Purgatorio* relegiert, sondern in den ihr korrespondierenden Venushimmel erhoben. | **refulgo:** *refụlgere:* strahlen, leuchten.

ma lietamente a me medesma indulgo
la cagion di mia sorte, e non mi noia;
che parrìa forse forte al vostro vulgo. 36
[...]

Cunizza prophezeit im Anschluss Unheil für ihre verdorbenen Landsleute und verbindet dabei die Verurteilung zeitgeschichtlicher Auseinandersetzungen mit der heilsgeschichtlichen Perspektive der erleuchteten Himmelsbewohnerin. Die nächste Lichtgestalt stellt sich auf Bitten Dantes als der Trobador Folquet (1155–1231) aus Marseille vor, der dem Minnedienst intensiv ergeben war, wie er mit mythologischen Vergleichen bekräftigt, bis er als Kleriker maßgeblich an der blutigen Unterwerfung der Katharer beteiligt war, die als Ketzer von der Kirche verfolgt und von Dante in den sechsten Kreis des *Inferno* verbannt wurden. Seine Lebensmaxime wandelte sich also von *amor* zu *caritas*, und der ihn prägende Venushimmel werde nun, nach seiner Bekehrung vom Trobador zum Glaubensstreiter, von ihm in diesem Sinne umgeprägt (*di me s'imprenta*, 96).

Non però qui si pente, ma si ride,
non della colpa, ch'a mente non torna,
ma del valor ch'ordinò e provide. 105

34 **indulgo:** *indulgere:* Nachsicht haben, nachsehen. | 35 **cagion** (f.): *ragione:* Grund. | **noia:** *noiare:* belästigen, betrüben, belasten. | 36 **parrìa:** *sembrerebbe.* | **vulgo:** Volk, Masse, Pöbel – anstößig und schwer zu verstehen (*forte*) für die kleinbürgerliche Moral ist die provokante Einstellung Cunizzas wohl ebenso wie die biblische Parallelstelle, in der Jesu Nachsicht mit einer Hure übt und ihre Sünden vergibt, wie das *Lukas*-Evangelium berichtet (7.36–50). | 105 **valor(e):** Kraft, Macht, hier: Gott. | **provide:** *prov(v)edere:* (sorgen), vorhersehen.

Qui si rimira nell'arte ch'adorna
cotanto effetto, e discernesi 'l bene
per che 'l mondo di su quel di giù torna. 108
[...]

Folquet beschreibt Dante nun die nächste Lichtseele.

Or sappi che là entro si tranquilla
Raab; e a nostr'ordine congiunta,
di lei nel sommo grado si sigilla. 117

106 **rimira:** *rimirare:* betrachten, ansehen, hier verstärkend konstruiert mit *in*, im Sinne von s. versenken. | **arte:** der Kosmos, das Schöpfungswerk Gottes. | **adorna:** *adornare:* schmücken. | 107 **cotanto:** so groß, gut – die Textstelle ist umstritten, andere Lesart: *con tanto*, ebenso *affetto* statt *effetto*, was die göttliche Liebe als treibende Kraft der Schöpfung betonte und sinnvoller erscheint. | **discernesi:** *discẹrnere:* erkennen. | 108 **torna:** hier wohl im Sinne von *torneare/attorniare:* umgeben, umringen (der Himmel die Erde). 115 **tranquilla:** *tranquillarsi:* ruhen, s. beruhigen, hier: in himmlischer Ruhe leben. | 116 **Raab:** Rahab wird im Alten wie im Neuen Testament als Gerechte angeführt, die trotz ihres Lebenswandels als Hure wegen ihres Einsatzes für das Volk Gottes gerettet und zum Exempel wird (Jos 2.1–21, 6.17–25, Heb 11.31, Jak 2.25): Sie versteckte die Kundschafter Josuas und wurde nach der Eroberung von Jericho als einzige mit ihrer Familie verschont. | **ọrdine:** Ordnung, Orden, Reihe, hier: Chor der Seligen. | **congiunta/o:** verbunden, vereint, vereinigt. | 117 **sommo/a:** höchste/r. | **sigilla:** *sigillare:* siegeln, prägen – die Konstruktion des Verses ist problematisch: *ordine* als Subjekt (*lei*) des Hauptsatzes im Passiv ist, syntaktisch höchst ungewöhnlich, Objekt des Partizipialsatzes, jedoch ist dies der Sinn der Figurenrede: der Chor des Venushimmels wird von Rahab in höchstem Grade geprägt (die andere Lesart *di lui* ist deutlich unbefriedigender).

Da questo cielo, in cui l'ombra s'appunta
che 'l vostro mondo face, pria ch'altr'alma
del triunfo di Cristo fu assunta.
Ben si convenne lei lasciar per palma
in alcun cielo dell'alta vittoria
che s'acquistò con l'una e l'altra palma,
perch'ella favorò la prima gloria
di Iosuè in su la Terra Santa,
che poco tocca al papa la memoria.

In Fortsetzung seiner Zeitkritik wettert Folquet gegen die Geldgier von Florenz und die Korruption der römischen Kirche.

118 **s'appunta:** *appuntarsi:* spitz werden – der Erdschatten reichte nach Auffassung der antiken und mittelalterlichen Astronomen (Ptolemäus, Alfarganus), an denen Dante sich orientierte, bis zur Venus; diese Stelle wirft auch ein Licht auf Dantes Einteilung des *Paradiso*, dessen erste drei Himmel noch von irdischen Gefährdungen überschattet sind (Gelübdebruch, Ruhm, erotische Liebe). | 120 **assunta:** *assumere:* hier: aufnehmen, erheben – Rahabs Ausnahmestellung im Venushimmel wird durch ihre hier postulierte frühe Errettung aus dem Limbus anlässlich Christi Höllenfahrt unterstrichen, auch wenn die erste unter diesen Lichtseelen selbst nicht zu Wort kommt … | 121 **palma:** Siegespalme, Siegeszeichen. | 123 **s'acquistò:** *acquistare:* hier: erreichen, erlangen (Sieg). | **palma:** Handfläche – Christi mit den Kreuzeswundmalen. | 124 **favorò:** *favorì: favorire:* unterstützen, fördern, begünstigen. | **gloria:** Ruhm, Ruhmestat. | 125 **Iosuè:** Josua, dessen Eroberung von Jericho bekanntlich von den Posaunen der israelitischen Priester ermöglicht wurde, die die Stadtmauern zum Einsturz brachten (Jos 6), steht in typologischer Beziehung zum Erzähler Folquet, der bei der Eroberung der Albigenserfestung Lavaur seine Priester eine Hymne singen ließ und damit die Aufgabe der Festung bewirkte. | 126 **tocca:** *toccare:* berühren, bewegen, kümmern – Vorwurf an den Papst, die Kreuzzugsidee zu vernachlässigen.

Canto x

Unbemerkt ist Dante mit Beatrice im Sonnenhimmel angelangt, der vierten Sphäre, die der Weisheit gewidmet ist.

Guardando nel suo Figlio con l'Amore
che l'uno e l'altro etternalmente spira,
lo primo ed ineffabile Valore,
quanto per mente e per loco si gira
con tant'ordine fè, ch'esser non puote
sanza gustar di lui chi ciò rimira.
Leva dunque, lettore, all'alte ruote
meco la vista, dritto a quella parte
dove l'un moto e l'altro si percuote;
e lì comincia a vagheggiar nell'arte
di quel maestro che dentro a sè l'ama,
tanto che mai da lei occhio non parte.

2 **spira:** *spirare:* wehen, ausstrahlen, verströmen. | 3 **ineffabile:** unaussprechlich, unnennbar. | **Valore** (Subjekt des Satzes): Kraft, Macht, Wert, hier für Gott Vater, so wie der Sohn (*Figlio*) für Christus steht, die Weisheit und das Wort Gottes, und die Liebe (*Amore*) für den Heiligen Geist – die erste Terzine des zehnten Canto thematisiert also die göttliche Trinität, die gemeinsam beim Schöpfungsakt aktiv ist. | 5 **puote:** *può.* | 6 **gustar(e):** gefallen, hier stärker: Freude und Bewunderung empfinden. | **rimira:** *rimirare:* betrachten, ansehen. | 7 **Leva:** *levare:* (er)heben. | **ruote:** *ruota:* Sphäre. | 9 **moto:** Bewegung, Umlauf, Drehung. | **percuote:** *percuọtere:* treffen – astronomisch umschrieben ist der Schnittpunkt von Himmelsäquator und Sonnenbahn in der Ekliptik (der Planetenebene, die im Winkel von 23,5° zum Äquator steht), also das Frühjahrs-Äquinoktium, das bereits in I.39 als glücklicher Zeitpunkt beschrieben worden war. | 10 **vagheggiar(e):** liebevoll anblicken. | 11 **maestro:** Meister, hier: Gott, der seine aus Liebe geschaffenen Schöpfung liebt. | 12 **parte:** *partire:* hier: abwenden (Blick).

Vedi come da indi si dirama
l'oblico cerchio che i pianeti porta,
per sodisfare al mondo che li chiama.
E se la strada lor non fosse torta,
molta virtù nel ciel sarebbe in vano,
e quasi ogni potenza qua giù morta;
e se dal dritto più o men lontano
fosse 'l partire, assai sarebbe manco
e giù e su dell'ordine mondano.
Or ti riman, lettor, sovra 'l tuo banco,
dietro pensando a ciò che si preliba,
s'esser vuoi lieto assai prima che stanco.
Messo t' ho innanzi: omai per te ti ciba;
chè a sè torce tutta la mia cura
quella materia ond' io son fatto scriba.
Lo ministro maggior della natura
che del valor del ciel lo mondo imprenta
e col suo lume il tempo ne misura,

13 **indi:** dort. | **dirama:** *diramarsi:* s. verzweigen, abzweigen, auseinanderlaufen. | 14 **oblico/a:** schief, geneigt – gemeint ist die gegenüber dem Himmelsäquator geneigte Ekliptik der Planetenebene, die Tierkreiszone. | 16 **torta/o:** schief. | 17 **virtù:** Kraft. | 18 **potenza:** Potenz, Potential, Anlage. | 19 **dritto:** gerade – der Äquator. | 20 **partire:** hier: Abweichung, Divergenz. | **manco/a:** mangelhaft – gepriesen wird die lebenserhaltende Wirkung der Ekliptik, die für den Wechsel der Jahreszeiten auf der Erde verantwortlich ist. | 23 **preliba:** *prelibare:* vorkosten, probieren, kurz behandeln. | 25 **ciba:** *cibare:* speisen, essen. | 26 **torce:** *tọrcere:* drehen, biegen, winden, wenden. | **cura:** Sorge, Eifer, Aufmerksamkeit. | 27 **scriba:** Schreiber – wichtige Selbstcharakterisierung Dantes als treue Schreibkraft des höchsten Autors, Gottes. | 28 **ministro:** Diener – die Rede ist von der Sonne. | 29 **valor(e):** Kraft, Macht (Gottes). | **imprenta:** *imprentare:* prägen. | 30 **lume** (m.): Licht. | **ne:** *ci.*

con quella parte che su si rammenta
congiunto, si girava per le spire
in che più tosto ognora s'appresenta;
e io era con lui; ma del salire
non m'accors' io, se non com' uom s'accorge,
anzi 'l primo pensier, del suo venire.
È Beatrice quella che sì scorge
di bene in meglio sì subitamente
che l'atto suo per tempo non si sporge.
Quant'esser convenia da sè lucente
quel ch'era dentro al sol dov'io entra'mi,
non per color, ma per lume parvente!
Perch' io lo 'ngegno e l'arte e l'uso chiami
sì nol direi, che mai s' imaginasse;
ma creder puossi e di veder si brami.

31 **parte:** hier: Ort, Stelle – gemeint ist der Äquinoktialpunkt. | **rammenta:** *rammentare:* erinnern, erwähnen. | 32 **congiunto/a:** verbunden, vereint. | **spire:** *spira:* Windung – die ptolemäische geozentrische Astronomie erklärte sich die scheinbare Bewegung der Sonne zwischen Frühjahrs-Äquinoktium und Sommersonnenwende als Spiral-Kurve. | 33 **ognora:** immer, stets. | **s'appresenta:** *(ap)presentarsi:* s. zeigen, erscheinen – beschrieben ist der jeden Tag etwas frühere Sonnenaufgang zwischen Winter- und Sommer-Sonnenwende. | 35 **uom** (unpers.): man, einer. | 36 **anzi:** vor – der Aufstieg zum Sonnenhimmel dauerte also kürzer als ein Gedanke. | 37 **scorge:** *scọrgere:* hier: führen, geleiten. | 39 **sporge:** *spọrgersi:* s. hinauslehnen, hier im Sinne von: erkennbar werden – Beatrices Wirken geschieht außerhalb menschlicher Zeitdimensionen. | 40 **convenia:** *convenire:* notwendig sein. | **lucente:** leuchtend, strahlend. | 42 **parvente:** sichtbar. | 43 **Perch'io:** *per quanto io.* | **'ngegno:** *ingenium,* Geist, Begabung. | **arte:** Kunst (als Technik). | **uso:** Übung, Erfahrung – Dante ruft alle dichterischen Ressourcen auf, doch das Geschaute bleibt topisch unsagbar. | **chiami:** *chiamare:* hier: anrufen, zu Hilfe rufen. | 45 **puossi:** *si può.* | **brami:** *bramare:* begehren, ersehnen.

E se le fantasie nostre son basse
a tanta altezza, non è maraviglia;
chè sopra 'l sol non fu occhio ch'andasse.
[...]

Die *quarta famiglia* (49) des Sonnenhimmels präsentiert sich dem entzückten Betrachter nun in Form einer *corona* (65), eines leuchtenden Reigens der Seligen, den in Worten wiederzugeben erneut als unmöglich beteuert wird.

Nella corte del cielo, ond' io rivegno,
si trovan molte gioie care e belle
tanto che non si posson trar del regno;
[...]

Die zwölf Weisheitslehrer der tanzenden *corona* werden Dante nun durch ihr Haupt Thomas von Aquin, den wichtigsten Theologen des Mittelalters, vorgestellt: Albertus Magnus, Gratian, Petrus Lombardus, Salomo, Dionysius Areopagita, Orosius, Boethius, Isidor von Sevilla, Beda Venerabilis, Richard von St. Victor und schließlich überraschend ein weiterer Name:

Questi onde a me ritorna il tuo riguardo,
è 'l lume d'uno spirto che 'n pensieri
gravi a morir li parve venir tardo:

48 **sopra:** hier: Helleres als die Sonne hat kein Auge je gesehen. | 70 **corte:** Hof, bereits im *Inferno* (11.125) Bezeichnung für die Himmelsbewohner. | **ond':** von wo. | **rivegno:** *rivengo.* | 71 **gioie:** *gioielli.* | **care:** *caro/a:* hier: wertvoll. | 72 **trar**(re): hier: entfernen, wegnehmen. | 133 **onde:** von dem. | **riguardo:** *sguardo* – der Kreis der Gelehrten ist vollendet, der Verbleibende wird bereits durch seine Position neben Thomas herausgehoben. | 135 **parve:** *parere: sembrare* – die ernsten Gedanken ließen den Tod herbeiwünschen.

essa è la luce etterna di Sigieri,
che, leggendo nel vico delli strami,
sillogizzò invidïosi veri.» 138

Nach dieser Präsentation setzt sich der Lichterreigen wie ein Uhrwerk wieder in wohltönende Bewegung.

136 **Sigieri:** Siger von Brabant (um 1225–1284), umstrittener Philosoph des Mittelalters, lehrte seit 1266 an der ›Artistenfakultät‹ der Pariser Universität (dem Lehrort der *septem artes liberales*) und vertrat dort den Averroismus, einen radikalen Aristotelismus, wodurch er rasch in Konflikt mit dem Bischof von Paris und dem Papst geriet, die seine Thesen 1270 und 1277 als häretisch verurteilten. Auf der Flucht vor Verfolgung starb er wahrscheinlich 1284 in Italien, wurde womöglich gar am päpstlichen Hof von Orvieto ermordet. Thomas von Aquin, der ihn hier präsentiert, gehörte, trotz seiner grundsätzlich auf Ausgleich bedachten Einstellung, zu Sigers Kritikern. | 137 **leggendo:** *lẹggere:* hier: Vorlesungen halten. | **vico:** Gasse. | **strami:** *strame:* Streu (Stroh oder Heu), also Tierfutter – Übersetzung des französischen Straßennamens *Rue du Fouarre*, Sitz der Pariser Artistenfakultät. | 138 **sillogizzò:** *sillogizzare:* durch Syllogismen, logische Schlüsse, zeigen/lehren. | **invidïosi:** *invidioso/a:* hier: Neid/Missgunst erweckend. | **veri:** *vero:* Wahrheit – die Stellung Sigers im erlauchten Kreis der christlichen Weisheitslehrer ist problematisch: Da Dante sich wohl kaum bewusst zu häretischen Positionen bekennen wollte, kann man die grundsätzliche inhaltliche Nähe von Siger und Thomas im Aristotelismus in Anschlag bringen oder Dantes Versuch vermuten, die theologischen Konfliktparteien der Franziskaner und Dominikaner im Himmel harmonisch zu versöhnen. Auf jeden Fall bleibt die Stärkung der philosophischen Wahrheitssuche im Kontext der orthodoxen Theologie der *Commedia* bemerkenswert, bedeutet sie doch eine Positionsnahme für die Autonomie der Philosophie, ergo der menschlichen Vernunft.

Canto XI

Mit einer Invektive gegen weltliche Aktivitäten beginnt Dante seinen elften Canto, der ebenfalls im Sonnenhimmel angesiedelt ist.

O insensata cura de' mortali,
  quanto son difettivi sillogismi
  quei che ti fanno in basso batter l'ali!
Chi dietro a iura, e chi ad amforismi
  sen giva, e chi seguendo sacerdozio,
  e chi regnar per forza o per sofismi,
e chi rubare, e chi civil negozio;
  chi nel diletto della carne involto
  s'affaticava, e chi si dava all'ozio,

1 **insensata/o:** unsinnig, töricht. | **mortali:** *mortale:* sterblich. | 2 **difettivi:** *difettosi.* | **sillogismi:** Syllogismen, logische Schlüsse. | 4 **iura:** Jura, Studium der (ursprünglich beiden) Rechte. | **amforismi:** *aforismi:* hier: Medizinstudium, nach der gleichnamigen hippokratischen Sammlung medizinischer Schriften. | 5 **giva:** *gire:* gehen. | **sacerdozio:** Priesteramt, Priesterstand – Kritik am Theologiestudium, das nur der Pfründe und Machtposition wegen betrieben wird. | 6 **regnar(e):** herrschen. | **sofismi:** Sophismen, Spitzfindigkeiten, Trugschlüsse – kritisiert wird politische Herrschaft durch Gewalt oder, im zweiten Fall, durch List. | 7 **rubare:** hier jede unehrliche Tätigkeit von Raub bis Wucher. | **civil negozio:** Tätigkeit (lat. *negotium*) in der öffentlichen Verwaltung, Amtsgeschäfte. | 8 **diletto:** Vergnügen, Freude, Genuss. | **involto/a:** verwickelt, verstrickt – die Sünder der *luxuria* fanden sich ja im zweiten Kreis des *Inferno* (V) oder im siebten des *Purgatorio* (XXV–XXVI) wieder. | 9 **s'affaticava:** *affaticarsi:* s. anstrengen, plagen. | **ozio:** Muße, Müßiggang – die Sünde der *acedia* wurde ja im fünften Kreis des *Inferno* (VII–VIII) oder im vierten des *Purgatorio* (XVII–XVIII) gebüßt.

quando, da tutte queste cose sciolto,
con Beatrice m'era suso in cielo
cotanto gloriosamente accolto.

Thomas von Aquin ergreift erneut das Wort und preist zunächst den Heiligen Franziskus von Assisi, den Gründer des konkurrierenden Franziskanerordens. Dabei stellt er dessen asketisches Leben in Armut in den Mittelpunkt und erwähnt zum Schluss noch den Heiligen Dominikus, den Gründer des Dominikanerordens, dem auch Thomas selbst angehörte. Zum Zeichen des harmonischen heiteren Miteinanders der Orden im Paradies lobt also ein Dominikaner den Franziskanerorden und kritisiert sogar (kurz) Verfehlungen im eigenen Orden.

Canto XII

Im zwölften Canto lässt Dante einen weiteren Reigen aus zwölf seligen Weisheitslehrern den ersten Kreis umschweben und vergleicht die Konstellation mit den *due archi* (11) des Regenbogens. Aus diesem zweiten Zirkel heraus ergreift der franziskanische Theologe Bonaventura das Wort und preist in harmonischer Symmetrie den Heiligen Dominikus, den Gründer des konkurrierenden Dominikanerordens. Anschließend kritisiert er Irrwege im eigenen Orden und stellt seine elf Lichtgefährten vor, darunter Hugo von St. Viktor, Anselm von Canterbury, der Philologe Donatus, Hrabanus Maurus und, mit dem entsprechenden Überraschungseffekt, Joachim von

10 **sciolto/a:** los, losgelöst. | 11 **suso:** *su*. | 12 **cotanto:** so sehr, so viel. | **gloriosamente:** glorreich – durch die Diärese zusätzlich betontes zentrales Wort der Terzine; Dante geißelt zu Beginn des Canto die *vanitas* der Welt vom abgehobenen Standpunkt des himmlischen Beobachters mit drastischen Formulierungen.

Flore, den prophetischen und bald von der Kirche verurteilten Ordensgründer.

Canto XIII

Dante verweilt im 13. Canto weiterhin im Sonnenhimmel und erteilt, nach einem astronomischen Vergleich des seligen Doppelreigens mit den Sternbildern des Großen und Kleinen Wagens, erneut Thomas von Aquin das Wort, der in einer scholastischen *distinzion* (109) ausgehend von der Trinität Gottes die Weisheit des Königs Salomon und dessen Sonderstellung unter den kontingenten Geschöpfen erklärt. Abschließend warnt der Theologe eindringlich vor der Selbstüberschätzung des menschlichen Verstandes und predigt gegen vorschnelle Urteile in Unkenntnis des *consiglio divino* (141).

Canto XIV

Zu Beginn des 14. Canto erklärt Salomon auf Beatrices Bitten hin Dante die Auferstehung des Leibes und das Leben im himmlischen Licht nach dem Jüngsten Tag. Dann bemerkt Dante nur an der Veränderung des Lichts, dass er mit Beatrice zum roten Marshimmel aufgestiegen ist, der Sphäre der Glaubenskämpfer. Dort wird er von einem strahlenden griechischen Kreuz, das die Märtyrerseelen bilden, derart fasziniert, dass darüber Beatrices schöne Augen fast in Vergessenheit geraten.

Canto xv

Der 15. Canto bringt Dante die Begegnung mit seinem Ahn Cacciaguida, dessen Lichtseele sich aus dem Kreuz der Glaubenskämpfer löst, ihm wie Anchises seinem Sohn Aeneas in Vergils Epos entgegen tritt und ihn freudig auf Latein begrüßt.

«O sanguis meus, o superinfusa
gratïa Deï, sicut tibi cui
bis unquam coeli ianüa reclusa?»
[…]

Die noch ungenannte Lichtseele ermuntert Dante freundlich-feierlich zu fragen, was dieser im Einvernehmen mit der lächelnden Beatrice ebenso feierlich unternimmt. Cacciaguida bezeichnet sich zunächst als *radice* (89) des Dichters und fährt fort.

Poscia mi disse: «Quel da cui si dice
tua cognazione e che cent'anni e piùe
girato ha il monte in la prima cornice,

28–30 **O sanguis … reclusa:** Die lateinische Terzine ehrt Vergil und schmilzt Formulierungen der Parallelstellen seiner *Aeneis* intertextuell ein. Hier eine italienische Version: *O sangue mio, o sovrabbondante* (überreichlich) *grazia divina, a chi, come a te, fu mai aperta per due volte la porta del cielo?* | 91 **Pọscia:** dann, danach. | 92 **cognazione:** Verwandtschaft, Geschlecht. | **piùe:** *più.* | 93 **cornice:** Sims, Kreis des Purgatoriums – im ersten Kreis wurde *superbia* gebüßt, warum das den Urgroßvater Dantes betreffen sollte, ist unklar, womöglich als Familiensünde, derer auch der Autor selbst sich schuldig fühlt.

mio figlio fu e tuo bisavol fue:
ben si convien che la lunga fatica
tu li raccorci con l'opere tue.
Fiorenza dentro dalla cerchia antica,
ond'ella toglie ancora e terza e nona,
si stava in pace, sobria e pudica.
Non avea catenella, non corona,
non gonne contigiate, non cintura
che fosse a veder più che la persona.
Non faceva, nascendo, ancor paura
la figlia al padre; chè 'l tempo e la dote
non fuggìen quinci e quindi la misura.

94 **bisạvol(o):** Urgroßvater – Alighiero mit Namen. | 96 **raccorci:** *raccorciare:* verkürzen – mit frommen Werken (*opere*). | 97 **cerchia:** Ring – hier der ersten Stadtmauern um Florenz, die auf die Zeit Karls des Großen zurückgehen sollen; bedingt durch das Anwachsen der Stadt wurden die Mauern zweimal erweitert, 1173, im Jahrhundert Cacciaguidas, und ab 1284, zu Dantes Lebzeiten; im Folgenden legt Dante seinem Vorfahren die Rolle des *laudator temporis acti* in den Mund, der den vergangenen besseren Zeiten nachtrauert und den Sittenverfall der zeitgenössischen Gegenwart beklagt – ein (nicht erst) seit Horaz gängiger literarischer Topos. | 98 **ond':** von wo – gemeint sind die Kirchglocken einer an der Stadtmauer gelegenen Badia, die den christlichen Tag mit ihrem Läuten strukturieren, wobei *terza* (9 Uhr) den Beginn und *nona* (15 Uhr) das Ende der Arbeitszeit bedeuteten. | **toglie:** *tọgliere:* nehmen, hier: vernehmen, läuten hören. | 99 **sọbria/o:** einfach, bescheiden, genügsam. | **pudica/o:** sittsam, keusch, züchtig. | 100 **catenella:** Kettchen – zuerst geht es also um weibliche Kleidung und Schmuckstücke. | 101 **contigiate:** *contigiare:* schmücken, besticken. | 104 **dote** (f.): Mitgift. | 105 **fuggìen** (*fuggivano*): *fuggire:* hier: das rechte Maß (*misura*) verlassen, einerseits unterschreiten (*quinci:* das Alter der Eheschließung), andererseits überschreiten (*quindi:* die Summe der Mitgift).

Non avea case di famiglia vote;
 non v'era giunto ancor Sardanapalo
 a mostrar ciò che 'n camera si pote.
Non era vinto ancora Montemalo
 dal vostro Uccellatoio, che, com'è vinto
 nel montar su, così sarà nel calo.
Bellincion Berti vid' io andar cinto
 di cuoio e d'osso, e venir dallo specchio
 la donna sua sanza il viso dipinto;
e vidi quel de' Nerli e quel del Vecchio
 esser contenti alla pelle scoperta,
 e le sue donne al fuso e al pennecchio.

106 **vote:** *vuote* – möglicherweise wegen ihrer übertriebenen Größe, der Exilierung ihrer Bewohner oder des Geburtenrückgangs aufgrund des Sittenverfalls. | 107 **giunto:** *giụngere:* ankommen, erreichen. | **Sardanapalo:** Sardanapal (Assurbanipal), assyrischer König des 7. Jh. v. Chr., legendär für sein sittenloses ausschweifendes Luxusleben. | 108 **pote:** (*puote*) *può* – für einen paradiesischen Gesang ungewöhnlich direkte Ansprache von Sexualpraktiken. | 109 **Montemalo:** Monte Mario, Hügel nördlich von Rom mit Fernblick auf die ewige Stadt. | 110 **Uccellatoio:** Berg mit Fernblick auf Florenz (aus nördlicher Richtung), das sich anschickte, Rom urbanistisch und architektonisch zu übertreffen. | 111 **calo:** Abfall, Rückgang – Warnung vor dem drohenden Niedergang der Stadt. | 112 **Bellincion Berti:** der Großvater Dantes, angesehener Stadtbürger; sein Sohn war Alighiero II., der Vater von Durante (Dante). | **cinto:** *cịngere:* gürten. | 113 **osso:** hier: einfache Spange/Gürtelschnalle aus Knochen. | 115 **Nerli … del Vecchio:** alteingesessene guelfische Adelsfamilien. | 116 **scoperta/o:** hier: bloß, ungefüttert (Leder). | 117 **fuso:** Spindel. | **pennecchio:** Spinnrocken, Kunkel – die Terzine lobt die einfache Kleidung der Männer und die traditionell weibliche Handarbeit; um das glückliche Leben der Florentinerinnen der Vorzeit geht es auch im Folgenden.

Oh fortunate! ciascuna era certa
della sua sepultura, ed ancor nulla
era per Francia nel letto diserta.
L'una vegghiava a studio della culla,
e, consolando, usava l'idïoma
che prima i padri e le madri trastulla;
l'altra, traendo alla rocca la chioma,
favoleggiava con la sua famiglia
de' Troiani, di Fiesole e di Roma.
Sarìa tenuta allor tal maraviglia
una Cianghella, un Lapo Salterello,
qual or sarìa Cincinnato e Corniglia.
A così riposato, a così bello
viver di cittadini, a così fida
cittadinanza, a così dolce ostello,

119 **sepultura:** Grabstätte. | 120 **diserta/o:** hier: verlassen, alleingelassen – wegen der Geschäftsreise des Ehemanns nach Frankreich, dem damaligen Hauptabsatzmarkt der Florentiner Kaufleute. | 121 **vegghiava:** *vegghiare: vegliare:* wachen – gemeint ist die Mutter. | **studio:** Sorge. | **culla:** Wiege. | 122 **idïoma:** Sprache, hier die infantile Sprache der Eltern ihren Kindern gegenüber. | 123 **trastulla:** *trastullare:* erfreuen, unterhalten. | 124 **rocca:** Spinnrocken, Kunkel. | **chioma:** hier: Flachs – gemeint ist die Großmutter. | 125 **favoleggiava:** *favoleggiare:* erzählen, fabulieren. | **famiglia:** meint auch (lat.) die weibliche Dienerschaft. | 126 **Troiani:** die populären Ursprungslegenden von Florenz, seit Aeneas, dem mythischen Gründer Roms, bis zur Gründung der Stadt durch die Römer nach der Zerstörung Fiesoles. | 127 **Sarìa:** *sarebbe.* | 128 **Cianghella:** sprichwörtlich sittenlose Frau, auch in anderen Quellen erwähnt. | **Lapo Salterello:** korrupter Jurist, Dantes Zeitgenosse. | 129 **Cincinnato:** sprichwörtlich rechtschaffener Römer im 5. Jh. v. Chr. zur Zeit der Republik. | **Corniglia:** Cornelia (2. Jh. v. Chr.), Mutter der Gracchen, Urbild der tugendhaften Römerin. | 130 **riposato/a:** ruhig, geruhsam. | 131 **fida/o:** treu, zuverlässig, vertrauenswürdig. | 132 **cittadinanza:** hier: Stadtbevölkerung. | **ostello:** Wohnstätte.

Maria mi diè, chiamata in alte grida;
  e nell'antico vostro Batisteo
  insieme fui cristiano e Cacciaguida.
Moronto fu mio frate ed Eliseo:
  mia donna venne a me di val di Pado;
  e quindi il sopranome tuo si feo.
Poi seguitai lo 'mperador Currado;
  ed el mi cinse della sua milizia,
  tanto per bene ovrar li venni in grado.
Dietro li andai incontro alla nequizia
  di quella legge il cui popolo usurpa,
  per colpa de' pastor, vostra giustizia.

133 **Maria:** bezieht sich auf den Brauch, unter Wehen (*alte grida*) die Madonna anzurufen, was die Geburt Cacciaguidas zugleich unter ein göttliches Zeichen stellt. | **diè:** *diede* (*dare*). | 134 **Batisteo:** alte Form von *battistero*, dem bereits in *Inferno* XIX.17 nostalgisch erwähnten Florentiner Baptisterium San Giovanni. | 135 **Cacciaguida:** erst an dieser Stelle erwähnt der Sprecher seinen Namen, zusammen mit seiner Taufe; über den Urahn Dantes gibt es kaum weitere Informationen, er wurde am Ende des 11. Jh. geboren und starb wohl während des zweiten Kreuzzugs 1147/8. | 136 **Moronto ... Eliseo:** über die Brüder Cacciaguidas liegen keine Informationen vor. | 137 **Pado:** Po, aus der oberitalienischen Po-Ebene kam Cacciaguidas Ehefrau, nach Boccaccio mit Namen Aldighieri, die dem Sohn dann den Namen Alighiero gab. | 138 **quindi:** daher. | **sopranome:** hier: Zuname, Familienname. | **feo:** *fece.* | 139 **Currado:** der Staufer Konrad III. (1093–1152), König (nicht Kaiser) seit 1138, führte mit Ludwig VII. von Frankreich den erfolglosen zweiten Kreuzzug (1147–49) an. | 140 **cinse:** *cingere:* (mit dem Schwert) gürten, in der Bedeutung: zum Ritter (*miles*) schlagen. | **milizia:** hier: Ritterwürde, Ritterstand. | 141 **ovrar:** *operare:* handeln. | **grado:** *gradimento:* Wohlgefallen. | 142 **nequizia:** Bosheit. | 143 **legge:** hier für islamische Religion. | **usurpa:** *usurpare:* unrechtmäßig besitzen, besetzen. | 144 **pastor(i):** *pastore:* Hirte, hier: Oberhirte, also Papst; bereits zuvor (IX.136–8) hatte Dante gegen das Papsttum gewettert, das die Kreuzzüge zugunsten weltlicher Machtinteressen aufgegeben habe. | **giustizia:** hier für den rechtmäßigen Besitz des Heiligen Landes.

Quivi fu' io da quella gente turpa
disviluppato dal mondo fallace,
lo cui amor molt'anime deturpa;
e venni dal martiro a questa pace.» 148

Canto XVI

Zu Beginn des 16. Canto reflektiert Dante, durchaus selbstkritisch, über die Nichtigkeit des Erbadels, der *nobiltà di sangue* (1), bevor er seinen adeligen Vorfahren Cacciaguida bittet, ihm mehr über sein Leben im damaligen Florenz und die negativen Veränderungen seitdem zu erzählen. Dieser macht für den moralischen Niedergang der Stadt den massiven Zuzug von Neubürgern aus der Umgebung im Kontext der antikaiserlichen Politik des Papstes verantwortlich.

Sempre la confusion delle persone
principio fu del mal della cittade, 68

Eingebettet in pessimistische Reflexionen über die Vergänglichkeit der Welt und die Launen Fortunas konkretisiert Cacciaguida im weiteren Verlauf sein Urteil anhand der Dekadenzgeschichte zahlreicher ehemals angesehener Adelsfamilien. Nach einem beinahe Goldenen Zeitalter des Friedens und Anstands seien durch die zugezogenen Neubürger Korruption und Gewinnstreben in Florenz dominant geworden, insbe-

145 **Quivi:** dort. | **turpa:** *turpe:* schändlich, unanständig. | 146 **disviluppato:** (*di*)*sviluppare:* ent-wickeln, befreien. | **fallace:** trügerisch. | 147 **deturpa:** *deturpare:* beflecken, entstellen, verderben. | 148 **martiro:** *martirio:* Martyrium – der Tod auf dem Kreuzzug galt als angesehener Märtyrertod. | 67 **confusion(e):** Mischung, Vermischung. | 68 **principio:** Anfang, Ursprung. | **cittade:** *città* – diese (problematische) restriktive Ansicht findet sich bereits bei Aristoteles und Thomas von Aquin.

sondere der selbstzerstörerische Streit zwischen Ghibellinen und Guelfen. In der bitteren Verurteilung der Gesamtlage sowie einzelner, teilweise bewusst ungenannter Familien fließen heilsgeschichtliche und zeitgeschichtlich-persönliche Perspektive ineinander.

Canto XVII

Das Gespräch mit Dantes Ahn Cacciaguida setzt sich auch im 17. Canto im Marshimmel fort. Wiederum auf Beatrices Zureden fragt der Urenkel nach seiner Zukunft.

[…]
mentre ch' io era a Virgilio congiunto
   su per lo monte che l'anime cura
   e discendendo nel mondo defunto,
dette mi fuor di mia vita futura
   parole gravi, avvegna ch' io mi senta
   ben tetragono ai colpi di ventura.

19 **congiunto/a:** verbunden, vereint – die gemeinsame Wanderung mit Vergil durch *Inferno* und *Purgatorio.* | 20 **cura:** *curare:* hier: läutern, reinigen. | 21 **defunto/a:** verstorben – ähnlich drastisch hatte Dante die Hölle als *regno della morta gente* (*Inferno* VIII.85) bezeichnet. | 22 **fuor:** *furono.* | 23 **avvegna ch':** obwohl. | 24 **tetragono:** wörtlich: viereckig, Viereck, Quader, früh übertragen gebraucht für stark, widerstandsfähig. | **ventura:** *fortuna*, Schicksal.

Per che la voglia mia sarìa contenta
d'intender qual fortuna mi s'appressa;
che saetta previsa vien più lenta.» 27
[...]

Dank seiner Teilhabe an der göttlichen Weisheit kann Cacciaguida Dante seine Zukunft vorhersagen, nicht ohne vorher das Zusammenspiel von Zufall, Notwendigkeit und Freiem Willen im Rahmen der Vorsehung klargestellt zu haben.

Qual si partìo Ippolito d'Atene
per la spietata e perfida noverca,
tal di Fiorenza partir ti convene. 48
Questo si vuole e questo già si cerca,
e tosto verrà fatto a chi ciò pensa
là dove Cristo tutto dì si merca. 51

25 **sarìa:** *sarebbe.* | 26 **s'appressa:** *appressarsi:* s. nähern, bevorstehen. | 27 **saetta:** Pfeil. | **previsa:** *prevista* – die Maxime ist bereits aristotelisch. | 46 **Qual:** wie (*tal:* so). | **partìo:** *partì.* | **Ippolito:** Hippolytos, Sohn des Theseus, wurde von seiner Stiefmutter Phaidra nach ihrem erfolglosen Verführungsversuch verleumdet, vom Vater verstoßen und von seinen Pferden zu Tode geschleift, wie Dante bei Vergil und Ovid lesen konnte. Vergleichsbasis ist die Unschuld. | 47 **spietata/o:** unbarmherzig, grausam. | **pẹrfida/o:** heimtückisch, boshaft, treulos. | **noverca:** *matrigna:* Stiefmutter – Phaidra im Mythos, Florenz für Dante. | 48 **convene:** *convenire:* hier: notwendig sein. | 50 **tosto:** bald. | **a chi:** *da chi* – gemeint ist Papst Bonifaz VIII., Dantes Erzfeind. | 51 **merca:** *mercare:* Geschäfte machen, (hier negativ, als Vorwurf der Simonie) verschachern.

La colpa seguirà la parte offensa
in grido, come suol; ma la vendetta
fia testimonio al ver che la dispensa.
Tu lascerai ogni cosa diletta
più caramente; e questo è quello strale
che l'arco dello essilio pria saetta.
Tu proverai sì come sa di sale
lo pane altrui, e come è duro calle
lo scendere e 'l salir per l'altrui scale.
E quel che più ti graverà le spalle,
sarà la compagnia malvagia e scempia
con la qual tu cadrai in questa valle;
che tutta ingrata, tutta matta ed empia
si farà contra te; ma, poco appresso,
ella, non tu, n'avrà rossa la tempia.

52 **offensa:** *offesa* – dem Leidtragenden, Geschädigten wird auch noch die Schuld gegeben. | 53 **grido:** Ruf, öffentliche Meinung. | **suol:** *solere:* pflegen, gewöhnlich tun. | 54 **testimọnio:** Zeugnis. | **ver(o):** Wahrheit, der Wahre (Gott). | **dispensa:** *dispensare:* verteilen, zumessen. | 55 **diletta/o:** geliebt. | 56 **strale** (m): Pfeil. | 57 **saetta:** *saettare:* schießen, abschießen. | 58 **sale:** *sapere di sale:* (negativ) salzig, versalzen, bitter schmecken. | 59 **calle** (m): Straße, Weg. | 61 **graverà:** *gravare:* bedrücken, belasten, beschweren. | 62 **malvagia/o:** bösartig, niederträchtig. | **scẹmpia/o:** einfach, einfältig, dumm. | 63 **valle:** hier, mit biblischem Anklang: Jammertal des Exils. | 64 **ingrata/o:** undankbar. | **ẹmpia/o:** ruchlos, grausam – Dante grollt seinen Leidensgenossen, den Weißen Guelfen, mit denen er anfangs vergeblich die Rückkehr nach Florenz versuchte, von denen er sich aber spätestens 1304 absetzte, was ihm deren Zorn eintrug. | 65 **appresso:** danach, darauf. | 66 **rossa:** hier: rot vor Scham.

Di sua bestialità il suo processo
farà la prova; sì ch'a te fia bello
averti fatta parte per te stesso. 69
[...]

Cacciaguida prophezeit Dante aber auch Zuflucht bei adeligen Gönnern, zunächst beim *gran Lombardo* (71), dem Veroneser Fürsten Bartolomeo della Scala, bei dem Dante auch dessen jüngeren Bruder, seinen späteren Wohltäter Cangrande della Scala kennenlernen werde, der ihn 1312–1318 ehrenvoll aufnahm.

E portera'ne scritto nella mente
di lui, e nol dirai»; e disse cose
incredibili a quei che fien presente. 93
[...]

Zum Ausgleich für das zukünftig erlittene Unrecht deutet Cacciaguida seinem Nachfahren eine überlegene Zukunft an und schweigt, woraufhin Dante das Wort ergreift.

«Ben veggio, padre mio, sì come sprona
lo tempo verso me, per colpo darmi
tal, ch'è più grave a chi più s'abbandona; 108

67 **processo:** *procedimento:* Vorgehen (Subjekt des Satzes). | 69 **parte:** Seite, Partei (*far parte:* zugehören) – aus dem Mund Cacciaguidas bestätigt sich Dante die Richtigkeit seiner Absonderung von den Weißen Guelfen, sein Einzelgängertum. | 91 **portera':** *porterai.* | **ne:** entweder *di lui* (Cangrande) oder eher Ortsadverb *da qui.* | **mente** (f.): Geist, Erinnerung, *memoria.* | 93 **fien(o):** *saranno* – rhetorischer Topos des Verschweigens unglaublicher Prophezeiungen; Dante setzte große politische Hoffnungen in Cangrande. | 106 **veggio:** *vedo.* | **sprona:** *spronare:* anspornen, lossprengen.

per che di provedenza è buon ch' io m'armi,
sì che, se 'l loco m'è tolto più caro,
io non perdessi li altri per miei carmi.
Giù per lo mondo sanza fine amaro,
e per lo monte del cui bel cacume
li occhi della mia donna mi levaro,
e poscia per lo ciel di lume in lume,
ho io appreso quel che s' io ridico,
a molti fia sapor di forte agrume;
e s' io al vero son timido amico,
temo di perder viver tra coloro
che questo tempo chiameranno antico.»
La luce in che rideva il mio tesoro
ch' io trovai lì, si fè prima corusca,
quale a raggio di sole specchio d'oro;
indi rispuose: «Coscïenza fusca
o della propria o dell'altrui vergogna
pur sentirà la tua parola brusca.

109 **provedenza:** *previdenza:* Voraussicht, Vorsorge. | **m'armi:** *armarsi:* s. wappnen, s. bewaffnen. | 111 **carmi** (lat.): *carme:* Gedicht, Lied – durchaus praktische Überlegung des exilierten Dichters, nach seiner Heimatstadt Florenz nicht andere mögliche Zufluchtsorte durch literarische Schelte zu verlieren. | 113 **cacume** (lat.): Gipfel – angesprochen ist, nach dem *Inferno*, das *Purgatorio* mit dem irdischen Paradies an der Spitze, in dem Beatrice erschienen war. | 114 **levaro(no):** *levare:* erheben. | 115 **pọscia:** dann, danach. | **lume** (m.): Licht. | 117 **agrume:** scharfes, herbes Kraut (nicht Zitrusfrucht). | 120 **antico:** das angesprochene Dilemma Dantes besteht darin, entweder zeitgenössische Freunde oder zukünftige Bewunderer zu verprellen, je nachdem, ob bittere Wahrheiten verschwiegen oder ausgesprochen werden. | 121 **tesoro:** hier: Edelstein. | 122 **corusca/o:** schimmernd. | 124 **indi:** dann. | **fusca:** (*fosca/o:* dunkel), *offuscata/o:* verdunkelt, getrübt. | 126 **brusca/o:** schroff, brüsk.

Ma nondimen, rimossa ogni menzogna,
tutta tua visïon fa manifesta;
e lascia pur grattar dov'è la rogna. 129
Chè se la voce tua sarà molesta
nel primo gusto, vital nodrimento
lascerà poi, quando sarà digesta. 132
Questo tuo grido farà come vento,
che le più alte cime più percuote;
e ciò non fa d'onor poco argomento. 135

Dantes Selbstautorisierung seiner *Commedia* erfährt hier mächtige Unterstützung aus dem Mund des Vorfahren, der zum Schluss des Canto dem gottgefälligen Werk indirekt noch große literarische Wirkung und öffentliche Aufmerksamkeit prophezeit.

127 **nondimen(o):** trotzdem, dennoch. | **rimossa:** *rimuọvere:* beiseite räumen, beseitigen, verdrängen. | **menzogna:** Lüge, Täuschung, Verstellung. | 128 **visïon(e):** durch Diärese zusätzlich betonte Selbstcharakterisierung der *Commedia* als Niederschrift gnadenhaft geschauter Wahrheiten. | **manifesta/o:** offenbar, deutlich, öffentlich. | 129 **grattar(e):** kratzen. | **rogna:** Krätze. | 130 **molesta/o:** lästig, störend, unangenehm. | 131 **nodrimento:** *nutrimento:* Nahrung. | 132 **digesta:** *digerita.* | 133 **grido:** ausdrucksstarke Metapher für Dantes *Commedia* von 14.233 Versen. | 134 **cime:** *cima:* Wipfel. | **percuote:** *percuọtere:* treffen. | 135 **non … poco:** Litotes (Untertreibung zur Steigerung), Dantes Werk wird es also zu großer Ehre gereichen, die Mächtigen (*alte cime*) aufzurütteln. | **argomento:** *motivo:* Anlass, Grund.

Canto XVIII

Die bitter-süßen Worte seines Vorfahrens Cacciaguida klingen im 18. Canto noch in Dante nach, sein Blick geht trostsuchend zu Beatrice.

[…]
e quella donna ch'a Dio mi menava
  disse: «Muta pensier: pensa ch' i' sono
  presso a colui ch'ogni torto disgrava.»
Io mi rivolsi all'amoroso sono
  del mio conforto; e qual io allor vidi
  nelli occhi santi amor, qui l'abbandono;
non perch' io pur del mio parlar diffidi,
  ma per la mente che non può reddire
  sovra sè tanto, s'altri non la guidi.
Tanto poss' io di quel punto ridire,
  che, rimirando lei, lo mio affetto
  libero fu da ogni altro disire,

4 **menava:** *menare:* führen. | 5 **Muta:** *mutare:* wechseln, ändern. | 6 **presso:** nahe bei. | **torto:** Unrecht. | **disgrava:** (*di*)*sgravare:* entlasten, erleichtern – die Rede ist von Gott. | 7 **rivolsi:** *rivọlgersi:* s. drehen, wenden. | **sono:** *suono.* | 8 **conforto:** Trost, hier metonymisch für die Trösterin Beatrice. | **qual:** Bezug: *amor* (9). | 9 **l'abbandono:** *abbandonare:* aufgeben, verzichten – erneut der Unsagbarkeitstopos. | 10 **pur(e):** zwei grundsätzliche Bedeutungsmöglichkeiten: 1. bloß, nur – also auch sprachkritisch; 2. sogar, vielleicht, wirklich, etwa – also im Vertrauen auf die dichterische Sprache (was bei Dante eher anzunehmen ist). | **diffidi:** *diffidare:* misstrauen, nicht trauen. | 11 **mente** (f.): Geist, Erinnerung, *memoria.* | **reddire:** *redire:* zurückkehren, zurückgehen. | 12 **s'altri** (Sg.): könnte sich auf Gott, aber eher auf Beatrice, die Vermittlerin beziehen; Nichterinnerbarkeit ohne fremde Hilfe als Grund der Unsagbarkeit. | 13 **punto:** *momento.* | 14 **affetto:** Affekt, Gefühl, Gemüt. | 15 **disire:** *desiderio:* Begehren.

fin che il piacere etterno, che diretto
raggiava in Beatrice, dal bel viso
mi contentava col secondo aspetto.
Vincendo me col lume d'un sorriso,
ella mi disse: «Volgiti ed ascolta;
chè non pur ne' miei occhi è paradiso.»
[...]

Cacciaguida nennt Dante noch die Namen einiger Lichtseelen von Glaubenskämpfern, die jeweils freudig aufleuchten und tanzen, unter ihnen Josua, Karl der Große und Roland. Durch seine gesteigerte Wahrnehmung des Raums und der Schönheit Beatrices sowie das weiße Licht wird Dante gewahr, dass sie den Jupiter erreicht haben, den sechsten Himmel, die Sphäre der Gerechtigkeit. Die dortigen Lichtseelen formen singend Buchstaben, die Dante erkennt und, gestärkt durch einen weiteren Musenanruf, wiedergeben möchte.

O diva Pegasea che li 'ngegni
fai gloriosi e rendili longevi,
ed essi teco le cittadi e' regni,

16 **fin che:** solange. | 17 **raggiava:** *raggiare:* strahlen. | 18 **contentava:** *contentare:* befriedigen, zufriedenstellen. | **aspetto:** Anblick – Gottes Schönheit (*piacere etterno*) kann Dante nur vermittelt (*col secondo aspetto*) durch Beatrices Gesicht wahrnehmen. | 19 **lume** (m.): Licht. | 20 **Vọlgiti:** *vọlgersi:* s. umdrehen. | 21 **pur(e):** nur. | 82 **diva:** *divina.* | **Pegasea:** Ableitung von Pegasos (dem geflügelten Pferd der Mythologie, der auf dem Musenberg Helikon die Quelle Hippokrene mit seinem Huf geschlagen hat), hier also Muse. | **'ngegni:** *ingegno: ingenium*, Geist, dichterisches Genie. | 83 **gloriosi:** *glorioso/a:* ehrenvoll, ruhmreich. | **longevi:** *longevo/a:* langlebig. | 84 **cittadi:** *città* (Pl.) – die Macht der Dichter, Nachruhm zu verschaffen.

illustrami di te, sì ch' io rilevi
 le lor figure com' io l'ho concette:
 paia tua possa in questi versi brevi!

Die Lichtseelen formen den Satz *Diligite iustitiam qui iudicatis terram* (Liebet die Gerechtigkeit, die ihr die Erde richtet) aus dem Salomon zugeschriebenen biblischen *Buch der Weisheit* (1.1), dann formieren sie sich, in Abwandlung des Buchstabens M in Unzialschrift, zu einem Adler, Symbol der Monarchie. Die feierliche Stimmung schlägt zum Ende des Canto um in eine satirische Anklage gegen diejenigen Päpste (wohl vor allem Johannes XXII.), die aus Machtstreben und Geldgier ihr Amt missbrauchen, beispielsweise zur Exkommunikation politischer Gegner.

Canto XIX

Die aus den Lichtseelen des Jupiterhimmels gebildete Adlerfigur steht Dante zu Beginn des 19. Canto in funkelnder Schönheit vor Augen.

85 **illustrami:** *illustrare:* erleuchten. | **rilevi:** *rilevare:* entnehmen, herausbekommen, hier: die Buchstaben zu Wörtern zusammensetzen, also die Figuren darstellen. | 86 **concette:** *concepite* (*concepire:* verstehen, erfassen). | 87 **paia:** *parere:* erscheinen, s. zeigen. | **possa:** Kraft, Macht. | **brevi:** kurz, dürftig im Verhältnis zum himmlischen Spektakel, das die menschliche Kunst übersteigt – *ars brevis* …

E quel che mi convien ritrar testeso,
non portò voce mai, nè scrisse incostro,
nè fu per fantasia già mai compreso;
[…]

Mit einer Stimme sprechen die Lichtseelen gerechter Herrscher in Adlerform und gehen auf Dantes drängende, aber unausgesprochene Frage nach Gottes Gerechtigkeit gegenüber Nichtchristen ein. Zunächst verweisen sie auf Gottes die Schöpfung übersteigende Macht und seinen unergründlichen Ratschluss, dessen Güte für die begrenzten intellektuellen Wahrnehmungsfähigkeiten der Menschen nicht erkennbar ist.

Però nella giustizia sempiterna
la vista che riceve il vostro mondo,
com'occhio per lo mare, entro s' interna;
che, ben che dalla proda veggia il fondo,
in pelago nol vede; e nondimeno
èli, ma cela lui l'esser profondo.
[…]

7 **convien:** *convenire:* notwendig sein. | **ritrar(re):** wiedergeben, schildern, abbilden. | **testeso:** *testé:* jetzt. | 8 **portò:** *portare:* hier: hervorbringen, aussprechen. | **incostro:** *inchiostro:* Tinte – metonymisch für Feder. | 9 **fantasịa:** Vorstellungskraft – Ankündigung unerhörter Begebenheiten. | 58 **sempiterna/o:** ewig. | 59 **vista:** Sicht, Einsicht, Blick, Sehkraft. | 60 **per:** durch. | **s'interna:** *internarsi:* eindringen, vordringen. | 61 **proda:** Ufer. | **veggia:** *veda.* | 62 **pẹlago:** (offenes) Meer – bedeutungsvolles Wort in der *Commedia*, im *Inferno* (I.23) für die moralische Not Dantes gebraucht, erinnert es auch an das Scheitern des Odysseus auf der Hohen See vor dem Purgatoriumsberg (*Inferno* XXVI). | **nondimeno:** trotzdem, dennoch. | 63 **èli:** *vi è, c'è lì.* | **cela:** *celare:* verbergen – die bildliche Verdeutlichung zielt nicht nur auf die Unergründlichkeit, sondern auch auf die Unsichtbarkeit der göttlichen Gerechtigkeit, die gleichwohl stets am Werke sei.

Der Adler der Gerechtigkeit fährt mit seinen theologischen Ausführungen fort und liest in Dantes Gedanken die Frage nach der Beurteilung eines Nichtchristen *alla riva dell'Indo* (70–71), der vom Christentum keine Kenntnis haben kann, beantwortet diese jedoch ausweichend und herablassend mit dem Hinweis auf die Beschränktheit menschlichen Urteilsvermögens, das sich nicht anmaßen solle, mit Gott zu rechten. Das ungelöste Problem wird von den Seligen aber wieder aufgegriffen.

esso ricominciò: «A questo regno
   non salì mai chi non credette 'n Cristo,
   vel pria vel poi ch'el si chiavasse al legno.
Ma vedi: molti gridan 'Cristo, Cristo!',
   che saranno in giudicio assai men prope
   a lui, che tal che non conosce Cristo;

104 **Cristo:** der Vers greift ein Wort Christi auf: »Ich bin der Weg, die Wahrheit und das Leben. Niemand kommt zum Vater außer durch mich« (Joh 14.6). | 105 **vel** … **vel** (lat): entweder … oder, sowohl … als auch. | **chiavasse:** *chiavare:* annageln – hier passivisch (*legno* metonymisch für Kreuz). | 107 **giudicio:** hier das Jüngste Gericht. | **prope** (lat.): nahe.

e tai Cristian dannerà l'Etiope,
quando si partiranno i due collegi,
l'uno in etterno ricco, e l'altro inope.

Zum Abschluss des Canto verurteilt der Adler in scharfen Worten die schlechten zeitgenössischen Könige, die um das Jahr 1300 ungerecht herrschten, nicht weniger als fünfzehn.

Canto XX

Im 20. Canto ergreift der Adler der Gerechtigkeit im Jupiterhimmel erneut das Wort und umschreibt Dante sechs exemplarische gerechte Herrscher, die das Auge mit seiner Braue formen: die biblischen Könige David (die Pupille des Adlers) und Hiskia, die römischen Kaiser Trajan und Konstantin sowie König Wilhelm von Sizilien. Hinzu kommt überraschenderweise der Trojaner *Rifeo* (68) / Rhipeus, der – kein Christ und kein Herrscher – von Vergil in der *Aeneis* (11.426–8) kurz als Gerechter erwähnt wird. Nachdem er noch hochliterarisch den verstummten Adler mit einer Lerche aus der Trobadorlyrik

109 **dannerà:** *(con)dannare:* verdammen, verurteilen. | **l'Etiope:** Äthiopier (Subjekt des Satzes), stellvertretend für alle Nichtchristen, die das bloße Lippenbekenntnis der Getauften durch ihr inneres Christentum übertreffen, vgl. eine entsprechende Stelle im Evangelium nach *Matthäus* (12.41). | 110 **partiranno:** *partirsi:* s. scheiden, trennen, teilen. | **collegi:** *collegio:* hier für *schiera* (Schar, Gruppe beim Jüngsten Gericht, vgl. Mt 25.31–46). | 111 **inope** (lat.): mittellos, arm – reich und arm im geistlichen Sinne von Gottesnähe und Gottesferne im ewigen Leben; in feierlicher latinisierender Sprache mit unterstützender biblischer Intertextualität beantwortet Dante in den Worten des Adlers schließlich doch die brennende Frage nach der Gerechtigkeit Gottes im Sinne einer unergründlichen Werkgerechtigkeit unabhängig von formaler Religionszugehörigkeit.

verglichen hat, bricht doch aus Dante die erstaunte direkte Frage heraus: *Che cose sono queste?* (82) – die umgehend Antwort erhält:

«Io veggio che tu credi queste cose
perch' io le dico, ma non vedi come;
sì che, se son credute, sono ascose.
Fai come quei che la cosa per nome
apprende ben, ma la sua quiditate
veder non può se altri non la prome.
Regnum coelorum vïolenza pate
da caldo amore e da viva speranza,
che vince la divina volontate;
non a guisa che l'omo a l'om sobranza,
ma vince lei perchè vuole esser vinta,
e, vinta, vince con sua beninanza.
La prima vita del ciglio e la quinta
ti fa maravigliar, perchè ne vedi
la regïon delli angeli dipinta.

88 **veggio:** *vedo.* | 90 **ascose:** *ascoso/a:* verborgen, unerklärlich. | 92 **quiditate:** Quidität, scholastischer Ausdruck für Wesen. | 93 **prome** (lat.): *prọmere:* äußern, zum Ausdruck bringen, ans Licht bringen, offenbaren. | 94 **Regnum coelorum** (lat.): *il regno dei cieli:* Himmelreich – zitiert eine biblische Formulierung (Mt 11.12) mit deutlicher Sinnverschiebung. | **pate:** *patire:* leiden, dulden. | 97 **guisa:** Art. | **sobranza:** *sobranzare* (prov. *sobransar*): überwinden, besiegen (der Mensch den Menschen). | 99 **beninanza** (prov.): hier: *benignità:* Güte – Paradox göttlicher Liebe und christlicher Glaubensstärke in poetischer Formulierung zwischen der Demut des Gläubigen und dem Hochmut des Dichters, an Gottes Stelle die Vorsehung zu lenken. | 102 **dipinta:** hier: geschmückt – das erste und fünfte Leben(slicht) der Adlerbraue sind Trajan und Rhipeus, die ungetauft ins Paradies, die Sphäre der Engel, aufgenommen wurden.

De' corpi suoi non uscir, come credi,
gentili, ma cristiani, in ferma fede
quel de' passuri e quel de' passi piedi.
[…]

Die Erlösung der beiden scheinbaren Heiden wird noch weiter erläutert, mit der göttlichen *grazia* (118) orthodox verknüpft und hymnisch beschlossen.

O predestinazion, quanto remota
è la radice tua da quelli aspetti
che la prima cagion non veggion tota!
E voi, mortali, tenetevi stretti
a giudicar; chè noi, che Dio vedemo,
non conosciamo ancor tutti li eletti;

103 **uscir:** *uscịrono.* | 104 **gentili:** *pagani:* Heiden. | **ferma/o:** fest. | 105 **passuri:** lat. Part. Futur Aktiv von *pati:* leiden. | **passi:** lat. Part. Perfekt von *pati.* | **piedi:** *Pars pro toto* für Christus (am Kreuz) – der dichte Vers beschreibt also den einen, Rhipeus, als im festen Glauben an das zukünftige, den anderen, Trajan, im Glauben an das vergangene Leiden Christi am Kreuz verstorben, womit beide auf unterschiedliche Weise durch Christus ins Himmelreich gelangt sind. | 130 **predestinazion(e):** Prädestination, göttliche Vorbestimmung (theologischer Diskussionspunkt, in seiner calvinistischen Rigorosität eigentlich soeben von Dante widerlegt, auch die abgeschwächte ›Gnadenwahl‹ im Sinne Luthers kennt keine Werkgerechtigkeit). | **remota/o:** entfernt. | 131 **aspetti:** *aspetto:* hier: Blick. | 132 **cagion:** *ragione* (f.): Grund. | **veggion:** *vẹdono.* | **tota** (lat.): *tutta intera.* | 133 **mortali:** *mortale:* sterblich. | **stretti:** *tenersi stretto:* vorsichtig sein, s. zügeln, zurückhalten – mit Urteilen. | 134 **vedemo:** *vediamo.* | 135 **eletti:** *eletto/a:* Auserwählte/r.

ed ènne dolce così fatto scemo,
perchè il ben nostro in questo ben s'affina,
che quel che vole Dio, e noi volemo.»

Der Canto schließt mit der Einsicht des Wanderers Dante in die Begrenztheit seiner Perspektive, während die Lichtseelen der beiden erlösten Heiden-Christen sich freudig bewegen – himmlischer Reflex der doppelten Feuerzunge von Odysseus und Diomedes im *Inferno* (XXVI).

Canto XXI

Der 21. Canto führt in den Saturnhimmel, die Sphäre der Kontemplation.

Già eran li occhi miei rifissi al volto
della mia donna, e l'animo con essi,
e da ogni altro intento s'era tolto.

136 **ènne:** *ci è.* | **scemo:** Mangel, Unkenntnis. | 137 **s'affina:** *affinare:* läutern, verfeinern, veredeln. | 138 **e** (lat. *et*): auch. | **volemo:** *vogliamo* – mit dieser vollständigen Ergebenheit in den Willen Gottes nähert sich ein Canto seinem Ende, der ein schwerwiegendes theologisches Problem elegant poetisch aufgehoben hat. | 1 **rifissi:** *fisso/a:* (wieder) fest gerichtet. | 3 **intento:** Ziel, Absicht, Aufmerksamkeit. | **tolto:** *togliere:* wegnehmen, entziehen.

E quella non ridea; ma «S' io ridessi»
mi cominciò, «tu ti faresti quale
fu Semelè quando di cener fessi;
chè la bellezza mia, che per le scale
dell'etterno palazzo più s'accende,
com' hai veduto, quanto più si sale,
se non si temperasse, tanto splende,
che 'l tuo mortal podere, al suo fulgore,
sarebbe fronda che trono scoscende.
Noi sem levati al settimo splendore,
che sotto il petto del Leone ardente
raggia mo misto giù del suo valore.
Ficca di retro alli occhi tuoi la mente,
e fa di quelli specchi alla figura
che 'n questo specchio ti sarà parvente.»

5 **quale:** wie. | 6 **Semelè:** Semele, Tochter von Kadmos und Harmonia, Mutter des Dionysos von Zeus, wurde von der eifersüchtigen Hera zum törichten Wunsch überredet, ihren göttlichen Liebhaber in seiner ganzen Kraft zu sehen, woraufhin sie verbrannte (Ovid: *Metamorphosen* III.259–315). Basis des bedrohlichen Vergleichs mit Geschlechtertausch ist die Hinfälligkeit sterblicher Körper angesichts des göttlichen Lichts. | **fessi:** *si fece.* | 9 **veduto:** *visto.* | **sale:** *salire:* hier: aufsteigen, emporsteigen. | 10 **temperasse:** *temperare:* mildern, dämpfen. | 11 **mortal(e):** sterblich. | **fulgore:** Glanz. | 12 **fronda:** hier: Zweig, Ast. | **trono:** *tuono:* hier: Blitz. | **scoscende:** *scoscẹndere:* spalten. | 13 **sem:** *siamo.* | **levati:** *levare:* (er)heben. | **splendore:** hier: (Glanz-)Sphäre des Saturn. | 14 **Leone:** Sternbild des Löwen, in dem sich der Saturn im März 1300 befand. | **ardente:** glühend, feurig. | 15 **raggia:** *raggiare:* strahlen. | **mo:** *ora.* | **valore:** Kraft, Wert – dem Saturn werden astrologisch die Eigenschaften kalt und trocken zugeschrieben, zusammen mit dem Feuer des Löwen ergeben sie eine Mischung von *vita activa* und *vita contemplativa*, die zum Charakter der folgenden Lichtseele passt. | 16 **Ficca:** *ficcare:* (stecken), heften, richten. | **di retro:** *dietro.* | 18 **parvente:** sichtbar – *specchio* bezieht sich auf die Spiegelung göttlicher Weisheit in den Gestalten der Sphären.

Qual savesse qual era la pastura
   del viso mio nell'aspetto beato
   quand' io mi trasmutai ad altra cura,
conoscerebbe quanto m'era a grato
   ubidire alla mia celeste scorta,
   contrapesando l'un con l'altro lato.
[…]

Nachdem Dante die Augen endlich von Beatrice abgewandt hat, sieht er eine goldene Jakobsleiter (nach *Genesis* 28.10–19), an der Lichtseelen wie Vögel hinabsteigen. Eine, die sich ihm bereitwillig nähert, spricht Dante nach Rückversicherung bei Beatrice an und fragt sie nach dem Grund ihrer Annäherung und dem Verstummen der himmlischen Musik. Letzteres geschehe aus derselben Rücksichtnahme auf Dantes menschlichen Körper wie Beatrices Verzicht aufs Lächeln. Im Übrigen seien Gottes Liebe und Ratschluss derart unergründlich, dass niemand der Himmlischen, auch nicht Maria, sie ganz durchschaue.

E al mondo mortal, quando tu riedi,
   questo rapporta, sì che non presumma
   a tanto segno più mover li piedi.

19 **Qual:** *chi.* | **pastura:** Futter, Nahrung. | 20 **viso:** hier: Blick, Anblicken. | **aspetto:** Anblick. | **beato/a:** selig. | 21 **trasmutai:** *trasmutarsi:* s. (ver)wandeln, zuwenden. | **cura:** Sorge, Beschäftigung, Aufmerksamkeit. | 22 **a grato:** *gradito:* lieb. | 23 **celeste:** himmlisch. | **scorta:** Begleitung, Geleit – Beatrice. | 24 **contrapesando:** *contra(p)pesare:* abwägen – zwischen der (potentiell gefährlichen) Freude an Beatrices Anblick und der Freude, ihr zu gehorchen und die Aufmerksamkeit auf die Lichtseelen des Saturn zu richten. | 97 **riedi:** *redire:* zurückkehren. | 98 **rapporta:** *riporta* (berichten). | **presumma:** *presụmere:* s. anmaßen, einbilden (archaische Verdopplung wie in *fumma, assumma*). | 99 **segno:** hier: Ziel (*tanto:* hoch).

La mente, che qui luce, in terra fumma;
onde riguarda come può là giùe
quel che non pote perchè 'l ciel l'assumma.»
[…]

Die Lichtseele stellt sich nun als Petrus Damianus vor und preist sein abgeschiedenes Leben im Kloster S. Croce di Fonte Avellana (Abruzzen), das er nur unfreiwillig für die Kardinalswürde eingetauscht habe, und kritisiert die moralische Verkommenheit kirchlicher Amtsträger mit deutlichen zeitlosen Worten.

Venne Cefàs e venne il gran vasello
dello Spirito Santo, magri e scalzi,
prendendo il cibo da qualunque ostello.
Or voglion quinci e quindi chi i rincalzi
li moderni pastori e chi li meni,
tanto son gravi!, e chi di retro li alzi.

100 **luce:** *lucere:* leuchten. | **fumma:** *fumare:* rauchen, qualmen, also schlechter leuchten als im Himmel, da nicht mehr vom göttlichen Licht erleuchtet. | 101 **onde:** daher. | **riguarda:** *riguardare:* betrachten, überlegen. | **giùe:** *giù.* | 102 **perchè:** obwohl. | **assumma:** *assumere:* erheben, aufnehmen – der menschliche Geist, schon unter den optimalen Bedingungen im Himmel schwach, wäre auf der Erde noch weniger zur Erkenntnis des göttlichen Willens fähig. | 127 **Cefàs:** Kephas, Jesu Beinamen für Simon Petrus (ebenfalls mit der Bedeutung ›Fels‹, vgl. Joh 1.42). | **vasello:** Gefäß, gemeint ist *vas electionis,* die biblische Bezeichnung für den Apostel Paulus (Apg 9.15). | 128 **scalzi:** *scalzo/a:* barfuß. | 129 **ostello:** Herberge, Haus – zitiert Christi Anweisungen an seine Apostel. | 130 **quinci e quindi:** von hier und da, von beiden Seiten. | **rincalzi:** *rincalzare:* stützen. | 131 **pastori:** *pastore:* Hirte, hier kirchlicher Würdenträger. | **meni:** *menare:* führen, tragen. | 132 **gravi:** *grave:* schwer. | **di retro:** *dietro.*

Cuopron de' manti loro i palafreni,
sì che due bestie van sott' una pelle:
oh pazïenza che tanto sostieni!»

Zur Bestätigung dieser Kirchenkritik strömen weitere Flammen die Leiter herab und stoßen ein für Dantes Ohren ohrenbetäubendes Geschrei (*grido*, 140) aus.

Canto XXII

Der Saturnhimmel hält im 22. Canto für Dante weitere Begegnungen bereit, zuvor muss Beatrice *come madre* (4) den vom himmlischen Geschrei verschreckten Erdling beruhigen und die gerechte Empörung der seligen Flammen erklären. Eine dieser schönen leuchtenden Kugeln (*sperule*, 23) spricht Dante besonders freundlich an und gibt sich als Benedikt von Nursia (480–547) zu erkennen, der traditionell als Gründer des Klosters Montecassino und Verfasser der Benediktinerordensregel verehrt wird. Dieser stellt weitere *contemplanti* (46) Seelen vor, erklärt Dante die Himmelsleiter und beklagt den Verfall seines Ordens. Mithilfe Beatrices wird Dante die Jakobsleiter hinaufgeschnellt und preist die *gloriose stelle* (112) seines Sternbilds Zwillinge. Von Beatrice ermuntert blickt Dante dann mit seiner himmlisch gestärkten Sehkraft zurück.

133 **Cuopron:** *cọprono* (*coprire*). | **manti:** *manto:* Mantel. | **palafreni:** *palafreno:* Reitpferd, Zelter. | 134 **pelle:** Fell, Pelz (kostbare Kleidung der Kardinäle). | 135 **sostieni:** *sostenere:* aushalten, ertragen (die Geduld Gottes dem Fehlverhalten der Kleriker gegenüber).

Col viso ritornai per tutte quante
le sette spere, e vidi questo globo
tal, ch' io sorrisi del suo vil sembiante;
e quel consiglio per migliore approbo
che l' ha per meno; e chi ad altro pensa
chiamar si puote veramente probo.
Vidi la figlia di Latona incensa
sanza quell'ombra che mi fu cagione
per che già la credetti rara e densa.
L'aspetto del tuo nato, Iperïone,
quivi sostenni, e vidi com si move
circa e vicino a lui, Maia e Dïone.

134 **spere:** *spera/sfera:* Sphäre (der sieben Planeten). | 135 **vil(e):** gemein, gering, elend. | **sembiante:** Aussehen. | 136 **consiglio:** Ratschluss, Überlegung. | **approbo:** *approvo.* | 137 **meno:** *avere per meno:* geringachten. | **altro:** gemeint ist der Himmel. | 138 **puote:** *può.* | **probo/a:** lat. *probus:* redlich, tapfer, mutig, stark. | 139 **Latona:** die Titanentochter Latona/Leto, von Zeus Mutter der Zwillinge Apollon und Artemis, letztere als Diana in der Erscheinungsform der Selene/Luna – mythologisch umschrieben ist also der Mond, wie im Folgenden die übrigen Planeten. | **incensa:** *incendiata, illuminata.* | 140 **cagione** (f.): *ragione:* Grund. | 141 **già:** früher, einst. | **rara/o:** dünn. | **densa/o:** dicht – Anklang an Dantes Frage zu den Mondflecken, die ja nicht von unterschiedlicher materieller Dichte herrühren, wie Beatrice ihn belehrte (II.49–148). | 142 **aspetto:** Anblick. | **nato** (lat.): *figlio.* | **Iperïone:** der Titan Hyperion, Vater des Helios, also der Sonne. | 143 **quivi:** dort (oben). | **sostenni:** *sostenere:* aushalten, ertragen. | 144 **circa:** *intorno.* | **Maia:** Tochter des Atlas, von Zeus Mutter des (Hermes)/Merkur. | **Dïone:** Dione, von Zeus Mutter der (Aphrodite)/ Venus.

Quindi m'apparve il temperar di Giove
tra 'l padre e 'l figlio; e quindi mi fu chiaro
il varïar che fanno di lor dove.
E tutti e sette mi si dimostraro
quanto son grandi, e quanto son veloci,
e come sono in distante riparo.
L'aiuola che ci fa tanto feroci,
volgendom' io con li etterni Gemelli,
tutta m'apparve da' colli alle foci.
Poscia rivolsi li occhi alli occhi belli.

Canto XXIII

Schauplatz des 23. Canto ist die achte Sphäre des Fixsternhimmels, die unter dem Zeichen des Glaubens steht. Der zeitlich nicht messbare Aufstieg dorthin vollzieht sich für Dante im Anblick von Beatrices Gesicht, das nun im immer helleren

145 **Quindi:** von da (oben). | **temperar(e):** mildern, dämpfen (substantiviert). | **Giove:** (Zeus)/Jupiter, der gemäßigte Planet zwischen dem kalten (Kronos)/Saturn, seinem Vater (*padre*), und seinem Sohn (*figlio*) (Ares)/Mars, dem roten heißen Planeten. | 146 **quindi:** auch: damit, daher. | 147 **varïar(e):** ändern, wechseln. | **dove:** hier: Ort, Position – empirische Erkenntnis aus himmlischer Perspektive über die Unregelmäßigkeiten der Planetenbahnen, die zuvor (unzureichend) mit der Epizyklentheorie erklärt wurden (VIII.3). | 150 **riparo:** Aufenthalt, Unterkunft, astr. Haus. | 151 **aiuola:** kleiner Platz, Fläche, Fleckchen (heute: Blumenbeet). | 152 **volgendom':** *vọlgersi:* s. drehen. | **Gemelli:** Sternbild der Zwillinge. | 153 **colli:** *colle:* Hügel; Berg. | **foci:** *foce* (f.): Mündung. | 154 **Pọscia:** dann, danach. | **rivolsi:** *rivọlgere:* drehen, wenden – der Blick in Beatrices Augen bereitet den weiteren Aufstieg vor und beschließt den Rückblick auf die, aus himmlischer Entfernung, winzige Erde, eine Perspektive, die wohl von Ciceros *Somnium Scipionis* angeregt ist.

Himmel glüht. Der Anblick des *triunfo di Cristo* (20) als *lucente sustanza* (32) überfordert Dantes Augen und seinen Geist jedoch noch derart, dass ihm von seiner mystischen Bewusstseinserweiterung keine Erinnerung bleibt.

«Apri li occhi e riguarda qual son io:
tu hai vedute cose, che possente
se' fatto a sostener lo riso mio.»
Io era come quei che si risente
di visïone oblita e che s' ingegna
indarno di ridurlasi alla mente,
quand' io udi' questa proferta, degna
di tanto grato, che mai non si stingue
del libro che 'l preterito rassegna.
Se mo sonasser tutte quelle lingue
che Polimnìa con le suore fero
del latte lor dolcissimo più pingue,
per aiutarmi, al millesmo del vero
non si verrìa, cantando il santo riso
e quanto il santo aspetto facea mero;

46 **qual:** wie. | 47 **vedute:** *viste.* | **possente:** *capace.* | 48 **sostener(e):** aushalten, ertragen – im Unterschied zum Saturnhimmel lächelt Beatrice Dante nun wieder an, da die Vision Christi ihn in die Lage versetzt hat, dies auszuhalten. | 49 **risente:** *risentirsi:* wieder zu sich kommen. | 50 **oblita:** *dimenticata.* | **s'ingegna:** *ingegnarsi:* s. bemühen | 51 **indarno:** *invano.* | **ridurlasi:** *ridursela* (*ridurre:* zurückbringen). | **mente** (f.): Erinnerung, Gedächtnis. | 52 **proferta:** *offerta.* | **degna/o:** würdig. | 53 **grato:** Dank, Dankbarkeit. | **stingue:** (*e*)*stịnguere:* löschen, tilgen. | 54 **pretẹrito** (lat.): Vergangenheit. | **rassegna:** *rassegnare:* eintragen, verzeichnen – *il libro della memoria.* | 55 **mo:** *ora.* | **lingue:** hier: Zungen – der Dichter. | 56 **Polimnìa:** Polyhymnia/Polymnia, Muse der Hymnendichtung. | **suore:** *sorelle* (Musen). | **fero:** *fecero.* | 57 **pingue:** fett, reich – gemeint sind die Dichter, die von den Musen genährt wurden. | 59 **verrìa:** *verrebbe.* | 60 **aspetto:** Anblick (Beatrice). | **mero/a:** rein.

e così, figurando il paradiso,
  convien saltar lo sacrato poema,
  come chi trova suo cammin riciso. 63

Von Beatrice wiederum zum Schauen aufgefordert, erblickt Dante voller Entzücken den Triumph der Gottesmutter, die als Rose inmitten eines *bel giardino* (71) aus Licht erscheint. Der Erzengel Gabriel und andere Lichter preisen *lo nome di Maria* (111), die Erscheinung entschwebt in höhere Sphären und zieht Dantes Blick mit nach oben.

Canto XXIV

Der Heilige Petrus, zum Ende des vorigen Gesangs bereits angesprochen, löst sich in diesem 24. Canto im Fixsternhimmel auf Bitten Beatrices aus dem leuchtenden Kreis der Apostel und unterzieht Dante einer Prüfung seines Glaubens. Diese beginnt in scholastischer Manier und mündet in Dantes persönliches Glaubensbekenntnis.

E io rispondo: Io credo in uno Dio
  solo ed etterno, che tutto il ciel move,
  non moto, con amore e con disio. 132

61 **figurando:** *figurare:* darstellen, abbilden, versinnbildlichen. | 62 **convien:** *convenire:* notwendig sein. | **saltar(e):** überspringen. | **sacrato:** geweiht, geheiligt, heilig. | **poema** (Subjekt des Satzes): Gedicht, Dichtung, Epos – erste Selbstbezeichnung der *Commedia* (in XXV.1 abwandelnd aufgegriffen). | 63 **cammin(o):** Weg. | **riciso:** *ricịdere:* abschneiden, versperren. | 132 **moto:** Bewegung – Gott als der aristotelische unbewegte Beweger. | **disịo:** *desiderio:* Begehren, Streben – der Schöpfung zum Schöpfer hin, komplementär zur umgekehrten Bewegung der Liebe (*amore*) Gottes zu und in seiner Schöpfung.

E a tal creder non ho io pur prove
fisice e metafisice, ma dalmi
anche la verità che quinci piove
per Moïsè, per profeti e per salmi,
per l'Evangelio e per voi che scriveste
poi che l'ardente Spirto vi fè almi.
E credo in tre persone etterne, e queste
credo una essenza sì una e sì trina,
che soffera congiunto 'sono' ed 'este'.
Della profonda condizion divina
ch' io tocco mo, la mente mi sigilla
più volte l'evangelica dottrina.
Quest' è il principio, quest' è la favilla
che si dilata in fiamma poi vivace,
e come stella in cielo in me scintilla.»
Come 'l segnor ch'ascolta quel che i piace,
da indi abbraccia il servo, gratulando
per la novella, tosto ch'el si tace;

133 **pur(e):** nur. | 134 **dalmi:** *me lo da.* | 135 **quinci:** von hier. | **piove:** *piọvere:* regnen, hier: (herab)strömen. | 136 **Moïsè:** Moses. | **salmi:** Psalmen – drei Beispiele als *pars pro toto* für das Alte Testament. | 137 **voi:** die Apostel – deren Schriften und Briefe mit den Evangelien das Neue Testament bilden; die Berufung auf die Bibel ist deutlich ausgeprägt. | 138 **poi che:** nachdem. | **ardente:** glühend, feurig – angesprochen ist der Heilige Geist. | **almi:** *almo/a:* ehrwürdig, göttlich, heilig. | 140 **essenza:** Wesen, Essenz. | **trina/o:** dreifaltig. | 141 **soffera:** *sofferare:* (*sopportare*) zulassen, ertragen, dulden. | **congiunto/a:** verbunden, vereint. | **este** (lat. *est*): *è.* | 142 **condizion(e):** Seinsweise. | 143 **tocco:** *toccare:* berühren, erwähnen, streifen. | **mo:** *ora.* | **sigilla:** *sigillare:* siegeln, prägen. | 145 **principio:** Ursprung. | **favilla:** Funke. | 146 **dilata:** *dilatarsi:* s. ausweiten, verbreiten. | 147 **scintilla:** *scintillare:* funkeln, glänzen. | 149 **da indi:** *quindi:* daher. | **servo:** Diener. | 150 **novella:** hier: Nachricht, Kunde. | **tosto ch':** sobald.

così, benedicendomi cantando,
  tre volte cinse me, sì com' io tacqui,
  l'apostolico lume al cui comando
io avea detto; sì nel dir li piacqui!

Canto xxv

Im Fixsternhimmel des 25. Canto ergreift zunächst Dante als Autor, Erzähler und Jenseitswanderer das Wort.

Se mai continga che 'l poema sacro
  al quale ha posto mano e cielo e terra,
  sì che m' ha fatto per più anni macro,
vinca la crudeltà che fuor mi serra
  del bello ovile ov' io dormi' agnello,
  nimico ai lupi che li danno guerra;
con altra voce omai, con altro vello
  ritornerò poeta, ed in sul fonte
  del mio battesmo prenderò 'l cappello;

152 **cinse:** *cingere:* umkreisen. | 153 **lume** (m.): Licht. | 1 **continga** (lat.) *contingere:* geschehen, eintreffen – hier als unrealistischer Wunsch im Konjunktiv und Konditionalsatz. | **poema** (Subjekt des Satzes): Gedicht, Dichtung, Epos – zweite Selbstbezeichnung der *Commedia* in leichter Abwandlung der ersten (xxiii.62), die hier als Gemeinschaftswerk eines menschlichen Autors und der göttlichen Gnade präsentiert wird. | 3 **macro:** *magro:* geschwächt. | 4 **serra:** *serrare:* schließen, hier (*fuor*): ausschließen, sperren. | 5 **ovile:** Schafstall, hier zärtlich für die Heimatstadt Florenz, die der Exilierte schmerzlich vermisst. | 6 **li:** der Heimatstall Florenz, der von den bösartigen Florentinern ruiniert wird. | 7 **vello:** Fell, hier: Gewand – Dante betont seine Entwicklung zum gereiften Dichter. | 9 **battesmo:** *battesimo* – das Taufbecken im Baptisterium San Giovanni. | **cappello:** hier nicht Hut, sondern Blumenkranz (prov. *capel*), Lorbeerkranz der erhofften Dichterkrönung.

però che nella fede, che fa conte
l'anime a Dio, quivi intra' io, e poi
Pietro per lei sì mi girò la fronte.
Indi si mosse un lume verso noi
di quella spera ond' uscì la primizia
che lasciò Cristo de' vicari suoi;
e la mia donna, piena di letizia,
mi disse: «Mira, mira: ecco il barone
per cui là giù si visita Galizia.»
Sì come quando il colombo si pone
presso al compagno, l'uno all'altro pande,
girando e mormorando, l'affezione;
così vid' io l'uno dall'altro grande
principe glorïoso essere accolto,
laudando il cibo che là su li prande.

Der Apostel Jakobus prüft Dante nun in der zweiten ›theologischen‹ Tugend, der Hoffnung. Mit Beatrices Beistand absolviert er das Examen zur allgemeinen Zufriedenheit. Aus dem

10 **conte:** *conosciute.* | 11 **quivi:** dort – der durch die christliche Taufe empfangene Glaube wurde soeben von Petrus selbst im Himmel bestätigt und bildet die Basis seines *poema.* | 13 **Indi:** dann. | **lume** (m): Licht. | **verso:** auf … zu, nach, gen. | 14 **spera:** *sfera:* Sphäre, hier der Lichtkreis der Apostel. | **primizia:** Erste/r – hier: Petrus, der erste Papst. | 15 **vicari:** *vicario:* Stellvertreter, hier: Papst. | 16 **letizia:** Freude. | 17 **barone:** hier Ehrentitel (wie unten *principe*) für den Apostel Jakobus, bereits für Petrus verwandt (XXIV. 115). | 18 **Galizia:** Galicien, Region in Nordwestspanien, das dortige Santiago de Compostela mit dem angeblichen Grab des Apostels ist nach wie vor Zielpunkt der Pilger auf dem Jakobsweg. | 19 **colombo:** Taube (m). | 20 **pande** (lat.): *pạndere:* zeigen, offenbaren (Objekt: *l'affezione: l'affetto*). | 21 **mormorando:** *mormorare:* murmeln, hier: gurren. | 23 **glorïoso/a:** glorreich, ehrenvoll. | 24 **laudando:** *lodando.* | **prande** (lat.): nähren, sättigen (die himmlische Nahrung).

Kreis der Apostel löst sich nun das dritte Licht, der Heilige Johannes, der zunächst klarstellt, dass er, wie alle übrigen außer Jesus und Maria, noch ohne seinen irdischen Körper im Himmel weilt, der ihm erst am Jüngsten Tag zurückgegeben werde. Von der Helligkeit des apostolischen Lichts wird Dante allerdings derart geblendet, dass er seine Sehkraft verliert.

Canto XXVI

Vom Licht des Evangelisten Johannes geblendet, absolviert Dante im 26. Canto im Fixsternhimmel dessen Prüfung über die dritte ›theologische‹ Tugend, die Liebe, wobei er menschliche Vernunft (*filosofici argomenti*, 25), ausgehend von Aristoteles, und göttliche Offenbarung, vermittelt durch den Pentateuch und das Johannesevangelium, gemeinsam in Anschlag bringt. Himmlischer Gesang bekräftigt Dantes Ausführungen, durch Beatrices Augen erhält er seine Sehkraft wieder und sieht erstaunt ein viertes Licht bei ihm, Adam, *l'anima prima* (83). Wissbegierig bittet Dante ihn um die Beantwortung seiner vier nur in Gedanken gestellten Fragen.

Tu vuogli udir quant'è che Dio mi pose
nell'eccelso giardino ove costei
a così lunga scala ti dispose,

109 **vuogli:** *vuoi.* | **quant'è:** wie lange es her ist. | 110 **eccelso/a:** hoch – gemeint ist der Garten Eden, das irdische Paradies auf der Spitze des Purgatoriumsbergs. | **costei:** Beatrice. | 111 **scala:** *salita:* Aufstieg. | **dispose:** *disporre:* vorbereiten, einstimmen.

e quanto fu diletto alli occhi miei,
e la propria cagion del gran disdegno,
e l'idïoma ch' usai e ch' io fei.
Or, figliuol mio, non il gustar del legno
fu per sè la cagion di tanto essilio,
ma solamente il trapassar del segno.
Quindi onde mosse tua donna Virgilio,
quattromilia trecento e due volumi
di sol desiderai questo concilio;
e vidi lui tornare a tutt' i lumi
della sua strada novecento trenta
fiate, mentre ch' io in terra fu'mi,

112 **diletto:** Vergnügen, Freude, Genuss – die Frage zielt auf Adams Aufenthaltsdauer im irdischen Paradies. | 113 **propria/o:** eigentlich, tatsächlich. | **cagion:** *ragione* (f.): Grund. | **disdegno:** Verachtung, hier: Gottes Zorn über den Sündenfall. | 114 **idïoma:** Sprache. | **fei:** *feci.* | 115 **Or:** nun. | **figliuol(o):** *figlio.* | **gustar(e):** kosten. | **legno:** metonymisch für Baum (dieser wiederum für die Frucht des Baumes). | 116 **essilio:** *esilio:* Verbannung. | 117 **trapassar(e):** überschreiten, übertreten. | **segno:** Zeichen, Grenze; Verbot – die *superbia* der ersten Menschen ist also die Antwort auf Dantes dritte Frage. | 118 **Quindi:** von da. | **onde:** von wo – umschrieben ist der Limbus, Ausgangspunkt von Vergils Rettungsmission für Dante und Aufenthaltsort Adams von seinem Tod bis zur Höllenfahrt Christi, wobei dieser Adam und andere Patriarchen befreit hatte (*Inferno* IV. 55). | 119 **volumi:** *volume:* Umdrehung – der Sonne (*sol*), also Jahr. | 120 **concilio:** Konzil, Versammlung, hier: Paradies. | 121 **lui:** Sonne. | **lumi:** *lume:* Licht. | 123 **fiate:** *fiata:* Mal. | **fu'mi:** *mi fu* – die Beantwortung von Dantes erster Frage erfolgt kalkulatorisch: 4.302 Jahre im Limbus und 930 Lebensjahre ergeben 5.232 (nach den Berechnungen des Eusebius, der von der Erschaffung Adams bis Christi Geburt 5.198 festlegt, plus 34 Jahre Lebenszeit Jesu); insgesamt bestehe die Menschheit zum Zeitpunkt des Dialogs im Jahr 1300 also 6.498 Jahre.

La lingua ch' io parlai fu tutta spenta
innanzi che all'ovra inconsummabile
fosse la gente di Nembròt attenta;
chè nullo effetto mai razïonabile,
per lo piacere uman che rinovella
seguendo il cielo, sempre fu durabile.
Opera naturale è ch' uom favella;
ma così o così, natura lascia
poi fare a voi secondo che v'abbella.
Pria ch' i' scendessi all'infernale ambascia,
I s'appellava in terra il sommo bene
onde vien la letizia che mi fascia;

124 **spenta/o:** erloschen, ausgestorben. | 125 **innanzi che:** bevor. | **ovra:** *opera:* Werk. | **inconsummabile:** unvollendbar. | 126 **Nembròt:** Nimrod, König von Babylon (Gen 10.8–10), dessen vermessener Turmbau zu Babel die menschliche Sprachenvielfalt verschuldete (Gen 11.1–9), bei Dante als biblischer Riese im *Inferno* XXXI.77–8. | **attenta:** *attẹndere:* s. widmen. | 127 **chè:** *perchè.* | **effetto:** *prodotto.* | **razïonabile:** vernünftig, der menschlichen Vernunft. | 128 **rinovella:** *rinovellare:* erneuern. | 129 **sempre:** *per sempre.* | **durabile:** dauerhaft, von Dauer – das bereits aristotelische Konzept des Sprachwandels wird hier in den größeren Rahmen der Vergänglichkeit gestellt. | 130 **favella:** *favellare:* reden, sprechen. | 132 **abbella:** *abbellare* (prov.): (schmücken), gefallen. | 133 **ambascia:** Beklemmung, Enge – der Limbus. | 134 **s'appellava:** *appellarsi: chiamarsi.* | **sommo/a:** höchste/r (*sommo bene:* Gott) – warum dessen erster Name ›I‹ war, mag an der größtmöglichen Einfachheit des Buchstabens, am römischen Zahlzeichen für eins, demnach Einheit, oder an patristischen Mutmaßungen zu den Namen Gottes liegen. | 135 **letizia:** Freude. | **fascia:** *fasciare:* umhüllen, umgeben.

e *EL* si chiamò poi: e ciò convene,
chè l'uso de' mortali è come fronda
in ramo, che sen va e altra vene.
Nel monte che si leva più dall'onda,
fu' io, con vita pura e disonesta,
dalla prim'ora a quella che seconda,
come 'l sol muta quadra, l'ora sesta.»

Canto XXVII

Der 27. Canto erzählt vom Übergang in den Kristallhimmel, das Primum Mobile. Zuvor jedoch preist Dante in einem doxologischen Hymnus die begierdelose Freude und *ineffabile allegrezza* (7) des himmlischen Lebens, wobei die ›Unsagbarkeit‹ ein Grundmotiv der *Cantica* aufgreift. Das *gloria* (2) der Seligen macht bald einer zornesroten Strafpredigt des Heiligen Petrus gegen seine Nachfolger Platz, die das Papstamt usurpier-

136 **EL:** von Isidor von Sevilla als hebräischer Name Gottes angeführt. | **convene:** *conviene* (aus Reimgründen, wie *vene: viene*): *convenire:* hier: notwendig sein. | 137 **fronda:** Laub, Blätter – die Beantwortung der vierten Frage schließt mit intertextuellen Verweisen auf die Antike (Horaz) und die Bibel, die beiden Referenzpunkte von Dantes Dichtung. | 139 **leva:** *levarsi:* s. erheben. | 140 **disonesta/o:** ruchlos, sündig, schuldig – nach dem Sündenfall (so wie *pura:* rein davor). | 141 **seconda:** *secondare:* folgen – auf die sechste Stunde (*l'ora sesta*). | 142 **muta:** *mutare:* wechseln, ändern. | **quadra:** Quadrant (von 90°) – die Beantwortung der zweiten Frage nach Adams Verweildauer im irdischen Paradies erfolgt mit einer umständlichen Stundenangabe: kaum mehr als sechs Stunden dauerte das Glück Adams im Garten Eden, die Stunde seiner Versündigung und Vertreibung zwischen 12 und 13 Uhr (gerechnet vom Tagesanbruch um 6 Uhr morgens) entspricht der Überlieferung nach der Stunde von Christi Kreuzigung. Sündenfall und Erlösung des Menschen stehen also auch zeitlich in enger Korrespondenz.

ten und zur Freude Luzifers (*'l perverso*, 26) Schindluder mit seiner Grabstätte trieben.

«Non fu la sposa di Cristo allevata
del sangue mio, di Lin, di quel di Cleto,
per essere ad acquisto d'oro usata;
ma, per acquisto d'esto viver lieto,
e Sisto e Pio e Calisto e Urbano
sparser lo sangue dopo molto fleto.
Non fu nostra intenzion ch'a destra mano
de' nostri successor parte sedesse,
parte dall'altra del popol cristiano;
nè che le chiavi che mi fuor concesse
divenisser signaculo in vessillo
che contra battezzati combattesse;
nè ch' io fossi figura di sigillo
a privilegi venduti e mendaci,
ond' io sovente arrosso e disfavillo.

40 **sposa di Cristo:** Kirche. | 41 **Lin:** Linus und Cletus waren die unmittelbaren Nachfolger Petri, die später (44) genannten Sixtus I. und Pius I. Päpste des 2. Jh., Calixtus I. und Urban I. sind im 3. Jh. bezeugt, alle galten der Überlieferung nach als Märtyrer im Papstamt. | 42 **usata/o:** gewohnt. | 43 **viver lieto:** seliges Leben im Paradies. | 45 **sparser(o):** *spargere:* vergießen. | **fleto** (lat.): Weinen. | 47 **successor(i):** *successore:* Nachfolger. | **parte** (f.): Teil, Partei – Kritik an der Spaltung in Guelfen und Ghibellinen unter Anspielung auf die Scheidung der Menschheit am Jüngsten Tag zur Rechten und Linken Christi (Mt 25,33). | 50 **divenisser(o):** *divenire: diventare.* | **signaculo:** Zeichen. | **vessillo:** Fahne, Banner. | 51 **battezzati:** *battezzato/a:* getauft – Kritik an den Kriegen der Päpste. | 52 **sigillo:** Siegel. | 53 **mendaci:** *mendace:* erlogen, falsch – Kritik an der Simonie der Päpste. | 54 **arrosso:** *arrossire:* erröten, rot werden. | **disfavillo:** (*di*)*sfavillare:* Funken sprühen.

In vesta di pastor lupi rapaci
si veggion di qua su per tutti i paschi:
o difesa di Dio, perchè pur giaci?
Del sangue nostro Caorsini e Guaschi
s'apparecchian di bere: o buon principio,
a che vil fine convien che tu caschi!
Ma l'alta provedenza che con Scipio
difese a Roma la gloria del mondo,
soccorrà tosto, sì com' io concipio.
E tu, figliuol, che per lo mortal pondo
ancor giù tornerai, apri la bocca,
e non asconder quel ch' io non ascondo.»
[…]

55 **vesta:** *veste:* Kleidung. | **pastor(e):** Hirte. | **rapaci:** *rapace:* gierig. | 56 **veggion:** *vẹdono.* | **paschi:** *pạscoli* (Weiden, hier für Diözesen). | 57 **difesa:** Schutz, Beistand, Verteidigung. | **pur(e):** nur. | **giaci:** *giacere:* (darnieder) liegen, ruhen. | 58 **Caorsini e Guaschi:** Einwohner von Cahors (im *Inferno* XI.50 als Zinswucherer verurteilt) und der Gascogne, hier Angriff auf den Avignoner Papst Johannes XXII. aus Cahors und seinen Vorgänger Clemens V. aus der Gascogne, beide in Dantes Augen französische unwürdige Päpste. | 59 **s'apparecchian:** *apparecchiarsi:* s. (vor-)bereiten, s. rüsten. | **principio:** Anfang, Beginn, Ursprung. | 60 **vil(e):** gemein, gering, elend. | **convien:** *convenire:* notwendig sein. | **caschi:** *cascare:* fallen. | 61 **provedenza:** Providenz, Vorsehung. | **Scipio:** der römische Feldherr Publius Cornelius Scipio ›Africanus‹ der Ältere (235–183 v. Chr.), der 202 v. Chr. Hannibal besiegte und so das römische Reich verteidigte. | 62 **gloria:** Ruhm. | 63 **soccorrà:** *soccọrrere:* helfen, beistehen, zur Hilfe eilen. | **tosto:** bald, schnell. | **concipio:** *concịpere: concepire:* begreifen, verstehen, erfassen. | 64 **figliuol(o):** *figlio* – wiederholt die Anrede Petri an Dante aus XXVI.115. | **mortal(e):** sterblich. | **pondo:** Gewicht, Körper. | 66 **asconder:** *(n)ascọndere:* verbergen, verheimlichen – die Aufforderung an Dante zur himmlisch autorisierten Kritik an den Verfehlungen der Päpste beschließt die Diatribe Petri.

Die Lichtseelen der Apostel entschwinden nach oben und Beatrice fordert Dante auf, ein weiteres Mal nach unten zu schauen.

sì ch' io vedea di là da Gade il varco
folle d'Ulisse, e di qua presso il lito
nel qual si fece Europa dolce carco.
E più mi fora discoverto il sito
di questa aiuola; ma 'l sol procedea
sotto i mie' piedi un segno e più partito.
La mente innamorata, che donnea
con la mia donna sempre, di ridure
ad essa li occhi più che mai ardea:
e se natura o arte fè pasture
da pigliare occhi, per aver la mente,
in carne umana o nelle sue pitture,

82 **di là da:** jenseits (hier: westlich). | **Gade:** Cádiz mit der Meerenge von Gibraltar und den Säulen des Herakles. | **varco:** Durchfahrt, Überschreiten – rekurriert auf den *folle volo* des Odysseus aus *Inferno* XXVI.125, Dantes Mythos der *superbia* des menschlichen Forscherdrangs ohne Gottes Gnade. | 83 **di qua:** diesseits (hier östlich). | **lito:** Küste, Ufer. | 84 **Europa:** der Mythos der phönizischen Prinzessin Europa, die Zeus in Stiergestalt übers Meer nach Kreta entführte (Ovid: *Metamorphosen* II.832–75), erinnert an göttliche und menschliche *luxuria.* | **carco:** *cạrico:* Last – der astronomische Einwurf, dass Dante aus seiner himmlischen Perspektive nicht all dies sehen konnte, kann *sub specie aeternitatis* vernachlässigt werden. | 85 **fora:** *sarebbe stato.* | **discoverto:** *scoperto, rivelato.* | **sito:** Ort. | 86 **aiuola:** kleiner Platz, Fläche, Fleckchen (greift die Formulierung aus XXII.151 auf). | 87 **segno:** Sternzeichen – die Sonne im Widder, Dante in den Zwillingen, dazwischen der Stier, jeweils 30° / 2 Stunden voneinander getrennt, entfernt (*partito*). | 88 **donnea:** *donneare:* huldigen, liebevoll betrachten. | 89 **ridure:** *ri(con)durre:* zurückbringen, zurückkehren. | 90 **ardea:** *ạrdere:* brennen. | 91 **pasture:** *pastura:* Futter, Nahrung. | 92 **pigliare:** nehmen, fassen, ergreifen.

tutte adunate, parrebber nïente
ver lo piacer divin che mi refulse,
quando mi volsi al suo viso ridente.
E la virtù che lo sguardo m' indulse,
del bel nido di Leda mi divelse,
e nel ciel velocissimo m' impulse.

Der Kristallhimmel, die letzte Sphäre vor dem Empyreum, dreht sich am schnellsten und bewegt als Primum Mobile die unteren Sphären. Er hat, wie Beatrice freudestrahlend erklärt, keinen eigentlichen materiellen Ort, sondern existiert als reine Energie im Geist Gottes und wird von Gottes Licht und Liebe (*Luce ed amor*, 112) umgeben und bewegt. Hier liege auch der Ursprung der Zeit (*tempo*, 118). Beatrices theo-kosmologische Rede geht über in die dunkle Prophezeiung einer nahen Rettung der verdorbenen führerlosen Menschheit.

94 **adunate:** *adunare:* versammeln, vereinigen. | 95 **ver:** *verso:* gegen, im Vergleich. | **refulse:** *refụlgere:* leuchten, strahlen, funkeln. | 96 **volsi:** *vọlgersi:* s. wenden. | 97 **virtù:** Kraft. | **m'indulse:** *indụlgere:* gewähren. | 98 **Leda:** Gattin des spartanischen Königs Tyndareos, von Zeus (in Schwanengestalt) Mutter der Helena und der unzertrennlichen Dioskuren Kastor und Pollux/Polydeukes, die nach ihrem Tod als Sternbild der Zwillinge in den Himmel erhoben wurden – ›Ledas Nest‹ ist also Umschreibung für das Sternbild Zwillinge. | **divelse:** *divẹllere:* (aus)reißen. | 99 **m'impulse:** *impẹllere* (lat.): treiben, stoßen – die Verben verdeutlichen die gewaltige Geschwindigkeit des Aufstiegs in den schnellsten Himmel.

Canto XXVIII

Dante schaut im Kristallhimmel des 28. Canto in Beatrices Augen, wendet seinen Blick jedoch dann auf den gleißenden Lichtpunkt Gottes, dessen Helligkeit ihn umgehend nötigt, die Augen wieder zu schließen. Um Gott herum kreisen die neun Sphären der Engelschöre, die für je eine der zuvor bereisten Planetensphären verantwortlich sind, wobei die Drehgeschwindigkeit der Kreise und die Stellung in der Himmelshierarchie und damit die Größe der korrespondierenden Planetensphäre nach außen hin abnimmt. Beatrice erklärt diese Ordnung des *angelico templo* (53) von den Seraphim bis hin zu den ›gewöhnlichen‹ Engeln, die den Mondhimmel mit der Erde regieren, ausführlich nach dem traditionellen System des *Dïonisio* (130), (Pseudo-)Dionysius Areopagita. Die Darstellung Gottes als Lichtpunkt, die Beziehungen zwischen dem Raum der Planeten und der Sphäre (Blase) des Empyreum, Fragen von Masse und Energie in Dantes *Paradiso* lassen durchaus Analogien zu Quantenphysik und nichteuklidischer Geometrie zu, denen nachzugehen hier nicht der Ort ist.

Canto XXIX

Der 29. Canto eröffnet Beatrice, die durch Blickkontakt mit dem göttlichen Lichtpunkt Kenntnis von Dantes Gedanken erhalten hat, breiten Raum zur Erklärung der Schöpfung. Im Kristallhimmel an der Schwelle zum Empyreum beschreibt sie die Entäußerung der *etterno amore* (18) in der Erschaffung der drei *sustanze* (33): reine Form (Engel), reine Urmaterie und die Himmelssphären als Verbindung der beiden, wodurch auch Zeit und Raum entstanden. Infolge der *superbia* Luzifers stürzte ein Teil der Engel zu Boden, während die übrigen die Engelshierarchie bilden. Beatrice ereifert sich danach gegen Irrlehren, eitle Prediger und Ablasshändler, kehrt nach dieser Digression aber zurück zum Thema der Engel und erklärt deren Zahl für unbegreiflich groß. Gott, der *etterno valor* (143), spiegelt sich in seinen unermesslich zahlreichen Geschöpfen und bleibt dabei stets derselbe.

Canto XXX

Im 30. Canto erreicht Dante die letzte Etappe seines Aufstiegs, das raum- und zeitlose Empyreum aus reinem Licht. Zuvor richtet er, da die Engelskreise entschwunden sind und getrieben von *amor* (15), seinen Blick ein letztes Mal intensiv auf Beatrice.

Se quanto infino a qui di lei si dice
  fosse conchiuso tutto in una loda,
  poco sarebbe a fornir questa vice.
La bellezza ch' io vidi si trasmoda
  non pur di là da noi, ma certo io credo
  che solo il suo fattor tutta la goda.

16 **si dice:** vorzeitig: *si è / ho detto.* | 17 **conchiuso:** (*concluso*), *riunito, raccolto.* | **loda:** *lode.* | 18 **fornir questa vice** (lat.): diese Aufgabe erfüllen (Beatrices Schönheit zu loben). | 19 **trasmoda:** *trasmodare:* überschreiten. | 20 **pur(e):** nur. | 21 **fattor(e):** Schöpfer – allein Gott kann also Beatrices (physische, metaphysische und moralische) Schönheit ganz genießen, die menschliches Maß übersteigt, was eine absolute Apotheose bedeutet.

Da questo passo vinto mi concedo
più che già mai da punto di suo tema
soprato fosse comico o tragedo;
chè, come sole in viso che più trema,
così lo rimembrar del dolce riso
la mente mia da me medesmo scema.
Dal primo giorno ch' i' vidi il suo viso
in questa vita, infino a questa vista,
non m'è il seguire al mio cantar preciso;
ma or convien che mio seguir desista
più dietro a sua bellezza, poetando,
come all'ultimo suo ciascuno artista.
[...]

22 **passo:** hier: Stelle, Passus im Werk. | **concedo:** *concẹdersi:* hier: s. ergeben. | 23 **tema:** hier: Thema, Aufgabe – gemeint ist ein unüberwindlicher Punkt, eine schwierige Stelle im Werk, wodurch der Künstler sich geschlagen geben muss. | 24 **soprato:** *superato, sconfitto, sopraffatto* (überwältigt, besiegt). | **comico o tragedo:** nicht antik oder modern als Komödien- oder Tragödiendichter zu verstehen, sondern mittelalterlich als Stilunterschiede der Dichtung, wobei *comico* den niederen und mittleren Stil meinte, was sich ja auch im Titel *Commedia* widerspiegelt. Dante erklärt also jegliche Dichtkunst für unzureichend. | 25 **trema:** *tremare:* hier: schwach sein, die Sonne also weniger ertragen. | 26 **rimembrar(e):** (s.) erinnern. | 27 **mente** (f.): Geist, Erinnerung. | **scema:** *scemare:* (schwächen), hier: (ab)trennen. | 29 **vista:** Anblick. | 30 **preciso** (lat.): abgeschnitten, verwehrt – von der ersten Begegnung mit Beatrice an bis zu diesem Moment im *Paradiso* war es Dantes Gesang/Dichten also nicht verwehrt, ihr zu folgen, wovon seine Lyrik Zeugnis abgibt. Am Schluss seiner *Vita Nova* erklärte Dante jedoch, Beatrice nicht mehr besingen zu wollen, bis er eine würdigere Form gefunden habe (*infino a tanto che io potesse più degnamente trattare di lei*, XLII), was mit der *Commedia* eingelöst wird. | 31 **or:** nun. | **convien:** *convenire:* notwendig sein. | **desista:** *desịstere:* absehen, ablassen. | 33 **ultimo:** Äußerstes – der Künstler hat seine Fähigkeiten maximal ausgeschöpft und resigniert angesichts der göttlichen Schönheit Beatrices.

Beatrices Rolle als Führerin ist noch nicht ganz beendet, sie verkündet den Übergang ins Empyreum, in dem *luce intellettüal, piena d'amore* (40) von solcher Helligkeit strahlt, dass Dantes Augen ein weiteres Mal überfordert sind. Im reinen Licht überwindet Dante dann schließlich auch die physikalischen Grenzen des Sehens und geht in eine mystische Schau der immateriellen letzten Sphäre über. Die Blumen und Funken dieser intertextuell von Bibel, Patristik und Antike gespeisten Vision formieren sich, nachdem Dante gierig wie ein Säugling (*fantin*, 82) vom göttlichen Strom getrunken hat, zur Himmelsrose, den *corti del ciel* (96).

O isplendor di Dio, per cu' io vidi
  l'alto triunfo del regno verace,
  dammi virtù a dir com' io il vidi!
Lume è là su che visibile face
  lo creatore a quella creatura
  che solo in lui vedere ha la sua pace.
E' si distende in circular figura,
  in tanto che la sua circunferenza
  sarebbe al sol troppo larga cintura.
Fassi di raggio tutta sua parvenza
  reflesso al sommo del mobile primo,
  che prende quindi vivere e potenza.

98 **verace:** wahr. | 99 **virtù:** Fähigkeit, Kraft. | 100 **Lume** (m.): Licht. | 103 **circular:** *circolare:* kreisförmig. | 104 **circunferenza:** *circonferenza:* Umfang. | 106 **Fassi:** *si fa.* | **parvenza:** Erscheinung. | 107 **reflesso/a:** reflektiert, zurückgeworfen. | **sommo:** Gipfel, höchster Punkt, hier: Oberfläche des Kristallhimmels (Primum Mobile). | 108 **quindi:** von da, davon. | **potenza:** Kraft – vom Lichtstrahl Gottes erhält die erste sichtbare Sphäre ihre Bewegung und Kraft, die sie weitergibt an die darunterliegenden Sphären; aus der Reflexion an dieser Grenze bildet sich die Himmelsrose (*rosa*, 117).

E come clivo in acqua di suo imo
si specchia, quasi per vedersi adorno,
quando è nel verde e ne' fioretti opimo, 111
sì, soprastando al lume intorno intorno,
vidi specchiarsi in più di mille soglie
quanto di noi là su fatto ha ritorno. 114
E se l'infimo grado in sè raccoglie
sì grande lume, quanta è la larghezza
di questa rosa nell'estreme foglie! 117
La vista mia nell'ampio e nell'altezza
non si smarriva, ma tutto prendeva
il quanto e 'l quale di quella allegrezza. 120
Presso e lontano, lì, nè pon nè leva;
chè dove Dio sanza mezzo governa,
la legge natural nulla rileva. 123

109 **clivo:** Hang, Abhang. | **imo** (lat. *imus*): tief unten, am Fuß des Berges. | 110 **adorno/a:** geschmückt. | 111 **opimo/a** (lat.): reich. | 112 **soprastando:** *soprastare:* überragen, höher liegen. | 113 **soglie:** *soglia:* hier: Stufe (wie *grado*, 115). | 114 **noi:** wir Menschen. | **ritorno:** Rückkehr in die himmlische Heimat. | 115 **ịnfimo/a:** unterste/r. | **raccoglie:** *raccọgliere:* aufnehmen – den *grande lume* (116), die Sonne (*sol*, 105). | 117 **rosa:** Dantes Vision der himmlischen Rose ist intertextuell verflochten mit zahlreichen Werken vom *Hohelied* der Bibel bis zum altfranzösischen *Roman de la Rose.* | 118 **vista:** Blick. | 119 **smarriva:** *smarrire:* verlieren. | 120 **allegrezza:** Freude, Seligkeit. | 121 **Presso** (lat.): nahe, hier: Nähe (wie *lontano:* Entfernung) – Aufhebung des Naturgesetzes (*legge natural*, 123). | 122 **sanza mezzo:** unmittelbar, unvermittelt. | 123 **rileva:** *rilevare:* hier: bedeuten.

Nel giallo della rosa sempiterna,
che si dilata ed ingrada e redole
odor di lode al sol che sempre verna 126
qual è colui che tace e dicer vole,
mi trasse Beatrice, e disse: «Mira
quanto è 'l convento delle bianche stole! 129
Vedi nostra città quant'ella gira:
vedi li nostri scanni sì ripieni,
che poca gente più ci si disira. 132
E 'n quel gran seggio a che tu li occhi tieni
per la corona che già v' è su posta,
prima che tu a queste nozze ceni, 135

124 **sempiterna/o:** ewig. | 125 **dilata:** *dilatarsi:* s. ausweiten. | **ingrada:** *ingradarsi* (Neologismus Dantes): stufenweise in die Höhe steigen/gehen. | **redole** (lat.): *redolire:* duften. | 126 **verna** (lat.): *vernare:* Frühling machen – gemeint ist Gott (*sol*). Dantes poetische Sprache erreicht an dieser Stelle voller seltener Latinismen und Eigenbildungen lexikalisch und auch lautlich einen paradiesischen Höhepunkt. | 127 **dicer(e):** *dire* – umschrieben ist Dante selbst (*colui*, Objekt des Satzes). | 129 **convento:** hier: Versammlung. | **stole:** *stola:* hier Gewand, Kleid – *bianche stole* ist ein Zitat aus der *Apokalypse* (7.9), das Dante bereits zuvor (XXV.127) verwendet hat, um die Körper der Seligen zu bezeichnen. | 130 **gira:** *girare:* hier: Umfang haben – mit der weitläufigen Stadt (*città*) ist das himmlische Jerusalem der Bibel gemeint (*Apokalypse* 21.10). | 131 **scanni:** *scanno:* Sitz, Rang. | 132 **disira:** *desidera* – dass nur noch wenige Selige erwartet werden, liegt nicht am Platzmangel im Paradies, sondern an einer zeitgenössisch verbreiteten Endzeiterwartung, von der Dante auch in seinem *Convivio* (II. XIV.13) spricht. | 133 **seggio:** Sitz, Thron. | 135 **nozze:** hier das himmlische Hochzeitsmahl nach dem Tod.

sederà l'alma, che fia giù agosta,
dell'alto Arrigo, ch'a drizzare Italia
verrà in prima ch'ella sia disposta. 138

Der Fortgang von Beatrices Rede besteht aus einer scharfen Invektive gegen die schlechten Päpste Bonifaz VIII. und Clemens V., was einen beträchtlichen Einbruch der gemeinen Zeitgeschichte in den derart himmlisch-immateriell begonnenen Canto bedeutet.

Canto XXXI

Der 31. Canto bringt für Dante, der die Himmelsrose der stabilen Seligen und mobilen Engel eingehend voller Staunen (*stupor*, 40) betrachtet, einen plötzlichen Wechsel seiner himmlischen Führungspersönlichkeit.

La forma general di paradiso
già tutta mïo sguardo avea compresa,
in nulla parte ancor fermato fiso; 54

136 **alma:** *ạnima.* | **agosta:** *augusta/o:* kaiserlich, majestätisch, erlaucht. | 137 **Arrigo:** Heinrich VII. (um 1274–1313), König ab 1308, Kaiser ab 1312, auf dessen Eingreifen in Italien Dante große Hoffnungen gesetzt hatte, für seine Lage als Exilierter, für sein Land und für das von ihm vertretene Prinzip der Universalmonarchie, versuchte ab 1310 erfolglos, Italien unter der Herrschaft des Reiches zu ordnen, und starb schon 1313, was in der resignativen Terzine, deren Erzählzeitpunkt ja das Jahr 1300 ist, bereits Ausdruck findet. | **drizzare:** (auf)richten, wenden, lenken. | 138 **disposta/o:** bereit. | 53 **compresa:** *comprẹndere:* umfassen, erfassen. | 54 **fiso:** *fisso:* fest, genau.

e volgeami con voglia rïaccesa
per domandar la mia donna di cose
di che la mente mia era sospesa.
Uno intendea, e altro mi rispose:
credea veder Beatrice, e vidi un sene
vestito con le genti glorïose.
Diffuso era per li occhi e per le gene
di benigna letizia, in atto pio
quale a tenero padre si convene.
E «Ov' è ella?» subito diss' io.
Ond'elli: «A terminar lo tuo disiro
mosse Beatrice me del loco mio;
e se riguardi su nel terzo giro
dal sommo grado, tu la rivedrai
nel trono che suoi merti le sortiro.»

Dante richtet ein Abschiedsgebet mit Wiedersehenshoffnung an seine nun endgültig entrückte Beatrice, die ihm aus der Ferne ein letztes Lächeln schenkt. Dann lenkt der Greis seinen Blick auf Maria, *la regina del cielo* (100), und stellt sich als *il suo fedel Bernardo* (102) vor. Der Heilige Bernhard von Clairvaux (1091–1153) wird nun Dantes Führer auf der letzten Etappe des Aufstiegs werden und als *doctor marianus* bei der Gottesmut-

55 **volgeami:** *vọlgersi:* s. (um)wenden. | **rïaccesa/o:** neu/wieder entflammt. | 57 **sospesa/o:** ungewiss, in der Schwebe. | 59 **sene** (lat. *senex*): Greis. | 60 **con:** *come / con la veste di.* | **glorïose:** *glorioso/a:* glorreich, selig. | 61 **Diffuso:** *perfuso* (lat.): überströmt, erfüllt. | **gene** (lat.): *guance.* | 62 **letizia:** Freude. | **atto:** Haltung. | **pio/a:** fromm. | 65 **terminar(e):** erfüllen, vollenden. | **disiro:** *desiderio:* Wunsch, Begehren – Gott zu schauen. | 67 **giro:** Kreis. | 68 **sommo/a:** höchste/r – Beatrice residiert im dritten Kreis von oben. | **grado:** Stufe. | 69 **merti:** *mẹriti* | **sortiro(no):** *sortire:* hier: zuteilen.

ter deren Fürbitte erwirken. Dante heftet seine Augen also auf die unsagbare strahlende Schönheit Marias.

Canto XXXII

Bernhard von Clairvaux erklärt Dante im 32. Canto ausführlich die Ordnung der Himmelsrose, die vertikal und horizontal symmetrisch aufgeteilt ist, auch die Geschlechter werden getrennt. Maria scheidet die Rose in Selige, die vor oder nach Christi Geburt lebten, unter ihr sitzen Eva, Rachel und – als poetische Freiheit – Beatrice, Sarah, Rebecca, Judith, Rut und weitere Frauen des Alten Testaments. Ihr gegenüber präsidiert Johannes der Täufer einer gestuften Schar von Kirchenlehrern, von denen nur Franziskus, Benedikt und Augustinus namentlich genannt werden. Der untere Teil der Himmelsrose gehört den ungetauft verstorbenen Kindern, die ihren Platz im Himmel – und nicht im Limbus, wie es im Inferno (IV. 30) noch hieß – allein Gottes Gnadenwahl verdanken, wie Bernhard Dantes unausgesprochene Frage wortreich beantwortet. Der Erzengel Gabriel wiederholt vor Maria seine Verkündigung, Bernhard zählt weitere exemplarische Namen von Adam und Petrus, Johannes und Moses bis zu Anna und Lucia auf, bevor er sein Gebet (*santa orazïone*, 151) an die Gottesmutter ankündigt, ohne deren Gunst (*grazia*, 147) eine Schau Gottes nicht möglich ist.

Canto XXXIII

Der 33. und letzte Canto beginnt mit dem angekündigten Gebet des Heiligen Bernhard zur Gottesmutter. Durch die Fürsprache Marias wird es Dante ermöglicht, Gott zu schauen.

«Vergine madre, figlia del tuo figlio,
umile e alta più che creatura,
termine fisso d'etterno consiglio,
tu se' colei che l'umana natura
nobilitasti sì, che 'l suo fattore
non disdegnò di farsi sua fattura.
Nel ventre tuo si raccese l'amore
per lo cui caldo nell'etterna pace
così è germinato questo fiore.
Qui se' a noi meridïana face
di caritate, e giuso, intra i mortali,
se' di speranza fontana vivace.

2 **ụmile:** demütig – drei antithetische Begriffspaare synthetisieren die Glaubensgeheimnisse um Maria, die Gegenstand theologischer Debatten und christlicher Marienverehrung sind. | 3 **tẹrmine:** Zielpunkt. | **fisso:** *fissato.* | **consiglio:** Ratschluss – weitere Antithese zwischen Zeit und Ewigkeit. | 5 **nobilitasti:** *nobilitare:* veredeln, adeln. | **fattore:** Schöpfer (Gott). | 6 **disdegnò:** *disdegnare:* verschmähen. | **fattura:** Geschöpf, Schöpfung – rhetorisch ausgefeilte Verse mit *figura etymologica* zur Betonung der Glaubensparadoxien. | 7 **raccese:** *r(i)accẹndersi:* s. wieder entzünden, entflammen. | 8 **caldo:** *calore.* | 9 **germinato:** *germinare:* keimen, sprießen, aufgehen. | **fiore:** steht in biblisch-patristischer Tradition für Christus, den Erlöser der Menschheit, bei Dante auch für die Himmelsrose. | 10 **meridïana/o:** Mittags-, mittäglich. | **face:** Fackel, Licht. | 11 **caritate:** *carità:* Gottesliebe, christliche Liebe. | **giuso:** *giù.* | **mortali:** *mortale:* sterblich. | 12 **fontana:** *fonte:* Quelle. | **vivace:** lebhaft, auch: dauerhaft, ewig.

Donna, se' tanto grande e tanto vali,
che qual vuol grazia ed a te non ricorre,
sua disïanza vuol volar sanz'ali.
La tua benignità non pur soccorre
a chi domanda, ma molte fïate
liberamente al dimandar precorre.
In te misericordia, in te pietate,
in te magnificenza, in te s'aduna
quantunque in creatura è di bontate.
Or questi, che dall'infima lacuna
dell'universo infin qui ha vedute
le vite spiritali ad una ad una,
supplica a te, per grazia, di virtute
tanto, che possa con li occhi levarsi
più alto verso l'ultima salute.
E io, che mai per mio veder non arsi
più ch' i' fo per lo suo, tutti miei preghi
ti porgo, e priego che non sieno scarsi,

13 **vali:** *valere:* mächtig sein, vermögen. | 14 **qual:** *chiunque.* | 15 **disïanza:** *desiderio.* | 16 **benignità:** Güte. | **pur(e):** nur. | 17 **fïate:** *fiata:* Mal → oftmals. | 18 **liberamente:** aus freien Stücken, freiwillig. | **precorre:** *precọrrere:* vorauseilen, zuvorkommen. | 20 **magnificenza:** Großmut, Freigiebigkeit. | **s'aduna:** *adunarsi:* s. versammeln, vereinen. | 21 **quantunque:** wie viel, was auch immer. | **bontate:** *bontà:* Güte. | 22 **questi:** Dante. | **ịnfima/o:** unterste/r. | **lacuna** (lat.): Loch, Abgrund – des *Inferno.* | 23 **vedute:** *viste.* | 24 **vite spirituali:** Seelen der Verstorbenen. | **ad una ad una:** einzeln, nacheinander. | 25 **supplica:** *supplicare:* (er)bitten, (er)flehen. | **virtute:** *virtù:* Kraft, Stärke. | 26 **levarsi:** s. erheben. | 27 **salute** (f.): Heil – Gott. | 28 **arsi:** *ạrdere:* brennen. | 29 **fo:** *faccio.* | **preghi:** *prego:* Bitte (analog *prieghi,* 32) – Ausdrücke des Bittens häufen sich in diesen Terzinen zum Zeichen der Unzulänglichkeit des Menschen ohne göttliche Gnade. | 30 **porgo:** *pọrgere:* reichen, richten, vortragen.

perchè tu ogni nube li disleghi
di sua mortalità co' prieghi tuoi,
sì che 'l sommo piacer li si dispieghi.
Ancor ti priego, regina, che puoi
ciò che tu vuoli, che conservi sani,
dopo tanto veder, li affetti suoi.
Vinca tua guardia i movimenti umani:
vedi Beatrice con quanti beati
per li miei preghi ti chiudon le mani!»
Li occhi da Dio diletti e venerati,
fissi nell'orator, ne dimostraro
quanto i devoti prieghi le son grati;

31 **nube:** *nụvola.* | **li:** *gli* (ebenso 33). | **disleghi:** *dislegare:* auflösen. | 32 **mortalità:** Sterblichkeit. | 33 **sommo/a:** höchste/r – *sommo piacer:* Gott. | **dispieghi:** *dispiegarsi:* s. entfalten, offenbaren. | 35 **vuoli:** *vuoi.* | 36 **affetti:** *affetto:* Affekt, Gefühl, Gemüt, Willen – Bernhards Bitte ist eine doppelte: um Kraft für die Schau Gottes und um *perseverantia*, Beständigkeit im Zustand der Gnade nach Dantes Rückkehr ins irdische Leben, um mit reinem Gemüt der Sünde (insbesondere der *superbia*) zu widerstehen. | 37 **guardia:** Schutz. | **movimenti:** *passioni.* | 38 **beati:** *beato/a:* selig. | 39 **chiudon(o):** *chiụdere:* hier: *giụngere:* falten – Bernhards Gebet weist insgesamt – bei aller Originalität Dantes – deutliche Parallelen zu Boethius' *De consolatione philosophiae* auf. | 40 **occhi:** *di Maria.* | **diletti:** *dilịgere:* lieben. | **venerati:** *venerare:* verehren. | 41 **orator(e):** (Redner,) Beter, Betender. | **ne:** *ci.* | 42 **devoti:** *devoto/a:* fromm, andächtig, ergeben. | **grati:** *graditi:* lieb.

indi all'etterno lume si drizzaro,
nel qual non si dee creder che s' invii
per creatura l'occhio tanto chiaro.
E io ch'al fine di tutt' i disii
appropinquava, sì com' io dovea,
l'ardor del desiderio in me finii.
Bernardo m'accennava e sorridea
perch' io guardassi suso; ma io era
già per me stesso tal qual ei volea;
chè la mia vista, venendo sincera,
e più e più intrava per lo raggio
dell'alta luce che da sè è vera.
Da quinci innanzi il mio veder fu maggio
che 'l parlar nostro, ch'a tal vista cede,
e cede la memoria a tanto oltraggio.

43 **indi:** dann. | **lume** (m.): Licht – Gott. | **drizzaro(no):** *drizzare:* richten, wenden. | 44 **dee:** *deve.* | **s'invii:** *inviare:* hier: richten, versenken – kein Geschöpf hat Gott je derart intensiv angeblickt wie Maria – der, zahlensymbolisch auffällig, die ersten 45 (mehrfache Beziehung zur 9, der Zahl Beatrices) Verse gewidmet sind, während die verbleibenden 100 (die vollkommene Zahl 10 in Potenz) Verse für Dantes Vision verbleiben, der Canto mit 145 Versen (Quersumme 10) insgesamt also numerologische Vollkommenheit repräsentiert. | 46 **disii:** *desideri* – zentraler Terminus der *Commedia*, steht hier für Gott, das Ziel aller Wünsche. | 47 **appropinquava** (lat.): *appropinquare:* s. nähern. | 48 **ardor(e):** Feuer, Leidenschaft. | **finii:** *finire:* hier: vollenden, im Sinne von zum Höhepunkt, zum Äußersten bringen. | 49 **m'accennava:** *accennare:* Zeichen geben. | 50 **suso:** *su.* | 52 **vista:** Blick, Sehkraft. | **venendo:** *divenendo, diventando.* | **sincera:** *pura.* | 54 **luce:** Licht wird an dieser Stelle besonders deutlich mit Gott gleichgesetzt. | 55 **Da quinci innanzi:** von hier an. | **maggio:** *maggiore:* größer. | 57 **oltraggio:** Übermaß, Grenzüberschreitung.

Qual è colui che somnïando vede,
che dopo il sogno la passione impressa
rimane, e l'altro alla mente non riede,
cotal son io, chè quasi tutta cessa
mia visïone, ed ancor mi distilla
nel core il dolce che nacque da essa.
Così la neve al sol si disigilla;
così al vento nelle foglie levi
si perdea la sentenza di Sibilla.
O somma luce che tanto ti levi
da' concetti mortali, alla mia mente
ripresta un poco di quel che parevi,
e fa la lingua mia tanto possente,
ch' una favilla sol della tua gloria
possa lasciare alla futura gente;

58 **Qual:** wie – *cotal* (61): so. | **somnïando:** *sognando.* | 59 **impressa/o:** eingeprägt. | 60 **riede:** *redire:* zurückkehren. | 61 **cessa:** *cessare:* aufhören, weichen, verschwinden. | 62 **distilla:** *distillare:* tröpfeln, tropfen – der Vergleich der Vision mit einer rudimentären Traumerinnerung weist Parallelen zur Deutung der Jenseitsvision des Paulus durch Thomas von Aquin auf. | 64 **disigilla:** *dis(s)igillarsi:* (entsiegeln), s. auflösen, schmelzen. | 65 **levi:** *l(i)eve:* leicht. | 66 **sentenza:** Spruch, Prophezeiung. | **Sibilla:** die Seherin Sibylle von Cumae, wie in Vergils *Aeneis* (III.445–451) beschrieben – die beiden Vergleiche aus der Alltagswelt und der Mythologie beziehen sich auf die Form (Schnee) und die Ordnung (Blätter) der Erinnerung. | 67 **somma luce:** Gott, der nun von Dante direkt angerufen wird mit der Bitte, einen Bruchteil der erloschenen Erinnerungen zurückzugeben, damit sie der Nachwelt überliefert werden können. | 68 **mente** (f.): Geist, Erinnerung, *memoria.* | 69 **ripresta:** *riprestare:* wieder schenken, geben. | **parevi:** *parere:* erscheinen. | 70 **possente:** mächtig, stark, fähig. | 71 **favilla:** Funke. | **gloria:** Herrlichkeit.

chè, per tornare alquanto a mia memoria
e per sonare un poco in questi versi,
più si conceperà di tua vittoria.
Io credo, per l'acume ch' io soffersi
del vivo raggio, ch' i' sarei smarrito,
se li occhi miei da lui fossero aversi.
E' mi ricorda ch' io fui più ardito
per questo a sostener, tanto ch' i' giunsi
l'aspetto mio col valore infinito.
Oh abbondante grazia ond' io presunsi
ficcar lo viso per la luce etterna,
tanto che la veduta vi consunsi!
Nel suo profondo vidi che s' interna
legato con amore in un volume,
ciò che per l'universo si squaderna;

73 **per:** dadurch dass. | **alquanto:** etwas. | 74 **sonare:** (er)klingen. | 75 **conceperà:** *concepire:* erfassen, verstehen. | 76 **l'acume:** *acutezza:* Schärfe. | **soffersi:** *soffrire:* ertragen – den gleißenden Lichtstrahl Gottes. | 77 **smarrito:** *smarrire:* (die Sinne) verlieren, erblinden. | 78 **aversi** (lat.): *avẹrtere:* abwenden – paradoxerweise hätte gerade das Abwenden der Augen vom Licht diese erblinden lassen. | 79 **E' mi ricorda** (impers.): *mi ricordo.* | **ardito/a:** mutig, tapfer, kühn. | 80 **sostener(e):** aushalten, ertragen. | **giunsi:** *giụngere:* verbinden. | 81 **l'aspetto:** hier: Blick. | **valore:** Kraft, Macht, Wert, hier: Gott. | 82 **ond':** weswegen, weshalb. | **presunsi:** *presụmere:* s. anmaßen, zumuten. | 83 **ficcar(e):** (stecken), heften, richten. | **viso:** hier: Blick. | 84 **veduta:** Sehen, Sehsinn, Sehkraft. | **consunsi:** *consụmere:* erschöpfen, verausgaben, ausreizen. | 85 **s'interna:** *internarsi:* eindringen, vereinen, enthalten sein. | 86 **volume:** Band, Buch – Dantes berühmte Metapher des Universums als Buch. | 87 **squaderna:** *squadernarsi:* auseinandergerissen, getrennt sein – *quaderno:* Heft, hier Faszikel eines Buchs, führt die Metapher fort.

sustanze e accidenti e lor costume,
quasi conflati insieme, per tal modo
che ciò ch' i' dico è un semplice lume.
La forma universal di questo nodo
credo ch' i' vidi, perchè più di largo,
dicendo questo, mi sento ch' i' godo.
Un punto solo m'è maggior letargo
che venticinque secoli alla 'mpresa,
che fè Nettuno ammirar l'ombra d'Argo.

88 **sustanze …:** Grundbegriffe der aristotelischen Scholastik: *Substanz* (Wesen, für sich / durch sich Seiendes), *Akzidenz* (zufällige, nicht-notwendige/wesentliche Eigenschaft), **costume:** Gewohnheit, Verhalten, bei Thomas von Aquin *Habitus* (erworbene dauerhafte Anlage). | 89 **conflati** (lat.): *conflare:* ›zusammenblasen‹, verschmelzen – Dantes poetische Beschreibung des Verhältnisses von Einheit und Vielfalt. | 90 **lume** (m.): Licht – meist interpretiert als bloß schwacher Schimmer des Geschauten angesichts der unzureichenden Sprache, in Fortsetzung von Dantes Unsagbarkeitsbeteuerungen; überzeugender ist allerdings, die Verschmelzung aller Kategorien in der göttlichen Einheit vor der Erschaffung der Zeit und des Universums anzunehmen, den ›einfachen‹ (*semplice*), einheitlichen Zustand vor der Vielfalt. | 91 **forma universal:** Grundidee, Urform, Weltformel von Gottes Schöpfung. | **nodo:** (Knoten), Verbindung – die Liebe Gottes verbindet die Vielfalt der Welt in einer Einheit. | 92 **credo:** hier nicht zweifelnd, sondern bekräftigend. | **di largo:** *largamente.* | 93 **godo:** das Gefühl der besonderen Freude bezeugt die Richtigkeit der Vision trotz des Vergessens ihrer genauen Inhalte. | 94 **punto:** Zeitpunkt, Augenblick – die Vision der Einheit in der Ewigkeit Gottes. | **maggior(e):** größer. | **letargo:** Vergessen (nach gr. Lethe). | 96 **Argo:** das erste Schiff der Menschheitsgeschichte, das die Argonauten unter Jason im Jahr 1223 v. Chr., so die mittelalterliche Rechnung, nach Kolchis steuerten (II.16), brachte den Meeresgott Poseidon/Neptun auf dem Meeresgrund mit seinem Schatten zum Erstaunen – Dantes Vergleich zielt also darauf, dass ein einziger Moment der Vision ihm größeres Vergessen einbrachte als 25 Jahrhunderte der berühmten mythologischen Schiffsreise, sein Unternehmen also größer als jedes noch so imponierende irdische Ereignis sei.

Così la mente mia, tutta sospesa,
mirava fissa, immobile e attenta,
e sempre di mirar facìesi accesa.
A quella luce cotal si diventa,
che volgersi da lei per altro aspetto
è impossibil che mai si consenta;
però che 'l ben, ch'è del volere obietto,
tutto s'accoglie in lei, e fuor di quella
è defettivo ciò ch'è lì perfetto.
Omai sarà più corta mia favella,
pur a quel ch' io ricordo, che d'un fante
che bagni ancor la lingua alla mammella.
Non perchè più ch' un semplice sembiante
fosse nel vivo lume ch' io mirava,
che tal è sempre qual s'era davante;
ma per la vista che s'avvalorava
in me guardando, una sola parvenza,
mutandom' io, a me si travagliava.

97 **Così:** Wie Neptun, der ebenfalls von unten nach oben auf das Schiff schaute und es bestaunte (*ammirar – mirava – mirar*). | **sospesa/o:** in der Schwebe. | 98 **mirava:** *mirare:* schauen, betrachten, sehen. | 99 **facìesi:** *si faceva.* | **accesa/o:** brennend, begierig. | 100 **cotal(e):** so, solcher, derartig. | 101 **vọlgersi:** s. (ab)wenden. | **aspetto:** Anblick. | 103 **obietto:** *oggetto:* Gegenstand, Ziel. | 104 **lei:** *la luce.* | 105 **defettivo/a:** mangelhaft. | 106 **corta:** *insufficente* (auch 121). | **favella:** Sprache. | 107 **pur(e):** nur, selbst, sogar. | **fante:** Säugling. | 108 **bagni:** *bagnare:* nass machen. | **mammella:** Mutterbrust – eine weitere gesteigerte Beteuerung der Unsagbarkeit der Vision. | 109 **semplice:** wie oben einfach im Sinne von einzig, einheitlich. | **semblante** (m.): Aussehen, Ausdruck (, Gesicht). | 111 **davante:** *davanti:* vorher. | 112 **s'avvalorava:** *avvalorarsi:* Stärke gewinnen, s. verstärken. | 113 **parvenza:** Aussehen, Erscheinung, Bild. | 114 **mutandom'io:** *mutarsi:* s. (ver)ändern, wandeln. | **a me:** *per me, per il mio sguardo.* | **travagliava:** *travagliarsi:* s. quälen, abarbeiten, hier: s. wandeln, verändern.

Nella profonda e chiara sussistenza
dell'alto lume parvermi tre giri
di tre colori e d'una contenenza; 117
e l'un dall'altro come iri da iri
parea reflesso, e 'l terzo parea foco
che quinci e quindi igualmente si spiri. 120
Oh quanto è corto il dire e come fioco
al mio concetto! e questo, a quel ch' i' vidi,
è tanto, che non basta a dicer 'poco'. 123
O luce etterna che sola in te sidi,
sola t' intendi, e da te intelletta
e intendente te ami e arridi! 126

115 **sussistenza:** Subsistenz, Wesen, Substanzsein (scholastischer Begriff). | 116 **parvermi:** *mi apparvero.* | **giri:** *giro:* Kreis. | 117 **contenenza:** Fassungsvermögen, Größe. | 118 **iri:** *ịride* (f.): *arcobaleno:* Regenbogen. | 119 **parea:** *sembrava.* | **reflesso/a:** reflektiert, zurückgeworfen – nach mittelalterlicher Vorstellung entstand der zweite Regenbogen als Reflexion des ersten, hier sind Gott Vater und Sohn gemeint. | 120 **quinci e quindi:** von hier und da, von den beiden anderen Kreisen. | **spiri:** *spirare:* wehen, atmen, ausgehen – der Heilige Geist, der dritte Kreis, geht, nach dem christlichen Credo, aus dem Vater und dem Sohn hervor, wird von beiden ›beatmet‹. Die zweite Vision betrifft, nach der *Unitas* Gottes, nun das Mysterium der Trinität. Die Darstellung von Gottes Dreifaltigkeit als drei Kreise findet sich in ähnlicher Form bereits bei Gioacchino da Fiore / Joachim von Flore. | 121 **fioco/a:** schwach, matt. | 122 **concetto:** Begriff, Idee, Anschauung – das Wenige, das im Gedächtnis vom Geschauten zurückgeblieben ist. | 123 **dịcer(e):** *dire* – und dieses Erinnerte (*concetto*) ist schon weniger als wenig im Vergleich zur Vision. | 124 **sidi** (lat.): *siedi: sedere:* hier: ruhen, sein, s. befinden, residieren. | 125 **intendi:** *intẹndere:* verstehen. | **intelleta:** *intesa:* verstanden. | 126 **arridi:** *sorridi* – das Lächeln Gottes ist Dantes Zusatz in dieser hochpoetischen Umschreibung der komplexen Theologie der Trinität.

Quella circulazion che sì concetta
pareva in te come lume reflesso,
dalli occhi miei alquanto circunspetta,
dentro da sè, del suo colore stesso,
mi parve pinta della nostra effige;
per che 'l mio viso in lei tutto era messo.
Qual è 'l geomètra che tutto s'affige
per misurar lo cerchio, e non ritrova,
pensando, quel principio ond'elli indige,
tal era io a quella vista nova:
veder volea come si convenne
l'imago al cerchio e come vi s' indova;

127 **circulazion(e):** Kreis. | **concetta:** *concepita* (*concepire:* verstehen, erfassen). | 128 **pareva:** *parere:* hier: erscheinen. | 129 **alquanto:** einige Zeit, etwas. | **circunspetta/o** (lat.): intensiv rundherum beobachtet. | 131 **parve:** *parere:* hier: scheinen. | **pinta:** *dipinta.* | **effige:** Bild, Abbild – im zweiten Ring des Sohnes erscheint Dante das Ebenbild des Menschen, Verbildlichung der Inkarnation Christi. | 132 **lei:** *la circulazione* (127), die alle weiblichen Partizipendungen dieser Terzine verantwortet – als Steigerung erkennt Dante im Bild des Menschen sein eigenes Antlitz, er verschmilzt mit der Menschheit und dem Mensch gewordenen Gottessohn, als höchste Stufe seiner Vision. | 133 **Qual:** wie – *tal* (136): so. | **geomètra:** (Geometer), Mathematiker, der sich mit Geometrie beschäftigt. | **s'affige:** *affiggersi:* s. konzentrieren. | 135 **indige** (lat.): *indigere:* nötig haben, bedürfen, benötigen – es geht um das seit Archimedes bekannte Problem der Quadratur des Kreises und der Bestimmung der Zahl π, wobei der Kreis als Figur der Unendlichkeit ja für Gott, das Quadrat als Figur der Endlichkeit für den Menschen steht. | 136 **vista:** hier: Anblick. | 137 **convenne:** *convenirsi:* passen, zusammenkommen, korrespondieren. | 138 **l'imago:** Bild (des Menschen). | **s'indova:** Eigenbildung Dantes aus *in* + *dove:* Platz finden, verorten.

ma non eran da ciò le proprie penne:
se non che la mia mente fu percossa
da un fulgore in che sua voglia venne.
All'alta fantasia qui mancò possa;
ma già volgeva il mio disio e 'l velle,
sì come rota ch' igualmente è mossa,
l'amor che move il sole e l'altre stelle.

139 **penne:** *penna:* Feder, hier metonymisch für Flügel, eine weitere Reminiszenz an die *ali al folle volo* der letzten Reise des Odysseus (*Inferno* XXVI.125). | 140 **percossa:** *percuọtere:* treffen, stoßen. | 141 **fulgore:** hier: *fọlgore:* Blitz – die blitzartige Erkenntnis, Erleuchtung, die den menschlichen Intellekt übersteigt (und überfordert). | **venne:** entweder im Sinne von *avvenire:* stattfinden, geschehen, s. realisieren, erfüllen (*voglia:* der Wunsch) oder (weniger plausibel) *venire:* kommen, wobei *voglia* das Objekt des Wunsches bezeichnet, das zu Dante kommt. | 142 **fantasịa:** Vorstellungskraft, Phantasie. | **possa:** Kraft. | 143 **volgeva:** *vọlgere:* drehen. | **disịo:** *desiderio.* | **velle** (lat.): *volontà:* Wollen. | 144 **rota:** *ruota.* | **igualmente:** *in modo uniforme:* gleichmäßig. | 145 **amor:** Gott, mit dem sich Dante als Seliger im Einklang beschreibt, als Teil des ewigen Kreisens des Universums – also bezeichnet *amor* genauer die Liebe zu Gott, die dem Universum als Drehbewegung (*rota*) eingeschrieben ist (I.76–78). | **move:** *muove* – greift den ersten Vers des *Paradiso* auf *La gloria di colui che tutto move* (I.1) und intensiviert so die beschriebene Zyklik. | **stelle:** das Schlusswort jeder *Cantica*, hier als Glaubensgewissheit der Präsenz Gottes im Leben und Dichten des Menschen.

Editorische Notiz

Der italienische Text folgt der Ausgabe: Dante Alighieri: *La Commedia / Die Göttliche Komödie. Italienisch/Deutsch.* In Prosa übersetzt und kommentiert von Hartmut Köhler. Stuttgart: Reclam, 2021. [Zuerst 2010–12.]

Textfehler wurden korrigiert nach der maßgeblichen dreibändigen italienischen Ausgabe: Dante Alighieri: *La Divina Commedia – Inferno – Purgatorio – Paradiso.* Commento di Anna Maria Chiavacci Leonardi. Milano: Mondadori, 2005. [Zuerst 1991–97.]

Hinweise zum Altitalienischen und zu den sprachlichen Anmerkungen

Dantes altitalienische Sprache weicht teilweise erheblich vom heutigen Standard ab und bietet ein auf den ersten Blick ungewohntes Lautbild. Schon aus Platzgründen können aber nicht alle Formen, die nicht im *Thematischen Grund- und Aufbauwortschatz Italienisch* (Stuttgart: Klett 2010) aufgeführt sind, im Glossar erläutert werden. Dort werden vor allem Verständnishilfen gegeben, unbekannte und seltene Wörter übersetzt sowie mythologische, biblische und intertextuelle Bezüge erklärt. Die Wortart wird nur in Zweifelsfällen präzisiert und das Genus eines Substantivs nur angezeigt, wenn es nicht eindeutig aus der Endung hervorgeht. Bei Adjektiven werden die m. und f. Formen in der Reihenfolge angegeben, wie das Wort im Text es vorgibt, und nicht normiert o/a. Ein von der Regelbetonung auf der vorletzten Silbe abweichender Wortakzent wird durch einen Punkt unter dem entsprechenden Vokal gekennzeichnet (*scọrgere*), auch bei Unklarheiten im Wortausgang.

Ein erster Lösungsansatz fur ungewöhnliche Formen ist oft, Vokale auszutauschen, vor allem i und e (*avante*: *avanti*, *de*: *di*, *diserto*: *deserto*, *intrare*: *entrare*) sowie u und o (*ruvinare*: *rovinare*, *sutto*: *sotto*, *vui*: *voi*), aber auch beispielsweise a und e (*maraviglia*: *meraviglia*, *sanza*: *senza*). Auch Diphthonge sind nicht selten als Monophthonge realisiert (*cor*: *cuore*, *foco*: *fuoco*, *fora*/*fore*/*fori*: *fuori*, *loco*: *luogo*, *om(o)*: *uomo*, *sui*:

suoi) oder auch umgekehrt (*duolo*: *dolore*). Im Auslaut fallen Vokale häufig aus (*ch'*: *che*, *cu*: *cui*, *fuor*: *fuori*, *or*: *ora*), auch ganze Silben werden gekürzt (*me' / mei*: *meglio*, *piè*: *piede / piedi*), während einige längere altitalienische Vorsilben heute verkürzt gebräuchlich sind (*distẹndere*: *stẹndere*). Konsonanten können auch im Wortinnern ausfallen (*omai*: *ormai*, *pria*: *prima*), heutige Doppelkonsonanten einfach realisiert sein (*ubidire*: *ubbidire*/*obbedire*).

Die Abweichungen betreffen nicht zuletzt Vokalismus und Morphologie von Artikeln, Pronomina und Verben. So sind beim Artikel die Formen *lo*, *'l*, *il*, *el*, *l'* (m. Sg.), *la*, *l'* (f. Sg.), *li*, *gli*, *i* (m. Pl.), *le*, *l'* (f. Pl.) ohne die heutige striktere Zuordnung im Gebrauch. Auch die Schreibung der zusammengesetzten Artikel variiert (*alli*: *agli*, *da la*: *dalla*, *de la*: *della*, *delli*: *degli*, *ne le*: *nelle*).

Bei den Personalpronomina finden sich zahlreiche (graphische) Varianten (*i'*: *io*), besonders in der 3. Ps. Sg. m. (*egli*, *ei*, *elli*, *ello*, *lui*) und f. (*ella*, *lei*) sowie im Pl. m. (*egli*, *ei*, *elli*, *eglino*, *ellino*, *loro*) und f. (*elle*, *elleno*, *loro*). Es treten noch die dem Lateinischen entstammenden synthetischen Formen *meco*, *teco*, *seco* auf, die im Altitalienischen nach und nach durch die Verbindung *con* + Pronomen ersetzt werden (*con me*, *con te*, *con se*). Auch in anderen Bereichen sind heute ungebräuchliche Zusammensetzungen zu finden (*nol*: *no lo*, *sen*: *se ne*). Bei den Demonstrativpronomina sind einige Formen heute weniger verbreitet, so *colui / colei / color(o)*: der/die dort (m./f./Pl.) und *costui / costei / costoro*: diese/r da (m./f./Pl.). Possessivpronomina können verkürzt auftreten (*mi*: *mio*), ebenso Interrogativa (*qua' / quai*: *quali*).

In puncto Verbalmorphologie gibt es einige ungewöhnliche, oft verkürzte Formen (*face*: *fa*, *han*: *hanno*, *se'*: *sei*, *so*: *sono*, *vuo'*: *vuoi*), häufig ist die Elision vom Typ *parla'*: *parlai*. Beim Futur sei auf die poetische Sonderform *fia*: *sarà* verwiesen, das Konditional besitzt in der 3. Ps. Sg. die Alternativendung *-ría* statt *-rebbe*. Unregelmäßige Perfektformen werden im Glossar erklärt, gerade in der 3. Ps. findet sich die Endung oft verkürzt (*fe' / fè*: *fece*, *fur*/*furon*: *furono*).

Damit die Leser*innen der *Commedia* auch mit dem altitalienischen Vokabular gut zurechtkommen, folgt abschließend eine kurze alphabetische Liste wichtiger lexikalischer Besonderheiten:

ché: (meistens) *perché*
dì (lat. *dies*): *giorno*
dinanzi: *davanti*
grave: (oft) *pesante*
ove: *dove*
però: (oft) *perciò* (daher, deshalb, deswegen, darum)
quei / quelli / questi: (oft Singular) *quello / questo*
sol: *solo* (allein, nur, erst) – oder: *sole* (Sonne)
u': *dove*
udire: *sentire* (hören)

Literaturhinweise

Aufgrund der außergewöhnlich reichen Bibliographie zu Dante und seiner *Commedia*, die seit 700 Jahren von der weltweiten Beschäftigung mit diesem Meisterwerk zeugt, können an dieser Stelle nur einige einführende Titel und weiterführende Internetseiten genannt werden.

Primärliteratur

Ausgaben

Dante Alighieri: La Commedia / Die Göttliche Komödie. Italienisch/Deutsch. In Prosa übersetzt und kommentiert von Hartmut Köhler. Stuttgart: Reclam 2021. [Zuerst 2010–12.] Der reichhaltige Kommentar und die Bibliographie eignen sich für eine vertiefte Beschäftigung mit Dante auf Deutsch.

Das *Inferno* liegt auch in einer bearbeiteten Neuausgabe vor:

Dante Alighieri: La Commedia – Die Göttliche Komödie. I Inferno/Hölle. Italienisch/Deutsch. Nach der Übersetzung von Hartmut Köhler mit einem Nachwort herausgegeben von Ludger Scherer. Stuttgart: Reclam 2019.

Maßgebliche dreibändige italienische Ausgabe, die auch den ausführlichsten und genauesten Kommentarteil bietet:

Dante Alighieri: La Divina Commedia – Inferno – Purgatorio – Paradiso. Commento di Anna Maria Chiavacci Leonardi. Milano: Mondadori 2005 [Zuerst 1991–97.]

Weiterführende Literaturhinweise

Literaturgeschichte

Kapp, Volker (Hrsg.): Italienische Literaturgeschichte. Stuttgart: Metzler ^{3}2007.

Sekundärliteratur zum Einstieg

The Cambridge Companion to Dante's ›Commedia‹. Edited by Zygmunt G. Barański and Simon Gilson. Cambridge: University Press 2019.

Casadei, Alberto: Dante. Storia avventurosa della *Divina commedia* dalla selva oscura alla realtà aumentata. Milano: Il saggiatore 2020.

Caserta, Giovanni: Dante. Settecento anni dopo: 1321–2021. Potenza: Villani 2020.

Ferroni, Giulio: Storia e testi della letteratura italiana. II. La crisi del mondo comunale (1300–1380). Milano: Mondadori Università ^{8}2014. [2002.]

Ledda, Giuseppe: Leggere la *Commedia*. Bologna: Il mulino 2016.

Meier, Franziska: Dantes *Göttliche Komödie*. Eine Einführung. München: Beck 2018.

Ossola, Carlo: Introduzione alla *Divina Commedia*. Venezia: Marsilio 2012.

Prill, Ulrich: Dante. Stuttgart: Metzler 1999.

Santagata, Marco: Il racconto della Commedia. Guida al poema di Dante. Milano: Mondadori 2017.

Stierle, Karlheinz: Das große Meer des Sinns. Hermenautische Erkundungen in Dantes ›Commedia‹. München: Fink 2007.

Wittschier, Heinz Willi: Dantes *Divina Commedia*. Einführung und Handbuch. Erzählte Transzendenz. Frankfurt a. M.: Lang 2004.

Linguistische Einführung in die ältere Sprachform:

Heinemann, Sabine: Altitalienisch. Eine Einführung. Tübingen: Narr 2017.

Standardnachschlagewerke zu Dante

Enciclopedia Dantesca. A cura di Umberto Bosco. VI Vol. Roma: Istituto della Enciclopedia Italiana 1970–1978, [2]1984.

The Dante Encyclopedia. Edited by Richard Lansing. London/New York: Routledge [2]2010. [Zuerst 2000.]

Qualifizierte Internetseiten:

Deutsche Dante-Gesellschaft: www.dante-gesellschaft.de
(Stand 22. Juli 2021).

Dartmouth Dante Project: https://dante.dartmouth.edu
(Stand 22. Juli 2021).

Società Dantesca Italiana: https://www.dantesca.it
(Stand 22. Juli 2021).

Nachwort

Dantes *Commedia* stellt unbestritten ein Meisterwerk der Weltliteratur dar, das seit nunmehr 700 Jahren zu immer neuen Lektüren, produktiven Rezeptionen und Deutungen herausfordert. Der Wanderer Dante, der sich als exemplarisches Individuum im Kontext der Heilsgeschichte auf Jenseitsreise inszeniert, der Erzähler dieses Textes, der im *poema sacro* menschliche Kunst und göttliche Gnade kombiniert, und der historisch fassbare Autor dieser Summe des Mittelalters sind literaturwissenschaftlich differenzierbar, fallen jedoch oft genug auch zusammen. Aufgrund der Fülle der Themen und Aspekte können an dieser Stelle nur einige Hinweise zum Autor und seinen Werken, zu Inhalt und Erzählstruktur der *Commedia* Raum finden.

Nun gibt es zu Dante Alighieri, dem hochberühmten »Dichter der irdischen Welt«[1], kaum verlässliche biographische Zeugnisse. Schon die Schreibweisen des Familiennamens variieren beträchtlich, sein Taufname lautet eigentlich Durante, das Geburtsjahr 1265 ist nur erschlossen, es fehlen Autographen und keines der zahlreichen Porträts ist zeitgenössisch. Eine derart unsichere Quellenlage ist bei einem mittelalterlichen Schriftsteller nicht ungewöhnlich, angesichts von Dantes rascher Berühmtheit als Autor der *Commedia* wurde jedoch schon früh versucht, diese unbefriedigenden Lücken zu füllen. Dabei bediente man sich eines Verfahrens, das auch bei den provenzalischen Trobadors zur Anwendung kam: So wie man deren überlieferten Gedichten schon zeitgenössisch eine Lebensdarstellung (*Vida*) beifügte, die allerdings aus diesen Texten selbst erschlossen wurde, so beruhen die meisten Mutma-

1 Erich Auerbach, Dante als Dichter der irdischen Welt, Berlin: de Gruyter, [2]2001 [zuerst 1929].

ßungen über Dantes Biographie auf seinen eigenen Werken. Diese – noch von der Philologie des 19. Jahrhunderts praktizierte – Methode birgt jedoch die grundsätzliche Gefahr, literarische Werke wörtlich zu nehmen, Anspielungen oder auch bewusste Veränderungen der Fakten mit historischen Quellen zu verwechseln, kurz, die Fiktionalität der Texte zu ignorieren und damit womöglich den Dichtern auf den Leim zu gehen. Durch dieses naive Vorgehen, das mittlerweile kritisch gesehen wird, entstand ein *Mythos Dante*, dessen Details größtenteils fiktiv sind, der aber nach vielen Seiten anschlussfähig ist. Die Stilisierung der Autorperson setzt bei Dante selbst an, der die Informationsvergabe in seinen Werken bewusst steuerte, und wird von seinen Bewunderern und Kommentatoren seit dem 14. Jahrhundert fortgeführt. Wenn im Folgenden also in aller Kürze einige Daten zu Dantes Leben nach der traditionellen Forschungslage wiedergegeben werden, dann unter der angesprochenen Prämisse, dass es sich dabei um Elemente eines Mythos, um eine »Autofiktion«[2] handelt.

Dantes früher Biograph Giovanni Boccaccio (1313–75), selbst als jüngste der toskanischen *tre corone* ein bedeutender Schriftsteller und Humanist, überliefert in seinem *Trattatello in laude di Dante* (1351–60) eine fiktive Beschreibung von Dantes Äußerem, die deutlich idealisierende Züge trägt.

> »Unser Dichter war also von mittlerer Statur, und als er ins reifere Alter gekommen war, ging er etwas gebeugt, und sein Gang war gravitätisch und sanft, stets trug er anständige Kleidung, die seinem fortgeschrittenen Alter geziemte.

2 Frank-Rutger Hausmann: »Fast alles, was wir von Dante wissen, wissen wir von Dante: Plädoyer für einen kritischen Umgang mit Dantes Biographie«, in: *Bright is the Ring of Words. Festschrift für Horst Weinstock zum 65. Geburtstag*, hrsg. von Clausdirk Pollner [u. a.], Bonn: Romanistischer Verlag, 1996, S. 109–125, hier S. 115.

> Sein Gesicht war länglich, er hatte eine Adlernase und eher große als kleine Augen, einen starken Kiefer und die Unterlippe überragte die Oberlippe; seine Gesichtsfarbe war dunkel, Haare und Bart dicht, schwarz und kraus, und seine Miene stets melancholisch und nachdenklich.«[3]

Diese Stilisierung des bewunderten Dichterkollegen machte auch ikonographisch Schule und wurde zur Grundlage zahlreicher Dante-Porträts, von Domenico di Michelino (1465) und Luca Signorelli (1500/1504) bis zu Gustave Doré (1861) und darüber hinaus, um nur wenige der bekanntesten Künstler*innen zu erwähnen, die sich mit dem Autor und Gestalten aus seiner *Commedia* auseinandergesetzt haben. Die künstlerische Rezeption Dantes ist außerordentlich reich und umfasst alle Gattungen und Bereiche, bis zu gegenwärtigen Comics und Videospielen.

Geboren wurde Dante wohl in Florenz, denn im *Inferno* spricht er recht eindeutig umschreibend von der »großen Stadt am schönen Arno« (*Inf.* XXIII.95), die dort gezeigte *casa di Dante* stammt allerdings aus dem Jahr 1911. Über sein Geburtsjahr gibt es keine urkundlichen Erwähnungen, wiederum aus der *Commedia* errechnet man jedoch, dass Dante im Jahr 1300, in dem er seine Jenseitsreise situiert, 35 Jahre alt gewesen sei, da er angibt, »nel mezzo del cammin di nostra vita« (*Inf.* I.1), auf der Mitte des Lebensweges, der nach biblischen Vorstellungen 70 Jahre beträgt, angelangt zu sein. Daraus lässt sich also das Jahr 1265 ableiten und nach dem verschlüsselten Hinweis Dantes auf sein Sternbild Zwillinge im *Paradiso* (XXII.10–11) versuchte man, seinen Geburtstag näher einzugrenzen. Der vorgeschlagene 30. Mai lässt sich jedoch wiederum nur mit Dantes

3 Giovanni Boccaccio, *Trattatello in laude di Dante*, hrsg. von Bruno Maier, Mailand: Rizzoli, 1965, Kap. XX, S. 53, eigene Übersetzung.

eigenen Erwähnungen der Heiligen Lucia (*Inf.* II.97 und *Purg.* IX.55), deren Gedenktag in Florenz ebendann gefeiert wurde, begründen. Mit all diesen ingeniösen Konjekturen erreicht man demnach keine Gewissheit. Fest steht jedoch das Datum von Dantes Taufe im *Battistero di San Giovanni* in Florenz: Karsamstag, der 26. März 1266. Bereits frühe Biographen wie Dantes Sohn Iacopo berichten von der Verkürzung des Taufnamens Durante zur gebräuchlichen Form Dante. Nähere Informationen zu Dantes Abstammung und Familie sind wenig gesichert, der Autor selbst zählt den adeligen Kreuzritter Cacciaguida, den er im *Paradiso* (XV–XVIII) stolz zu Wort kommen lässt, zu seinen Vorfahren. Dantes Eltern starben recht früh, die Mutter wohl 1270–73, der Vater 1281/82, worauf der Autor in seinen Werken aber nicht eingeht.

Im Jahr 1274 soll sich jedoch ein Ereignis abgespielt haben, das Dante zu einem Mythos stilisiert: die angebliche Begegnung mit seiner Jugendliebe Beatrice, die Boccaccio mit Bice, der Tochter des Händlers Folco Portinari identifiziert. Ob diese nicht verbürgte initiatorische Begegnung des Neunjährigen mit Beatrice überhaupt stattgefunden hat, daran äußerte bereits der frühe Dante-Biograph Leonardo Bruni in seinem *Libro della vita, studi e costumi di Dante e di M. Francesco Petrarca, poeti chiarissimi* (1436) aus humanistischem Geist erhebliche Zweifel. Der junge Dante wird, nach eigener Schilderung, durch dieses *innamoramento* jedenfalls zum liebenden Dichter, dessen Talent ihn in Kontakt mit anderen Florentiner Lyrikern wie Guido Cavalcanti bringt, mit dem ihn eine tiefe Freundschaft verband. Im *dolce stil novo*, wie Dante den neuen Stil der nicht-sinnlichen erneuernden Hohen Liebesdichtung selbst im *Purgatorio* (XXIV.57) nennt, schreibt er zahlreiche Sonette und Kanzonen.

Auf dem Entwicklungsweg der italienischen Lyrik stellt der derart inszenierte *dolce stil novo* einen bedeutenden Höhepunkt dar, der ältere Schulen und Elemente zu einer hochartifiziellen intellektuellen Gruppenlyrik verbindet. Die provenzalische Minnedoktrin des *fin'amors* besingt ja die Liebe zu einer unerreichbaren, gesellschaftlich höhergestellten Dame, wodurch der liebende Mann sittlich veredelt wird. In der *scuola siciliana* wurde diese feudale Hohe Minne den geänderten Bedingungen in Italien angepasst und zu einer Kunstlyrik der gebildeten Elite am Hof Kaiser Friedrichs II. weiterentwickelt. Amor wird dabei zu einer zusehends verinnerlichten und vergeistigten göttlichen Macht, vor der kein Entkommen ist, die gleichzeitig verwundet und veredelt. Analog dazu erfährt auch die geliebte Dame eine Apotheose.

Darauf aufbauend entwickelte die Bologneser Schule um Guido Guinizzelli im weiteren Verlauf des 13. Jahrhunderts das Konzept der *gentilezza*, die Seelenadel und Bildungsaristokratie umfasst und als Voraussetzung für das Wirken Amors postuliert wird. Nur in einem edlen Herzen kann Amor durch das Medium der engelsgleichen Dame (*donna angelicata*) wahrhaft edle Liebe und damit Selbstverklärung bewirken. Dies wird Dante übersteigernd aufgreifen und Beatrice in der *Commedia* zu seiner Führerin im *Paradiso* erheben. Die neuplatonisch inspirierte Amor-Theologie des *dolce stil novo* findet in komplexen Kanzonen Guido Cavalcantis, in Gedichten von Lapo Gianni, Dino Frescobaldi, Gianni Alfani, Guido Orlandi, Cino da Pistoia – und natürlich Dante – in Florenz zwischen ca. 1270 und 1310 zu einer formalen und philosophischen Meisterschaft, auf die Petrarca später in seinem durchstrukturierten Gedichtzyklus *Canzoniere* übertrumpfend Bezug nehmen wird, ohne allerdings seine uneingestandene Konkurrenz zu Dante offen auszutragen.

Zwei zusammengehörige Texte, deren Entstehung in den Jahren 1285–90 angesetzt wird, werden dem jungen Dante zugeschrieben, ohne dass dessen Autorschaft jedoch letztlich gesichert ist: *Il Fiore*, ein Zyklus von 232 Sonetten, der eine Synthese des altfranzösischen *Roman de la Rose* darstellt, und *Detto d'amore*, ein Lehrgedicht über die höfische Liebe. Diese Texte sind, ihrer unsicheren Zuschreibung zum Trotz, nicht zuletzt interessant als weitere Belege für Dantes dichterische Auseinandersetzung mit zentralen Werken und Themen der höfischen Liebesliteratur des hohen Mittelalters, auf die er als ›Jugendsünden‹ in der *Commedia* anspielen wird.

Nach dem frühen – angeblichen – Tod Beatrices im Jahr 1290 intensivierte Dante, so wird vermutet, seine philosophischen Studien und stellte seine Sammlung *Vita Nova* (1292–95) zusammen, ein Prosimetrum, in dem er, angeregt von Boethius' *De consolatione Philosophiae* (523), eigene Gedichte mit Selbstauslegungen in Prosa zu einer stilisierten literarischen Autobiographie verbindet. Beatrice wird hier zu einem Exempel sittsamer Liebe göttlichen Ursprungs erhoben, was ihre fundamentale Rolle in der *Commedia* vorbereitet. Dantes Ehefrau Gemma di Manetto Donati, mit der er 1277 ein Eheversprechen einging und die er 1285 heiratete, kommt in seinen literarischen Werken hingegen ebenso wenig vor wie seine Kinder Pietro, Iacopo und Antonia – die Söhne werden aber zu den ersten Kommentatoren von Dantes Werk gehören.

Dante eignete sich, wie seine Werke widerspiegeln, eine umfassende Bildung in Rhetorik, Grammatik, Literatur, Philosophie und Theologie an. Sein bekanntester Lehrer soll Brunetto Latini (um 1220–95), der hochgebildete Autor der enzyklopädischen französischen Schrift *Li livres dou trésor* und des italienischen Lehrgedichts *Il Tesoretto*, gewesen sein, dem er in *Inferno* XV ein – freilich recht ambivalentes – Angedenken widmet. Als Parteigänger der (grundsätzlich papsttreuen, aber auf Autonomie bedachten) weißen Guelfen engagierte sich Dante ab 1295 in der Lokalpolitik von Florenz und bekleidete verschiedene politische Ämter, war im Jahr 1300 gar für kurze Zeit Mitglied im Priorat. Während er 1301 in diplomatischer Mission in Rom weilte, übernahmen die konkurrierenden schwarzen Guelfen in Florenz die Macht und Dante wurde zu Geldstrafen und 1302 schließlich in Abwesenheit zum Tode verurteilt – von da an lebte er als Verbannter im Exil. Die einzelnen Stationen dieses in der *Commedia* wiederholt thematisierten Exils lassen sich nicht sicher rekonstruieren, Dante soll sich von der Partei der weißen Guelfen getrennt und sich kaisertreuen Positionen der Ghibellinen angeschlossen, sich in Bologna, Paris, der ligurisch-toskanischen Gegend *Lunigiana*, in Verona und schließlich in Ravenna aufgehalten und verschiedene Fürsten, die Scaliger, Malaspina und Guido da Polenta, als Mäzene gewonnen haben. Gestorben ist er kurz nach seiner Rückkehr von einer Mission nach Venedig am 13./14. 9. 1321 in Ravenna.

Im Exil entstanden Dantes gelehrte Werke *De vulgari eloquentia* (um 1303/04), ein unvollendeter sprachtheoretischer Traktat, in dem die Literaturfähigkeit der italienischen Volkssprache auf Augenhöhe mit dem angesehenen Latein propagiert wird; *Il Convivio* (um 1304–08), eine ebenfalls Fragment gebliebene, für ein Laienpublikum bestimmte philosophische Abhandlung enzyklopädischen Zuschnitts, die von Dantes eigener Beschäftigung mit Boethius und Cicero angeregt worden ist; und der politische Traktat *De monarchia* (um 1308–12), in dem Dante für ein vom Papst unabhängiges universales Kaisertum plädiert, eng verknüpft mit seinen (enttäuschten) Erwartungen an Heinrich VII., der 1308 zum Kaiser gewählt und 1312 in Rom gekrönt wurde, aber bereits 1313 in Italien starb. Diese drei kaum präzise zu datierenden Werke und nicht zuletzt die *Commedia* belegen, dass Dante trotz der unsteten Bedingungen des Exils Zugang zu Bibliotheken und Muße zum Schreiben gehabt haben muss.

Den Gipfelpunkt von Dantes literarischem Schaffen im Exil stellt die *Commedia* dar, die in diesem Band in Auszügen einsprachig präsentiert und kommentiert wird. An dieser Stelle sollen kurz einige grundlegende Informationen zum gesamten Werk gegeben werden, wobei die unüberschaubare Fülle der Ausgaben, Übersetzungen, Kommentare und Interpretationen eher geeignet ist, eine lebenslange Beschäftigung mit Dantes Meisterwerk anzuregen, als einen kondensierten Überblick zu ermöglichen. So ist schon die Frage der Entstehungszeit nicht sicher geklärt: Die Theorie Boccaccios, dass Dante bereits vor seinem Exil die ersten sieben Canti geschrieben habe, gilt inzwischen als wenig stichhaltig, der Beginn der Arbeit kann wohl eher ab 1307 angesetzt werden, 1314 muss das *Inferno* in Manuskriptform verbreitet gewesen sein, und abgeschlossen hat Dante sein Werk wohl erst kurz vor seinem Tod 1321.

Auch der Titel *Divina Commedia* gibt Anlass zu Fragen: Das verbreitete ›göttliche‹ Epitheton erhielt die *Commedia* schon früh von Boccaccio in seinem bereits erwähnten *Trattatello in laude di Dante*, in dem er von dem bewunderten Werk als »divina *Comedia*« (XXVI, 75) spricht. Als Teil des Werktitels findet es sich in der vom Humanisten Lodovico Dolce 1555 in Venedig herausgegebenen Ausgabe *La Divina Commedia di Dante*. Die heute womöglich befremdende Bezeichnung ›Komödie‹ bezieht sich nicht auf eine ›komische‹ Theatergattung, sondern steht im Einklang mit der mittelalterlichen Poetik, der das in der Renaissance wiederentdeckte und systematisierte Gattungssystem der Antike weitgehend fremd war. Dante erklärt die Bezeichnung selbst in einem Widmungsschreiben an seinen Mäzen Cangrande della Scala, den Fürsten von Verona, mit dem guten Ausgang der Handlung, die mit den Schrecken der Hölle beginnt, aber im himmlischen *Paradiso* endet. Weiterhin ist das Werk in der italienischen Volkssprache, nicht im Latein der Gelehrten geschrieben und bedient sich eines niederen Stils, den Dante ›komisch‹ nennt. Dieser *humilis stilus* grenzt die *Commedia* vom hohen Stil des klassischen Epos ab, ist jedoch nicht etwa als künstlerisch minderwertig zu verstehen, sondern, wie unter Rückgriff auf Horaz ausgeführt wird, die adäquate Kunstform für einen Text, der sowohl hohen als auch mittleren und niederen Stil verwendet. Diese charakteristische Stilmischung verleiht Dantes *Commedia* eine Sonderstellung, die Gattungsgrenzen überwindet. Im Werk selbst kommt die Bezeichnung »comedìa« (*Inf.* XVI.128 und XXI.2) vor, später wird Dante im *Paradiso* von »sacrato poema« (*Par.* XXIII.62) bzw. »poema sacro« (*Par.* XXV.1) sprechen.

Der erwähnte Brief an Cangrande della Scala beinhaltet außerdem wichtige Hinweise für das Verständnis der *Commedia*, insbesondere ihrer Polyvalenz nach der Lehre des mehrfachen Schriftsinns, die eigentlich bei biblischen Texten zur Anwendung kam. Dieser oft als autorisierte ›Gebrauchsanweisung‹ aus der Feder des Autors verstandene Brief weist allerdings ein grundlegendes Problem auf: Es ist in der Forschung umstritten, ob das Schreiben von Dantes Hand stammt. Die verschiedenen Gründe für und wider eine Autorschaft Dantes zu diskutieren, ist hier nicht der Ort. Wie aber bereits eingangs bei der Problematisierung von Dantes Biographie erwähnt wurde, können Selbstaussagen des Autors, insbesondere solche unsicherer Zuschreibung, nicht die eigene interpretatorische Arbeit am Text ersetzen.

Form und Inhalt der *Commedia* bilden eine perfekte Harmonie: Das Werk ist in Terzinen verfasst, einer Strophenform aus drei Versen, die durch fortlaufenden Kettenreim nach dem Muster aba bcb cdc … mit den folgenden Strophen verbunden sind. Diese metrische Erfindung Dantes verleiht jedem der 100 Canti, aus denen die *Commedia* besteht, ein hohes Maß an Geschlossenheit. Die einzelnen, insgesamt 14.233 Verse verwenden den *endecasillabo*, den Elfsilber der angesehenen hohen Liebeslyrik. Die Dreizahl der Terzinen ist dabei Teil der zahlensymbolischen Architektur des Werkes aus drei Teilen (*can-*

tiche) von je 33 Gesängen (*canti*) plus einem als Prolog fungierenden ersten Canto des *Inferno*. Die heilige Zahl der göttlichen Trinität strukturiert die *Commedia* also metrisch, über die zahlreichen Bezüge zur biblischen Heilsgeschichte aber auch inhaltlich, wie bereits einige Beispiele zeigen: Drei allegorische Tiere verwehren dem Wanderer Dante im ersten Canto des *Inferno* den ersehnten Aufstieg auf den Berg des Heils (*Inf.* I.31–60), der dreimäulige Luzifer am tiefsten Punkt der Hölle bezieht sich antithetisch auf die Trinität und jede Cantica schließt mit dem Wort »stelle« (*Inf.* XXXIV.139, *Purg.* XXXIII.145, *Par.* XXXIII.145). Neben der Drei spielen weitere symbolisch aufgeladene Zahlen in der Struktur von Dantes Werk eine Rolle, die von Manfred Hardt ausführlich analysiert wurden[4] und an dieser Stelle nur angedeutet werden können. Die Hundertzahl der Canti etwa verweist auf eine gesteigerte Perfektion, die auf der Potenzierung der vollkommenen Zahl 10, nicht zuletzt repräsentiert in den Zehn Geboten, beruht. Auch die traditionell heilige Sieben, Zahl der Tugenden und der Todsünden, wird inhaltlich und strukturell aufgegriffen. Die 13, Quersumme der 14.233 Verse, steht schließlich nicht für Unglück, sondern für Christus und die 12 Apostel, was einmal mehr den durchgängigen biblischen Bezug des Textes unterstreicht.

Inhalt der *Commedia* ist die siebentägige Reise der Figur Dante, die von der Erzählinstanz und vom Autor zu unterscheiden ist, durch die Jenseitswelt von Hölle (*Inferno*), Fegefeuer, genauer Läuterungsberg (*Purgatorio*) und Himmel (*Paradiso*). Die präzise datierte Wanderung beginnt am symbolträchtigen Karfreitag (25.3.) des kirchlichen Jubiläumsjahres 1300 in einem finsteren Wald, in dem sich die Figur Dante

4 Vgl. Manfred Hardt, *Die Zahl in der Divina Commedia*, Frankfurt a. M.: Athenäum, 1973.

angstvoll ihres ziellosen Umherirrens bewusst wird. Aus eigener Kraft kann er seiner menschlichen Sündhaftigkeit nicht entkommen, drei allegorische Raubtiere versperren den Aufstieg zum Berg des Heils. In dieser verzweifelten Lage bietet sich ihm Vergil als Führer der gnadenhaft gewährten Jenseitsreise an. Auf dem beschwerlichen Weg begegnen dem Wanderer rund 600 mythologische, biblische und historische, auch zeitgeschichtliche Personen, mit denen er Gespräche führt, zumeist in Frageform: Dante stellt viele Fragen und auch einige Personen des Jenseits wollen von dem unerwarteten durchreisenden Menschen Informationen über die zeitgenössische Gegenwart erhalten oder bitten ihn um Vermittlung von Fürsprache in der irdischen Welt, um ihre Bußzeit abzukürzen.

Dante wird dabei von drei Personen geführt, allen voran Vergil, dem bewunderten Dichter und Weisen der römischen Antike, der ihn aus der Verirrung des Waldes im ersten Canto rettet und durch *Inferno* und *Purgatorio* geleitet. Dort übernimmt seine Jugendliebe Beatrice die weitere Läuterung Dantes und begleitet ihn durch das *Paradiso*, bis am Ende der Heilige Bernhard die Vision der göttlichen Trinität begleitet. Die kühne Jenseitsreise wird dabei von Anfang an als in den göttlichen Heilsplan eingebettet präsentiert: Beatrice hat durch ihre Fürbitte bei Gott erreicht, dass Dante als Lebender die drei Jenseitsreiche betreten darf, seine schrittweise Erlösung von den Sünden des Erdenlebens erfolgt stellvertretend für die erlösungsbedürftige Menschheit. Die entscheidende Innovation Dantes gegenüber der mittelalterlichen Tradition der Jenseitsvision besteht nämlich darin, sich als individuellen lebenden Menschen im Jenseits zu zeigen, nicht etwa bloß als körperlose Seele.

Dantes *Commedia* ist als komplexes literarisches Kunstwerk einerseits durchaus einzigartig, steht jedoch andererseits in engen intertextuellen Beziehungen zu antiken, biblischen und mittelalterlichen Texten, sie kann mit Fug und Recht als *summa* des Mittelalters gelesen werden. Dante verarbeitet in seiner Dichtung das Wissen seiner Zeit, insbesondere philosophische und theologische Fragen, in einem derart hohen Maße, dass in der Forschung seit Giambattista Vico (1668–1744) über die gelungene oder misslungene Einheit von Poesie und Wissen debattiert wird. Zu den genuin literarischen Traditionen, die von Dante aufgegriffen werden, gehören die antike Katabasis, insbesondere der Abstieg des Aeneas in die Unterwelt im VI. Buch von Vergils *Aeneis*, und die christlichen Jenseitsvisionen wie die *Visio Sancti Pauli* (5. Jh.), die *Visio Tungdali* (Mitte 12. Jh.), die *Navigatio Brendani* (11. Jh.), Texte von Fra Alberico di Montecassino, Joachim von Flore und anderen, nicht zuletzt der *Anticlaudianus* des Alanus ab Insulis (1183). Es lassen sich zahlreiche, teilweise deutliche Parallelen in der Jenseitskonzeption finden, entscheidend ist jedoch nicht der (schwierige) Nachweis einer direkten Übernahme, sondern der Hinweis auf den zeitgenössischen Kontext, aus dem der Autor der *Commedia* schöpfte, um seine neue und kühne Konzeption des göttlichen Kosmos zu verwirklichen: eine individuelle Jenseitsreise als Lebender zur stellvertretenden Erlösung der Menschheit – und zum eigenen Ruhm.

Weitere wichtige Quellen Dantes stellen antike Werke dar, allen voran Vergils *Aeneis*. Aus diesem Epos des bewunderten Vorbilds schöpft Dante zahlreiche Anregungen, sei es in Form (übersetzter) wörtlicher Zitate, Konzentrationen oder inhaltlicher Übernahmen. Die *Commedia* ist jedoch fest in der christlichen Orthodoxie verwurzelt, so dass die antike Quelle christlich umgedeutet und als Bestätigung der überlegenen Heilsbotschaft eingesetzt wird. Dieses genuin mittelalterliche Verständnis der zwar bewunderten, aber harmonisierend ›eingemeindeten‹ Antike, die als Vorstufe zur eigenen theologischen Überlegenheit gesehen wird, unterscheidet Dante grundlegend von Petrarca und den späteren Humanisten. Produktiv ist auch Dantes Rezeption von Ovids *Metamorphosen*, der *Pharsalia* des Lukan und der Epen des Statius, der als würdiger christlicher Nachfolger Vergils verehrt und im *Purgatorio* (ab XXI) auch zu Wort kommen wird. Selbstverständlich rekurriert Dante auch auf die Philosophie des Aristoteles, der bei ihm, typisch mittelalterlich, schlicht *il Filosofo* ist, ein lateinischer, christlich interpretierter Aristoteles freilich. Und dass die Bibel eine wichtige Quelle für Dantes christliche Dichtung ist, bedarf keiner besonderen Erwähnung. Dantes Umgang mit diesen vielfältigen Quellen ist nun nicht von einfacher Imitation, sondern vom Wettstreit mit dem vorbildlichen Text geprägt; im Zuge dieses – in der späteren Renaissance grundlegenden – Prinzips der *aemulatio* ist der Autor bestrebt, die früheren Werke zu transformieren, sich anzuverwandeln und damit zu übertreffen.

Aus all diesen Intertexten gestaltet Dante einen harmonischen christlichen Kosmos der Jenseitsreiche, in dem überall Gottes Gesetz waltet. Der Aufbau der *Commedia* folgt dem im Mittelalter gültigen ptolemäischen geozentrischen Weltbild, moraltheologisch betrachtet bestimmt die universale (göttliche) Liebe das Leben der Menschen – auch im Jenseits. Der Mensch kann aus freier Willensentscheidung in der Liebe irren und dabei Maß und Ziel verfehlen. Die auf diese Weise begangenen Sünden werden, wenn sie nicht rechtzeitig bereut werden, in der Hölle unerbittlich bestraft oder andernfalls auf dem Läuterungsberg des *Purgatorio* gebüßt. Wie Aristoteles unterteilt Dante die Sünden im *Inferno* nach *incontinentia*, *malitia* und *bestialitas*, wobei in den ersten Bereich Sünden der Maßlosigkeit in Form von Wollust, Völlerei, Geiz und Verschwendungssucht, Zorn und Trägheit fallen. Nach diesen ersten fünf Höllenkreisen – wobei die Vorhölle für die Lauen und der *Limbus* im ersten Höllenkreis für die ungetauften

Kinder und die edlen Heiden reserviert ist – erhalten die aus dem aristotelischen Schema herausfallenden Ketzer den sechsten Kreis zugewiesen. Ab dem siebten Höllenkreis tritt, nach Cicero, die Unterscheidung der Bosheit nach *vis* (Gewalt) und *fraus* (Betrug) hinzu. Entsprechend versammelt der siebte Kreis in drei Ringen (*gironi*) die Gewalttätigen gegen den Nächsten, sich selbst und gegen Gott. Der achte Kreis, die *Malebolge*, differenziert in zehn *bolge*, die Betrüger ohne Vertrauensbruch: Verführer, Schmeichler, Simonisten, Wahrsager und Zauberer, Betrüger in öffentlichen Ämtern, Heuchler, Diebe und Räuber, falsche Ratgeber, Zwietrachtstifter und Fälscher. Der neunte Kreis ist den Betrügern mit Vertrauensbruch vorbehalten und bestraft an drei Orten die ›bestialischen‹ Sünder, die Verrat an Verwandten oder am Vaterland, an Gästen und schließlich an Wohltätern begangen haben. Am tiefsten Punkt der Hölle, im Eissee Kozytus, frisst der dort feststeckende Luzifer an den Erzverrätern Brutus, Cassius und Judas. Weitere bekannte Sünder sind beispielsweise Francesca da Rimini im V. Canto und Odysseus im XXVI. Canto des *Inferno*. An diesen beiden nimmt der Wanderer Dante besonderen Anteil:

Nach dem Gespräch mit Francesca, die sich bei der gemeinsamen Lektüre der höfischen Liebesabenteuer des Artusritters Lancelot in ihren Schwager Paolo Malatesta verliebt hatte und daraufhin zusammen mit diesem von ihrem Ehemann Gianciotto umgebracht wurde, fällt Dante in Ohnmacht. Die ungewöhnlich heftige Reaktion bezeugt sein Mitleiden am Schicksal der derart bestraften Sünder aus Liebe, die stellvertretend für die sündige Menschheit, Dante eingeschlossen, stehen; moral-poetologisch betrachtet bedeutet die Anteilnahme aber auch einen Reflex auf Dantes eigene (stilisierte) literarische Entwicklung vom höfischen Roman über den *dolce stil novo*, die er mit der *Commedia* als überwunden darstellt.

Am Gespräch mit Ulisse im XXVI. Canto hat der Wanderer Dante ein größtmögliches Interesse, er bittet Vergil inständig um Vermittlung, um mit dem großen Griechen in Kontakt treten zu können. Dieser Odysseus hat mit der Figur Homers weniger gemeinsam, Dante kannte die *Odyssee* auch nur aus späteren (lateinischen) Nacherzählungen. Unter den falschen Ratgebern büßt er in der *Commedia* seine Listen im Trojanischen Krieg, wird jedoch vor allem als extrem wissbegierig charakterisiert. Sein von vornherein als aussichtslos geschilderter Versuch, in einem letzten »folle volo« (*Inf.* XXVI.125) »virtute e canoscenza« (120) zu erstreben, die Grenzen der menschlichen Welt und Erkenntnis zu überschreiten, wird von Gott lapidar mit dem Untergang seines Schiffes bestraft. Diese grenzenlose *curiositas*, die sich auf die eigenen Kräfte des Menschen verlässt und damit zugleich *hybris* ist, lässt Ulisse als eine Gestalt der aufkommenden Renaissance erscheinen, im streng christlichen Kosmos der *Commedia* wird er jedoch konsequent bestraft – wenn auch nicht für seine unbotmäßige Neugier, sondern im Kreis der tückischen Ratgeber. Trotz dieser (indirekten) Verurteilung lässt ihn Dante sein Schicksal jedoch derart eindringlich und faszinierend schildern, dass er schon bei Boccaccio als *alter ego* des Autors gelesen wurde.

Eine ähnlich rigide ›objektive‹ göttliche Rechtsordnung herrscht im *Purgatorio*, in dem die sieben Todsünden allerdings auf entsprechenden Simsen des Berges stufenweise abgebüßt und die Sünder dadurch bei ihrem Aufstieg zum irdischen Paradies geläutert werden. Vorgeschaltet ist ein Vorpurgatorium, das Dante nach überstandener Höllenreise erschöpft erreicht. Es befindet sich am Fuß des Läuterungsberges auf einer Insel, die als Antipode von Jerusalem, dem Ausgangspunkt der Wanderung durch das *Inferno*, verortet ist. Hier wird Dante durch Begegnungen und Belehrungen auf die Buße eingestellt. Als Mensch, der im Sonnenlicht Schatten wirft, erregt er mehr als einmal lebhaftes Interesse bei den büßenden Seelen, was sich auf allen Stufen fortsetzen wird. Erst am Ende des neunten Canto erreicht Dante den eigentlichen Eingang zum Purgatorium und wird vom Wächterengel mit sieben P auf der Stirn gezeichnet, die für die Todsünden stehen. Anders als in der Hölle partizipiert der Wanderer deutlicher an den Bußübungen, die ihn ebenfalls betreffen, insbesondere was Wollust und Hochmut angeht. Auffällig ist die Verhandlung von Dantes lyrischer Dichtung in dieser *Cantica*, die damit anscheinend auch dem Prozess der Läuterung unterworfen wird. Bereits zu Beginn stimmt der Komponist Casella Dantes Kanzone *Amor che ne la mente mi ragiona* (II.112) an, wird jedoch umgehend vom gestrengen Sittenwächter Cato unterbrochen, der die beschämte Zuschauerschaft, darunter die Dichter Dante und Vergil, an ihre christlichen Bußübungen erinnert. Bereits im fünften Canto des *Inferno* war anlässlich der Begegnung des Wanderers mit Francesca die höfische Liebesdichtung als literarisch-moralische Vergangenheit des Dichters inszeniert worden, die mit der *Commedia* überwunden sei. Für eine eindeutige Ablösung der säkularen Liebeslyrik durch religiöse Dichtung ist die Präsenz der ›alten‹ Paradigmen jedoch zu deutlich ausgeprägt. Zwar wird Dante in seiner Traumallegorie im XIX. Canto die sirenenhafte Verführungskraft des Gesangs nahegebracht, seine zahlreichen Begegnungen mit Künstlern thematisieren neben frommer Demut jedoch immer wieder die Entwicklung der Kunst zu fortschreitender Meisterschaft – mit Dante als Kulminationspunkt. So wird das Prinzip der *aemulatio* im Gespräch mit dem Maler Oderisi im elften Canto auch an der Entwicklung der italienischen Lyrik exemplifiziert, deren ungenannter Meister nur Dante selbst sein kann (XI.99). Im 24. Canto kommt es zur bekannten Lobesrede des älteren Dichters Bonagiunta da Lucca, der die lyrische Spitzenstellung des von Dante selbst so getauften *dolce stil novo* anerkennt (XXIV.57). Im Feuer des 26. Canto trifft Dante auf die Dichter Guido Guinizzelli und Arnaut Daniel, dem er als besondere Ehrung gar provenzalische Verse in den Mund legt. Selbst im Irdischen Paradies wird die Figur der Matelda nach der erotischen Lyrikgattung der Pastorelle modelliert. Lassen sich alle diese lyrischen Intertexte durchaus als Exempla einer christlichen Bekehrungsgeschichte der Abkehr von weltlicher Liebe und Liebesdichtung lesen, so wird andererseits die Faszination der Erotik und die künstlerische Qualität dieser Dichtung nicht einfach durchgestrichen, sondern präsent gehalten und aufgehoben – im mehrfachen Schriftsinn. Dantes ambivalente Selbstinszenierung als büßender Sünder und selbstbewusster Autor weist damit Parallelen zu Petrarcas späterer Poetik des Aufschubs im *Canzoniere* auf.

Maßstab der Einteilung der Sünden ist im Purgatorium die Liebe, insoweit sie anderen schadet (die ersten drei Kreise: *superbia*, *invidia*, *ira*), dem Guten zu wenig (vierter Kreis: *acedia*) oder dem Irdischen übermäßig (fünfter bis siebter Kreis: *avaritia*, *gula*, *luxuria*) zugewandt ist. Das Prinzip der Entsprechung von Sünde und Strafe respektive Buße ist in den beiden ersten *Cantiche* dasselbe: Der nach der biblischen *lex talionis* gestaltete *contrappasso*, den Dante nicht erfunden, aber perfektioniert hat, vergilt Gleiches mit Gleichem, entweder analog oder antithetisch. So werden beispielsweise die Wollüstigen auch in der Hölle vom Sturm der Leidenschaften umgetrieben (*Inf.* V), die Stolzen im *Purgatorio* dagegen zu Boden gebeugt (*Purg.* X–XII).

Auf dem Gipfel des Läuterungsberges befindet sich das Irdische Paradies, aus dem Adam und Eva nach der Ursünde vertrieben wurden. Hier trifft Dante seine Jugendliebe Beatrice wieder und muss von Vergil Abschied nehmen, dessen geistige Führerrolle im Laufe des Aufstiegs auf den christlichen Jenseitsberg immer weiter in den Hintergrund getreten ist. Nach einer unbarmherzigen Strafpredigt Beatrices und

Dantes Entsühnung in den Wassern der Flüsse Lethe und Eunoë, die von der paradiesischen Gestalt Matelda vorgenommen wird, ist Dante dann »puro e disposto a salire alle stelle« (*Purg.* XXXIII.145).

Der dritten *Cantica* der *Commedia* eilt der Ruf voraus, poetische Theologie für Eingeweihte zu enthalten, die schwer verständlich und – in heutigen säkularisierten Zeiten – auch schwer verdaulich sei. Dante tut dazu ein Übriges, wenn er zu Beginn des zweiten Canto eine abschreckende Warnung an die Leserschaft formuliert, nicht unvorbereitet in seinem Kielwasser weiterzulesen. Die noch nie befahrene hohe See seiner Dichtung sei nur für *pochi* (II.10) geeignet, was durchaus überheblich wirken kann. Tatsächlich bietet das *Paradiso* nicht unerhebliche Rezeptionsprobleme, was die sprachliche Virtuosität und inhaltliche Komplexität angeht – das trifft jedoch mutatis mutandis auch auf die beiden anderen *Cantiche* zu. So pflegt Dantes *Commedia* auch in ihrem dritten Teil eine ›komische‹ Stilmischung aus Alltags- und Gelehrtensprache, aus deftigem Streit und zarter Poesie, aus zeitgeschichtlichem Engagement, theologischer Doktrin, philosophischer Reflexion und poetischer Liebesgeschichte. Im *Paradiso* finden sich an entsprechender Stelle scholastische Latinismen, aber eben auch anschauliche Vergleiche aus dem Lebensalltag. Die wichtigsten intertextuellen Referenzkorpora, die Antike und die Bibel, werden hier wie zuvor beständig eingebunden, was natürlich entsprechendes Vorwissen respektive aktiven Wissensdurst auf Seiten der Leserschaft voraussetzt. Komplexe Texte stellen zu allen Zeiten intellektuelle Herausforderungen dar, wobei nicht in Abrede gestellt werden soll, dass heutigen Leser*innen ein gewandelter Wissenshintergrund manche Aspekte schwerer zugänglich machen kann, als dies im *Trecento* der Fall war. Diesem Umstand versucht der Kommentar mit Wort- und Sacherläuterungen Rechnung zu tragen. Bedenkt man jedoch die deutlichen Verbesserungen der Alphabetisierungsquoten seit Dantes Zeiten, so steht zu hoffen, dass aus den *pochi* von damals viele geworden sind, die sich auf dieses Leseabenteuer einlassen wollen.

Im *Paradiso* sind die Sünden der Seelen abgebüßt und die Seligen werden als Lichtgestalten den bekannten Planetensphären zugeordnet, um sie für Dante begreiflicher zu machen und ihm Gelegenheit zum Gespräch mit ihnen zu geben – ihr eigentlicher Ort ist jedoch bei Gott im Empyreum. Diese Systematik der Lichtseelen ist beileibe nicht nur werkkompositorischen Gründen, sondern auch damaligen kosmologischen und theologischen Vorstellungen geschuldet: Die ersten drei Sphären sind (durch den Erdschatten, der bis zu ihnen reichen soll) moralisch noch mit menschlichen Makeln belastet, welche die Seligkeit der Paradiesbewohner individuell differenzieren, jedoch gleichzeitig nicht schmälern, da alle mit ihrem Grad der Gottesschau vollkommen glücklich sind, wie Dante auf seine Nachfrage hin erfährt. Der geläuterte Jenseitswanderer wird überhaupt von zahlreichen Fragen bewegt, die sich auf die astronomische und theologische Raumordnung des Paradieses beziehen. Auch sein persönliches Schicksal des Exils, elementare Glaubensfragen wie die Theodizee und die göttliche Geduld angesichts der Schlechtigkeit der Welt beschäftigen ihn und werden von prominenten Figuren wie Beatrice, Adam und Salomon bereitwillig aufgegriffen, jedoch nicht immer befriedigend beantwortet – oft genug werden die Grenzen der Vernunft in Anschlag gebracht und die Unergründlichkeit des göttlichen Ratschlusses betont. Der von Beatrice geleitete Flug Dantes geht in unermesslicher Geschwindigkeit vom Mond über Merkur, Venus, die Sonne, Mars, Jupiter und Saturn zum Fixsternhimmel, Kristallhimmel (*primum mobile*) und schließlich zum unbewegten Empyreum mit der Himmelsrose, dem Sitz der Seligen.

War das *Purgatorio* von den sieben Todsünden strukturiert, so wird das *Paradiso* zwar von den sieben Tugenden bestimmt, ihnen sind aber nicht durchgängig einzelne Planeten zugeordnet. So können die vier Kardinaltugenden mit den Weisen des Sonnenhimmels (Klugheit/*prudentia*), den Glaubenskämpfern des Mars (Tapferkeit/*fortitudo*), den gerechten Herrschern des Jupiter (Gerechtigkeit/*iustitia*) und den kontemplativen Seelen des Saturn (Mäßigung/*temperantia*) in Verbindung gesetzt werden. Die drei ›theologischen‹ göttlichen Tugenden werden hingegen im Fixsternhimmel durch die Apostel Petrus (Glaube), Jakobus (Hoffnung) und Johannes (Liebe) in Form eines Examens bei Dante abgeprüft. Die Ordnung des Himmels war für die Menschen des *Trecento* durch das ptolemäische Weltbild und die sieben Planeten bereits vorgebildet, Dantes poetische Verortungsleistung besteht also nicht zuletzt darin, die Sphären mit exemplarischen Seligen zu bestücken, die dem Besucher freundlich zu Diensten sind.

Die kosmische Reise setzt alle Naturgesetze außer Kraft und bedeutet für den Menschen Dante, seine physischen Grenzen zu überschreiten, wofür der Dichter eigens den Neologismus *trasumanar* (I.70) prägt. Aus Sorge vor Überforderung unterlässt es Beatrice im Saturnhimmel vorübergehend sogar, Dante anzulächeln, um ihn nicht zu verbrennen (XXI.4–12). Dantes Sinneswahrnehmungen schärfen sich jedoch auf seinem Flug durch die Sphären zunehmend, er kann immer besser das strahlende Licht der Seelen und schließlich Gottes ertragen. Im Empyreum, der zehnten Sphäre aus reinem Licht, außerhalb von Raum und Zeit, wird Dante schließlich gnadenhaft die Schau Gottes inmitten der neun Engelschöre gewährt. Das Glaubensmysterium der Einheit, Trinität und Inkarnation Gottes überfordert menschliche Sinne, Erinnerungsvermögen, Raumvorstellungen und die Sprache selbst endgültig. Das gesamte *Paradiso* ist durchzogen von Variationen des Unsagbarkeitstopos, die allerdings die Wahrheit und Schönheit des Geschauten paradoxerweise nur weiter verstärken sollen. Dantes Vertrauen in die Macht und Mission seiner Dichtung präsentiert sich ungebrochen.

Zu Beginn des *Trecento*, jenes krisenreichen 14. Jahrhunderts des Übergangs vom Mittelalter zur Neuzeit, schrieb Dante als Summe seines dichterischen Schaffens in der gerade erst literaturfähig gewordenen italienischen Volkssprache seine *Commedia*, eine innovative, ja gewagte künstlerische Reise in die von mittelalterlicher göttlicher Ordnung durchzogenen Jenseitsreiche von *Inferno*, *Purgatorio* und *Paradiso*, die auch eine Reise in die Sprache ist und auf die epistemologischen Umbrüche der beginnenden Frühen Neuzeit verweist. Als lebendiger Augenzeuge des christlichen Heilsplans betreibt der Autor in seiner grenzüberschreitenden Dichtung auch eine kühne Selbstermächtigung und inszeniert die performative Kraft von Worten. Er schreibt seine Jugendliebe Beatrice als Allegorie der Theologie und gleichzeitig als erotische Schönheit an zentraler Stelle in den göttlichen Kosmos ein, dessen treuer inspirierter Schreiber (*scriba*, *Par*. X.27) aus dem Gedächtnis des Erlebten und zugleich selbstbewusster poetischer Schöpfer Dante selber ist.

Ludger Scherer

Inferno – Hölle

Selva – Wald | Colle – Berg | Gerusalemme – Jerusalem

Porta dell'Inferno – Höllentor
Antinferno: Ignavi – Laue, Unentschlossene

Acheronte – Acheron

Incontinenza – Maßlosigkeit

I Limbo – Limbus
II Lussuriosi – Wollüstige, Triebhafte
III Golosi – Fressgierige
IV Avari e prodighi – Habsüchtige und Verschwender

Stige – Styx

V Iracondi e accidiosi – Jähzornige und Träge
Città di Dite – Mauern der Stadt Dis
VI Eretici – Häretiker

Violenza – Gewalttätigkeit

VII Violenti – Gewalttätige
1. contro il prossimo – gegen den Nächsten
2. contro se stessi – gegen sich selbst
3. contro Dio – gegen Gott
Gerione – Geryon

Flegetonta – Phlegethon

Frode – Betrug

• contro chi non si fida – ohne Vertrauensbruch

VIII Malebolge: Fraudolenti / Ingannatori – Betrüger:
1. Seduttori – Verführer
2. Lusingatori – Schmeichler
3. Simoniaci – Simonisten
4. Indovini – Wahrsager
5. Barattieri – Gauner im Amt
6. Ipocriti – Heuchler
7. Ladri – Diebe
8. Consiglieri fraudolenti – Unlautere Ratgeber
9. Seminatori di discordie – Zwietrachtstifter
10. Falsari – Fälscher
Pozzo dei Giganti – Brunnen der Giganten

Cocito – Kozytus

• contro chi si fida – mit Vertrauensbruch

IX Traditori – Verräter
1. dei parenti – an Verwandten – *Caina*
2. della patria – an der Heimat – *Antenora*
3. degli ospiti – an Gästen – *Tolomea*
4. dei benefattori – an Wohltätern – *Giudecca*
Centro della terra • Erdmittelpunkt:
Lucifero – Luzifer

Natural burella – Dunkle Höhle

Emisfero delle acque – Wasserhemisphäre

Purgatorio – Purgatorium

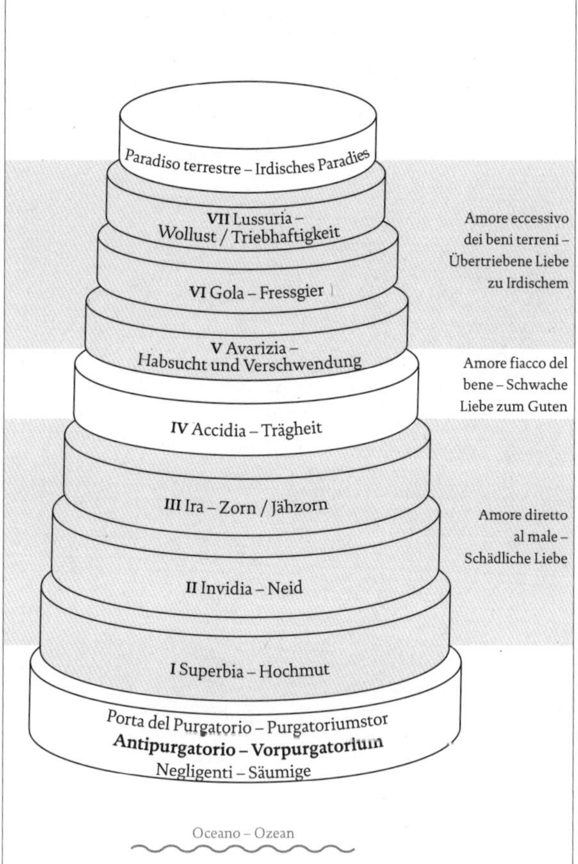

Paradiso – Paradies

Inhalt